HEYNE <

Leïla B.

LIEBE AUF ARABISCH

Vier Frauen sprechen über Sex, Ehebruch und ihre intimsten Geheimnisse

Aus dem Französischen
von Dietlind Falk

WILHELM HEYNE VERLAG
MÜNCHEN

Die französische Originalausgabe erschien 2010
unter dem Titel *Sex and the medina* bei Éditions Plon, Paris.

FSC
www.fsc.org
MIX
Papier aus verantwortungsvollen Quellen
FSC® C014496

Verlagsgruppe Random House FSC-DEU-0100
Das für dieses Buch verwendete
FSC®-zertifizierte Papier *Holmen Book Cream*
liefert Holmen Paper, Hallstavik, Schweden.

3. Auflage
Deutsche Erstausgabe 06/2011

Umschlaggestaltung: Nele Schütz Design, München
Satz: Buch-Werkstatt GmbH, Bad Aibling
Druck und Bindung: GGP Media GmbH, Pößneck
Printed in Germany 2011
ISBN: 978-3-453-60189-5
www.heyne.de

Inhalt

Warum ich es getan habe 9
Das Haus Gottes 15
Alle Marokkanerinnen sind Huren 20
Wie ich Stewardess geworden bin 26
Die geschlossene Gesellschaft der Frauen von Dschidda 33
Die Sache mit den Dienstmädchen 43
Die Gefahr eines Augenblicks 49
Die Träume der Araberinnen 58
Im siebten Himmel 64
Meine Cousine, die Studentin: Folge 1 72
Ein aufschlussreicher Krankenaufenthalt 78
Gott ist Amerikaner 86
Mit List und Tücke 94
Sex-Reporter 100
Der Traummann 106
Pinselstrich und Klempnerei 113
Enthüllungen 119
Tunesische Leckerbissen 126
Plaudereien aus dem Nähkästchen 132

Dessous und nackte Tatsachen 141
Die praktische Prüfung 148
Hochzeiten und zerplatzte Träume 152
Amulette und Aphrodisiaka 156
Jungfernhäutchen und Anstandswauwaus 161
Prostituierte aller Länder 168
Das perfekte Gemächt 176
Worte, Wolken und Wunder 183
Tabus und Grenzüberschreitungen 188
Meine Cousine auf Pilgerfahrt 196
Flirten mit Kopftuch 203
Von der Gefahr, auf eine Saudi reinzufallen 209
Zwischen Glauben und Vernunft 217
Hochzeitsnächte 222
Salmas andere Nacht 230
Ein traumhafter Trauschein 234
Vom Schwindel mit dem Niqab 238
Wie man den Ehemann seiner Freundin
in Versuchung führt 244
Apropos Polygamie 252
Die Vorzüge der Rauke 257
Epilog 265
Glossar 271

Für meine Freundinnen aus Dschidda.
Für alle Marokkanerinnen
und all die Frauen aus den Medinas dieser Welt.

Ramadan, 1430 der Hedschra

Warum ich es getan habe

Alles begann an einem Abend im Monat Ramadan, als ich Fatéma bei einer gemeinsamen Freundin wiedertraf. Ich hatte meine frühere Kameradin aus der Uni das letzte Mal in jenem Jahr gesehen, als sie aufbrach, um in Rabat zu unterrichten, während ich selbst mich noch mit der Jobsuche abmühte. Wir trafen uns also an einem dieser typischen Abende des Ramadan, angeregt von Minztee und genährt von Vertraulichkeiten aller Art.

Während die Männer im Esszimmer Karten spielten, machten wir Frauen es uns im Wohnzimmer gemütlich, um miteinander zu quatschen. Unsere Gespräche reichten von dem Dienstmächen, das auf frischer Tat beim Nachäffen ihrer Chefin ertappt wird, bis zum sexuellen Hunger unserer Ehemänner. Als wir schließlich auf unsere derzeitigen oder vergangenen Karrieren zu sprechen kamen, bemerkte ich Fatémas gesteigerte Aufmerksamkeit mir gegenüber. Der Grund dafür ließ nicht lange auf sich warten: Ihre Schwester Aïcha hatte sich in den Kopf gesetzt, einen Saudi zu heiraten. Vergeblich hatte Fatéma versucht, ihr die Sache auszureden, sie zu überzeugen, dass es besser wäre, Single zu bleiben, als einem Polygamen ins Netz zu gehen, und sei er auch ein noch so reicher Ölmulti, der ohnehin schon zwei Frauen an seiner Seite hatte. Doch Aïcha wiederholte wild entschlossen, das alles sei ihr völlig egal – »Ich will eine Prinzessin sein.« Verzweifelt suchte Fatéma nun eine Person, die imstande wäre, ihre Schwester von den Risiken einer solchen Hochzeit zu überzeugen, und die überhaupt einmal all diese dummen Puten aus Marokko zur Besinnung brächte, die sich bereitwillig für eine Handvoll Rial in die Arme des nächstbesten Arabers vom Golf warfen!

In der Sorge um ihre Schwester gab ich Fatéma Recht. Marokko ist sicherlich kein Land des leichten Lebens, doch verglichen mit manchen Ländern am Golf ist es das Paradies. Bevor sich unsere Wege trennten, schlug ich Fatéma vor, mich mit Aïcha besuchen zu kommen, und ich würde versuchen, ihrer Schwester klarzumachen, dass sie keine Ahnung davon hatte, was sich in Wirklichkeit in den arabischen Harems abspielte.

Ich gebe zu, dass es von mir aus dabei hätte bleiben können, nie wäre ich auf die Idee gekommen, über das Privatleben meiner Freundinnen aus Dschidda zu schreiben, hätte ich nicht drei Monate später eine traurige Nachricht erhalten.

Ich wollte gerade meine Kinder aus dem Kindergarten abholen, als das Telefon klingelte. Es war Joumana. Sie weinte, was mich sofort stutzig machte. Joumana ist die rationalste, am wenigsten sentimentale Araberin, die ich kenne.

Es musste einen wirklich schlimmen Grund für ihre Tränen geben, den sie mir auch sogleich schluchzend mitteilte: Ihre Cousine Farah, die wir aufgrund ihrer übermäßigen Lebensfreude und ihres Humors nur die »lustige Witwe« nannten, war verschwunden. Eine Woche zuvor hatte die Sittenpolizei sie im Hotelzimmer eines iranischen Pilgers erwischt. In Anbetracht des Ranges ihrer Familie hatte man sie vor die Wahl gestellt: öffentliche Peitschenhiebe oder eine Bestrafung hinter verschlossenen Türen. Doch nun war die junge Frau spurlos verschwunden, sie war geflohen.

Die Nachricht ließ mich erschauern und an den darauf folgenden Tagen war ich tieftraurig. Ständig erinnerte ich mich an unsere gemeinsam verbrachte Zeit, an unser Lachen und die geteilten Geheimnisse, an die Spaziergänge mit meinen Freundinnen aus Dschidda in den Malls, an unsere gemeinsamen Eskapaden. Ich sah Farahs strahlende Augen vor mir und dachte an die innere Freiheit, die sie verhüllt unter dem Kopftuch trug. Sie, deren Name »Freude« bedeutet, und für die ich das Schlimmste befürchten musste.

In mir wuchs das überwältigende Bedürfnis, Zeugnis abzulegen, und die Stärke meiner Entschlossenheit überraschte mich selbst. Ich betrachtete mich im Spiegel, diese gelassene Frau aus Casablanca, der Gott einen sanften Ehemann geschenkt hatte – eine Führungsperson im Außenministerium –, eine schöne Wohnung, zwei wunderbare Kinder, einen kleinen Schmuckladen und eine Haushaltshilfe, alles, was es braucht, um glücklich zu sein! Wer hätte das vor dreißig Jahren von mir erwartet, einem mangelernährten Mädchen, das im Dreck Casablancas herumstreunte? Ich hätte genauso gut als Dienstmädchen enden können oder auf der Straße. Allah hatte etwas anderes mit mir vor und ich kann stolz sein auf meinen Weg. Pech für all die Neider, die noch immer sticheln, meine fünf Jahre als Stewardess einer saudi-arabischen Airline seien nicht gerade der ehrenwerteste Eintrag im Lebenslauf einer Marokkanerin, die etwas auf sich hält. Ihnen kann ich nur antworten, dass ich all die Zeit intakt geblieben bin, ich war Jungfrau in meiner Hochzeitsnacht, fragen Sie meinen Ehemann!

Und so regte sich in mir ein alter Kampfgeist – den habe ich vermutlich von meinem Vater geerbt –, den ich all die Zeit tief unter meiner spießbürgerlichen Existenz vergraben hatte, unter einer ängstlichen Moral, die es sich auch noch auf die Fahnen schrieb, nicht über andere urteilen zu wollen.

Ich wusste plötzlich genau, was ich zu tun hatte. Ich nahm die Herausforderung an. Der Tag, an dem man meiner Freundin Joumana erlauben würde, ein Auto zu fahren, würde von mir aus vollem Halse mit einem *Youyou* begrüßt werden, das weit bis in die Wüste des Nadschd zu hören wäre. Ich würde stolz auf etwas sein. Ich würde Farah rächen. Ich würde Hoffnung auf ihrem Weg säen und die Sterne über ihr in Freiheit strahlen lassen … Ich wollte Fatémas Schwester die Augen darüber öffnen, was sie in Saudi-Arabien erwartete, hinter dem ganzen Prunk, durch den sich schon die Gitterstäbe abzeichnen. Ja, all das auf einen Schlag! All das war mir nun zur Aufgabe geworden.

Meine Enthüllungen würden schockieren, dachte ich. Und wie! Den Saudis, die ständig so tun, als seien die Sexgeschichten ihrer Frauen ein Verbrechen, als seien ihre Frauen geschlechtslose, seelenlose Wesen, sollte die Spucke wegbleiben. *Wallah!* Nichts würde mich aufhalten.

Mit geschärftem Verstand beschloss ich, über die Frauen aus Dschidda zu schreiben, die Tür zu ihrer Intimität aufzustoßen. Und nebenbei auch die Geschichte der Musliminnen aus anderen arabischen Medinas zu erzählen, von ihrem Kampf zwischen Entfremdung und Freiheit. Nicht in Form eines Klageliedes, das würde niemanden überzeugen, sondern in ganz alltäglichen Worten, den leichten Worten der Frauen, gefüllt von ihrem Lachen und ihrer List – ihren Überlebensstrategien.

Ich rief Fatéma an, um sie in meine Pläne einzuweihen und sie gleichzeitig um absolute Diskretion zu bitten. Ich fragte sie nach ihrer Meinung, was das Schreiben anging. Sie riet mir, das Manuskript auf Arabisch zu verfassen, es fände sich sicherlich jemand, es zu veröffentlichen. Klassisches Arabisch hatte ich jedoch seit dem Ende meiner Schulzeit nicht mehr geschrieben.

Schließlich schlug sie mir vor, das Ganze auf Band zu sprechen, und sie würde es dann abtippen – anonym natürlich.

Ich kaufte mir also ein Diktiergerät in einem dieser Elektroläden, vor denen die Medina nahezu überquillt. Wann immer ich nun Zeit hatte und allein war, setzte ich mich vor die Maschine und sprach. Ein Ereignis pro Sitzung, mindestens.

Ich erzählte mit eigenen Worten spontan, was mir einfiel, in marokkanischem oder literarischem Arabisch, manchmal sogar auf Französisch. Ich war selbst überrascht, als ich mich dabei erwischte, zu lachen oder zu gestikulieren, ganz so, als erlebte ich die Situationen noch einmal, mit echten Gesprächspartnern.

Ich errötete, wenn ich eine Geschichte erzählte, deren schmutzige Seite ich in dem Moment entdeckte und senkte instinktiv die Stimme. Manchmal bekam ich Schuldgefühle, Angst breitete sich in mir aus und meine feministischen Vorsätze lösten sich in Luft auf. Ich schaltete die Maschine ab und war überzeugt, das Handtuch werfen zu müssen.

Nach zwei Wochen steckte ich etwa zehn Kassetten in einen alten grünen Umschlag, der nun so groß war wie ein Kürbis. Ich legte ihn in einen Korb und bedeckte ihn mit verschiedenen Früchten. Den Korb drückte ich meiner Bediensteten mit der Anweisung in die Hand, ihn persönlich und nur an Fatéma abzuliefern, mit den Worten: »Im Herzen Arabiens.«

Sie würde wissen, worum es geht.

Ich hörte, wie die Kleine die Straße hinunterlief und leise die Worte wiederholte, um sie nicht zu vergessen: »Im Herzen Arabiens … Im Herzen Arabiens.«

Das Haus Gottes

»Das Haus Gottes steht in der Mekkastraße 1, Saudi-Arabien.«

Jedes Mal, wenn ich zum Flughafen fuhr, rief mir mein Bruder Ali diesen Satz hinterher, mit dem er sich über unsere Großmutter lustig machte, die der Meinung war, Arabien sei Gottes erster Wohnsitz, seine Wahlheimat und der Ort, von dem aus er die Muslime der ganzen Welt beobachtete. Die Nichtmuslime natürlich auch, pflegte sie zu sagen, aber bei denen drückt er meist beide Augen zu, weil sie sowieso in die Hölle kommen.

In meiner Kindheit glaubte ich wirklich daran. Das Wort »Arabien« weckte in mir Vorstellungen von einem Land, das ein einziges Dünenmeer war und das Gott selbst regierte, der auf seinem Thron saß und am Morgen sanft von den Gebeten der Pilger geweckt wurde. Im Fernsehen sah ich Männer mit makellos gebundenen Turbanen und faltenfreien Gewändern, die durch den Sand oder über den Marmorboden eines Palastes schlenderten. Alle sahen aus wie König Faisal in meinen Schulbüchern. Doch nie sah ich arabische Frauen. Beschützte Gott die Frauen dort genauso wie die Männer? Oder erforderten auch sie weniger Aufmerksamkeit wie die Ungläubigen? Meine Großmutter Hinna behauptete, Evas Töchter seien zum Teil aus der Spucke des Teufels gemacht worden – daher auch ihre Geschwätzigkeit – und hätten sich viele Strategien ausgedacht, um Gottes

Wachsamkeit zu umgehen. Tatsächlich stehe irgendwo geschrieben: »Ihre Hinterlist ist groß!«

Später lernte ich, dass die Frauen vom Golf existierten. Sogar in Marokko. Wo sie eingesperrt werden in die Paläste ihrer Väter oder ihrer Ehemänner, in unseren Medinas und an unseren Küsten. Und doch blieben die Araberinnen für mich unsichtbar, eine Fiktion. Bis zu jenem Tag, an dem ich ihnen begegnete.

Es ist nicht leicht, diese Frauen kennenzulernen. Jeder weiß, dass sie nur selten ausgehen, von Kopf bis Fuß verschleiert und nur in Begleitung eines Vormunds, dem *Mahram*, der vor ihnen herläuft und ihnen untersagt, das Wort an jemanden zu richten, der kein Familienmitglied ist. Als ich in Dschidda ankam, erfuhr ich, dass die anderen Stewardessen zwar aus aller Herren Länder stammten, doch nur die Allerwenigsten je die Gelegenheit bekommen hatten, eine waschechte Araberin privat kennenzulernen. Kaum einer war Einlass in diese Häuser gewährt worden, die Fremden erfahrungsgemäß verschlossen bleiben.

Ich selbst hätte niemals versucht dorthin zu gelangen, hätte ich nicht die schicksalhafte Bekanntschaft von Joumana gemacht. So geschah es, dass mir nicht nur Zugang zu ihren beeindruckenden Häusern gewährt wurde, sondern auch zu den Geheimnissen eines Landes, das ich nur sehr oberflächlich kannte und dessen rigide, mürrische, ausschließlich männliche Fassade all das verbarg, was sich tatsächlich hinter den Kulissen abspielte.

Ich erinnere mich daran, als ob es gestern wäre. Eine junge Frau mit asiatischen Zügen öffnete mir die sonst nur den Frauen vorbehaltene Tür und führte mich durch eine von Palmen, Drillingsblumen und Oleander gesäumte Allee. Mir war als wandle ich durch einen Park in Tanger.

Im Salon, groß wie ein marokkanisches Fußballstadion, begrüßte mich Joumana mit weit geöffneten Armen und einem ebenso breiten Lächeln. Sie legte eine mit klimpernden Reifen geschmückte Hand um meine Taille und führte mich unter höflichen, wohlklingenden Worten in einen noch pompöseren Raum. Sie trug eine schwarze Strumpfhose und ein ärmelloses T-Shirt derselben Farbe, das ihr feines Dekolleté nur halb bedeckte. Da war sie wieder, die Passagierin im roten Minirock, die zwei Monate zuvor das Flugzeug bestiegen hatte.

Wir gingen durch den ersten Salon, dann durch einen zweiten, wo eine kleine Gruppe Frauen wartete, die sich nun allesamt erhoben und mich mit Küsschen begrüßten. Später erfuhr ich, dass dies der Kreis von Joumanas engsten Freundinnen war.

Sie hatten ihre Abajas abgelegt und nun trat eine Überfülle an Spitze, Rüschen und Schmuck zutage. Ihre Handtaschen, Marke Gucci oder Chanel, lagen sorgfältig platziert neben ihnen, eine prächtiger als die andere. Ich durfte ihre silbernen oder goldenen Marken-Pumps und ihre professionell manikürten Nägel bewundern.

Die Einzige von ihnen, die nicht westlich gekleidet war, war eine Dame fortgeschrittenen Alters, deren mit Kajal umrandete Augen vor Schlauheit und Jugend funkelten. Sie erinnerte mich an meine Großmutter, Gott hab sie selig, obwohl der Blick meiner Großmutter zeitlebens frei von solcher Schalkhaftigkeit gewesen war. Ansonsten jedoch trug sie das gleiche schwarze Gewand, hatte das gleiche faltige quadratische Gesicht, man hätte sie für Cousinen halten können. Ohnehin gleichen Saudierinnen und Marokkanerinnen einander wie ein Ei dem anderen, helle Haut und Haare wie Ebenholz. Unsere gemeinsamen arabischen Wurzeln haben uns die gleichen Züge verliehen und diese Ähnlichkeit beruhigte mich.

Sie hatten mir einen Platz in ihrer Mitte reserviert. Ich trug eine saudische Abaja, um mich ihrer Tradition anzupassen, doch sie schienen darüber etwas enttäuscht und fragten sogleich, ob ich mich in Marokko genauso anzog. Ich antwortete, dass es schon vorkam, dass ich eine Djellaba überwarf, um einkaufen zu gehen oder ins Hammam.

Alle Blicke waren auf mich gerichtet und es schien mir, als hätte Joumana mich mitgebracht, um mich vorzuführen wie einen Affen im Zoo. Allerdings begegneten sie mir um einiges respektvoller. Sie überhäuften mich mit Komplimenten und Höflichkeitsformen, gefolgt von Ausrufen wie *Ya Allah!*, die schätzungsweise die Hälfte unseres Gesprächs ausmachten. Sie sprachen für mich verständliches Arabisch, doch zumeist wandten sie sich auf Englisch an mich, das ich seit einem Intensivkurs für meine Arbeit als Stewardess glücklicherweise ebenfalls beherrsche.

Immer wieder schien mir die englische Sprache in diesen Räumen fehl am Platz zu sein. Jeans und Blusen mit gewagtem Ausschnitt überraschten mich weniger als Shakespeares Worte, die auf den Lippen dieser Frauen nach Häresie klangen und umso merkwürdiger wirkten, als sie immer wieder von *Allah!* und *Astaghfirullah!* begleitet wurden. Heute weiß ich, dass Frauen aus der arabischen Oberschicht Privatstunden bekommen oder Universitäten besuchen, die nur ihnen vorbehalten sind. Einfache Bürger, ebenso wie Ausländer, erhalten dort selten Zugang.

Joumana und ihre Freundinnen dagegen waren erstaunt, dass ich Arabisch spreche. Sie hatten geglaubt, alle Marokkanerinnen sprächen nur Französisch.

Ich nutzte die Gelegenheit, diese Frauen meinerseits zu beobachten, ohne mich jedoch ihren Fragen zu entziehen. Salma war um die dreißig. Sie hatte Augen wie Ebenholz, ähnlich denen einer Asiatin, einen sehr feinen Mund und fast durchscheinende Haut. Auf gewisse Weise war sie sehr schön, jedoch spiegelte sich auf ihrem Gesicht auch so etwas wie Reue oder Überdruss – oder vielleicht beides. Neben ihr wirkte Soha fast schmal, obwohl ihre Rundungen förmlich aus einer hautengen Korsage und einem Rock aus Stretch heraus zu platzen schienen. Das roch verdächtig nach Skalpell, dessen war ich sicher, doch ihre ausdruckslose Stirn und die harten Konturen ihrer Augen waren nichts gegen ihren honigsüßen Blick und ihre würdevollen, wenn auch gewollt aufreizenden Gesten. Farahs Schönheit war natürlicher, eine Mischung aus Ungezwungenheit und Lebensfreude, die sie beinahe zum Gegenteil von Salma machte. Es schien, als rühre ihr Charme ebenso von ihrer Reife – sie musste auf die vierzig zugehen – als auch von ihrer Leichtigkeit, vom Rot ihrer Haare und dem Grübchen an ihrem Kinn, über das ein fröhliches Lachen hinwegrollte.

Es folgten Fragen zu meiner Familie. Ich beschrieb meinen schweigsamen Vater, Großmutter Hinna, die mich als erste über Allahs Wohnsitz informiert hatte, und kam schließlich zu meinen drei Brüdern, von denen zwei nun in Spanien lebten und nur den Jüngsten, Ali, zurückgelassen hatten, der immer pleite war und davon träumte, unsere Großmutter in einen Brunnen zu schubsen, um die einzige goldene Haarspange zu erben, die sie besaß.

Die Frauen brachen in schallendes Gelächter aus und ich schien ihre Sympathie gewonnen zu haben.

Alle Marokkanerinnen sind Huren

Der Gedanke an Marokko, dieses Land, das die Frauen nie betreten hatten, weckte in ihnen Neid und Bewunderung. Sofort schwärmten sie begeistert von Casa, Tanger und natürlich Marrakesch, von dem sie viel gehört hatten, von unseren wunderschönen Abenden, unserer exquisiten Küche, von unseren Frauen, die arbeiten und Auto fahren durften, obwohl … obwohl … die Marokkanerinnen einen furchtbar schlechten Ruf haben, zumindest, wenn man Saudi-Araberinnen fragt, die der Meinung sind, dass ein Großteil unseres Landeseinkommens von leichten Mädchen erwirtschaftet wird:

»Wir haben das Öl, ihr habt die Frauen«, amüsierte sich Farah überschwänglich. »Und die verschmutzen noch nicht einmal die Umwelt.«

Ich hatte große Lust ihnen zu antworten, dass sie das Wichtigste dabei außen vor ließen: Anstatt das Verhalten meiner Landsfrauen anzuprangern, sollten sie sich lieber ihre eigenen Ehemänner vornehmen, denn die waren es schließlich, die in mein Land kamen, um in Sex zu investieren, statt sich mit ihren eigenen Ehefrauen zu vergnügen. Wenigstens werden bei uns keine Frauen gesteinigt, nur weil sie mit einem Kerl geschlafen haben. Man kann sie bezahlen, dafür gibt es einen gesetzlichen Tarif, sie beschmutzen vielleicht ihr Leben, aber sie behalten es!

Tatsächlich verblüffte mich die Offenheit dieser Frauen, von der ich noch nicht genau sagen konnte, ob es Hinterlist oder Naivität war. Aus Höflichkeit und da ich mir meiner Position durchaus bewusst war, beschloss ich zu schweigen. Ich war nichts weiter als eine ausländische Stewardess, der diese Frauen gestatteten, ihre Bekanntschaft zu machen und sie mit ihrer Anwesenheit zu beehren. Ich arbeitete in einer Branche, die als unmoralisch galt, wodurch einer Stewardess im Zweifelsfall ein schlechterer Ruf vorauseilte als einer Barfrau. Und obendrein bin ich noch Marokkanerin, was für ihre Ehemänner ohnehin so viel bedeutet wie Flittchen. Ich konnte mich glücklich schätzen, überhaupt von ihnen empfangen zu werden. Ich würde mich nicht mit übermächtigen Gegnern anlegen. Ein falsches Wort und sie würden mich rausschmeißen. Aus ihrem Haus, ihrer Gesellschaft, ihrem Land. Ruhig Blut, Leïla!

Ein kleiner Trost war die Zuneigung, die ich bereits in Joumanas Augen las – es war dieselbe, die sie auch im Flugzeug gezeigt hatte, als mich ein Passagier mit anzüglichen Absichten belästigt hatte. Also erlaubte ich mir nun doch einen einzigen Satz als Antwort:

»Ich kann nichts dafür, dass Männer aus der ganzen Welt auf Marokkanerinnen stehen. Die haben einfach die knackigsten Ärsche!«

Zum zweiten Mal gelang es mir, die Saudierinnen zum Lachen zu bringen. Mir wurde klar, dass ich einen Test bestanden hatte. Sie gaben sich unschuldig, um herauszufinden, ob ich eine gute Zuhörerin war und ein Urteil über mich zuließ. Ich konnte einstecken. Für den Moment war es ihnen vorbehalten, zu kritisieren und zu lästern. Später würde ich herausfinden, ob ich den Spieß auch umdrehen könnte. In der Zwischenzeit wurde ich weiter ausgefragt. Ich erzählte von meiner Familie, meinen Vorfahren, meinem algerischstämmigen Vater und seinem krankhaften *nif* …

»Was ist das, *nif?*«

»Der Berberstolz …«

Ich erzählte von meiner Mutter, einer stolzen *Fassi*, und meinen Brüdern, die auf spanischen Feldern schufteten, während Ali, unser Jüngster, mit einer Konservendose Fußball spielte. Und natürlich ließ ich auch meine Cousine Nora nicht aus, die schlauste Studentin von Casablanca. Wobei ich gewisse Details über Noras Abenteuer lieber unterschlug, denn sonst wären die saudischen Frauen wohl dabei geblieben, dass die Marokkanerinnen ihren schlechten Ruf verdienten.

Sie wollten Fotos von meiner Familie sehen, doch ich hatte nur ein einziges dabei, auf dem ich in meiner Arbeitsuniform auf dem Asphalt von Casa posierte, neben meinem Kollegen Fouad.

»Ist das dein Verlobter?«, fragte Farah, noch begieriger als alle anderen.

»Nein, das ist ein Kollege.«

»Und ihr lasst euch einfach zusammen fotografieren?«, wollte Salma wissen, die etwas zurückhaltender war.

»Wir arbeiten zusammen und verbringen sehr viel Zeit miteinander.«

»Ohne Hochzeitsabsichten!«

»Fouad ist verheiratet.«

»Auch das noch! Und seine Frau ist nicht eifersüchtig?«, rief Soha, die Üppige, höchstwahrscheinlich Operierte, in scherzhaftem Ton.

»Warum sollte sie? Sie weiß sehr genau, dass ihr Mann überall mit Frauen zu tun hat, wo er hingeht. Sie kann ihn ja schlecht zu Hause einsperren.«

Ich blickte in erstaunte Gesichter, doch mir schien, als

ob ihr Erstaunen eher durch meine etwas genervten Worte provoziert wurde als durch meine Antwort selbst. Sofort machte ich mir Vorwürfe und im tiefsten Innersten bedauerte ich diese Frauen, die niemals einem Mann begegnen würden, der nicht zur Familie gehörte.

Alle Augen ruhten noch immer auf meinem Kollegen, der zugegebenermaßen sehr gut aussah, mit gepflegtem Schnurrbart, athletischem Körperbau und honigfarbenen Augen. Es wurde eigenartig still im Zimmer. Ich dachte darüber nach, dass ich das Wesen der Saudis noch immer nicht sonderlich gut kannte, obwohl ich bereits seit vierzehn Monaten in Dschidda war. Durch meinen Job war ich viel unterwegs und hatte nur selten die Möglichkeit, an freien Tagen die Menschen des Landes kennenzulernen. Abgesehen von einem saudischen Steward und einem Flugkapitän, mit denen ich ab und an gemeinsam flog, kannte ich niemanden, der mich über die hiesigen Sitten und Gebräuche aufklärte. Bisher hatte ich gelernt, dass die Araber vom Golf höfliche, ein wenig distanzierte Menschen waren, dass sie Fremden sowohl mit Gastfreundschaft als auch mit Vorsicht begegneten. Nun wusste ich auch, dass den Marokkanerinnen unter den saudischen Frauen tatsächlich ein verdammt schlimmer Ruf vorauseilte, in deren Augen meine Landsfrauen allesamt käufliche, männermordende Pflanzen der verruchtesten Sorte waren.

»Wie sind Sie überhaupt Stewardess geworden?«, fragte Farah, die Rothaarige mit den lachenden Augen.

»Ich sage alles«, rief ich Joumana zu, »unter der Voraussetzung, dass du mir deine Freundinnen vorstellst.«

»Ah, wie konnte ich«, entschuldigte sich die Hausherrin sofort, »ich habe meine Pflichten vernachlässigt.«

Ohne aufzustehen, zeigte sie mit der Hand auf jede

ihrer Freundinnen, und zu ihren Namen und Gesichtern gesellten sich nun zum ersten Mal einige persönliche Details: Soha, verheiratet mit einem wohlhabenden Teppichhändler, drei Kinder. Farah, Bankierswitwe und Mutter eines Sohnes. Salma, Frau eines Geschäftsmanns, zwei Kinder. Was Joumana anging, wusste ich bereits, dass sie die Frau eines Staatssekretärs und seit acht Jahren Mutter von Zwillingen war.

Wenig später, mit Ankunft einer weiteren jungen Frau, war die Runde komplett:

»Meine Nichte«, erklärte Joumana. »Sie kommt aus Riad und möchte ihr Studium hier in Dschidda beenden. Sie studiert an der Dar al-Hikma-Universität.«

Die junge Studentin hatte runde Pausbäckchen und einen schönen unschuldigen Blick. Mir fiel sofort auf, wie ähnlich sie ihrer Tante sah, beide waren schmal und hatten Mandelaugen, nur hatte die Nichte keine kurzen Haare, sondern trug zwei lange schwere Zöpfe. Als ich mich erhob, um sie zu begrüßen, fiel das Foto aus meiner Handtasche, auf das sie sich sofort stürzte.

»Ist er verheiratet?«, fragte sie.

Also wirklich!

»Was kümmert's dich?«, rief Farah. »Du schaffst es ja noch nicht einmal, zwei Worte mit deinem heißgeliebten Nachbarn zu wechseln, da solltest du besser nicht nach Männern aus anderen Ländern gieren!«

Das junge Mädchen schmollte und machte sich sogleich wieder davon. Ich hörte, wie sie eine Treppe hinaufstieg und eine Tür öffnete.

»Sie kommt keine zwei Minuten ohne ihren Schatz aus«, seufzte Joumana.

Ich guckte erstaunt.

»Natürlich im Internet.«

»Aber wenn sie Nachbarn sind …«, entgegnete ich.

»Das spielt keine Rolle, keine Frau hat das Recht, mit einem Mann zu sprechen, der nicht mit ihr blutsverwandt ist, das wisst ihr doch«, sagte die schüchterne Salma an uns alle gerichtet, mit vorwurfsvollem Unterton.

Und so begann eine Freundschaft, in der noch so manches Geheimnis geteilt werden sollte.

Wie ich Stewardess geworden bin

»Solange ich denken kann, wollte ich schon immer … Anwältin werden.«

Mit diesen Worten begann meine Erzählung für Joumana und ihre Freundinnen. Sie wollten wissen, warum ich Stewardess geworden war. Mehr als irgendwo sonst auf der Welt schien gerade dieser Beruf ihre Fantasie zu beflügeln, für sie stand er an der Spitze des weiblichen Exhibitionismus, war der gewagteste legale Schlag gegen jegliche Moral. Nachdem mir klargeworden war, wie tief all diese Vorurteile in ihnen verwurzelt waren, begann ich mich zu fragen, warum sie sich weiterhin mit mir abgaben.

Ich wehrte mich entschieden dagegen und erklärte, dass es, wenn ich meine Uniform anzog, nicht meine Absicht war, möglichst viele Männer abzuschleppen, dass es mir nicht um Schweinereien ging, sondern darum, meinen Lebensunterhalt zu verdienen. Während Joumana und ihre Vertrauten mit großen Augen einer Geschichte lauschten, die für jede andere Frau völlig durchschnittlich gewesen wäre – außer eben für eine Frau vom Golf –, wurde mir immer bewusster, dass ich in die Rolle einer gewissen, wohlbekannten Erzählerin schlüpfte …

Dabei habe ich die Wahrheit gesagt. Tatsächlich wollte ich mein Leben lang Anwältin werden, einfach um die ganzen Schwachköpfe aus meinem Viertel hinter Gitter zu bringen, Tyrannen und Hochstapler, die sich uns gegenüber, den Menschen aus den Vorstädten von Casa, wie die großen Gangster aufspielten.

An mangelnder Bildung lag es übrigens nicht, ich habe genau so viele Universitätsabschlüsse an der Wand wie Lippenstifte in der Schublade. Leider erweisen sich geschminkte Lippen in Marokko immer wieder als vorteilhafter bei der Jobsuche als ein Diplom, was der chronischen Arbeitslosigkeit geschuldet ist, aber auch der alten Leier: »Sie können mir doch nicht erzählen, dass diese Frau es fertigbringt, ein anständiges Plädoyer zu halten oder einen großen Prozess zu gewinnen! Die Köpfe von Frauen arbeiten langsamer, wenn überhaupt.« Vielleicht eine gute Hausfrau, sicherlich ein heißer Feger! Jedes Mal, wenn ich eine Kanzlei betrat, um mich vorzustellen, machten mir Anwälte und sonstige Beamte dort ziemlich schnell klar, wie in dem Job der Hase lief. Ein Sofa hier, ein Hinterzimmer dort, im besten Fall nur ein paar geifernde Klapse aufs Hinterteil. Nun ja ... Scheinbar hatte mich Gott nicht ohne einen gewissen Charme erschaffen und mich mit einem Hintern gesegnet, von dem die Jugendlichen unseres Viertels behaupteten, er sei wie aus einer Zeitschrift ausgeschnitten, und auf dessen Zukunft sie wetteten, als handle es sich um ihren Fußball. Ich lernte schnell. Wenn ich nicht unter dem Dach irgendeines Machos landen wollte, wenn ich meine Familie finanziell unterstützen wollte, musste ich meine Trümpfe geschickt ausspielen: erst der Arsch, dann das Gehirn. Und so gewannen die Kinder aus dem Viertel ihre Wette, das muss ich ihnen lassen.

Ganz anders reagierte dagegen mein Vater. Während meine Mutter sagte, die Uniform stehe mir ganz ausgezeichnet, verzog sich mein grollender Vater in eine Ecke unserer bescheidenen Hütte. Der Gedanke, dass seine Tochter ein luftiges Mädchen werden würde, das sich vornüberbeugen musste, um Gäste zu bedienen, die über den Wolken alle Regeln des Anstands vergaßen, war ihm ein Graus, zumal er mich im Geiste der Eigenverantwortung erzogen hatte und mit dem obersten Gebot, den Armen ihre Würde wiederzugeben. Meine Mutter lachte hinter vorgehaltener Hand und einige *Youyous* kitzelten ihr die Lippen. Aus Rücksicht auf ihren Ehemann unterdrückte sie ihre überbordende Freude darüber, dass ihre Tochter bald die Dollars nach Hause bringen würde. Und wie so oft »überwinden die Frauen schlechte Voraussetzungen, während die Männer die guten vergeigen«. So das Resümee meiner Großmutter, nachdem sich mein Vater dem Schicksal ergeben hatte, das unter anderem von weiblicher Beharrlichkeit gelenkt wird.

Meine Cousine Nora war diejenige gewesen, die mir den Tipp gegeben hatte. Die Saudis suchen Stewardessen! Die Nachricht hatte sich wie ein Lauffeuer bis in mein Viertel verbreitet. O ihr jungen und hübschen Marokkanerinnen, leistet erste Hilfe mit eurer Schönheit und eurem Charme! Und warum gerade wir Marokkanerinnen? Weil die Saudis ihre eigenen Mädchen natürlich nicht hoch in die Luft hinaus lassen, das verträgt sich nicht mit ihrer Moral. Ihre Frauen sind es gewohnt, bedient zu werden und nicht andersherum, nicht wahr? Für unsereins ist der Beruf einfach eine Notwendigkeit, er hat nichts mit Luxus oder der Eigenwilligkeit einiger Außenseiterinnen zu tun, wie es früher vielleicht mal war.

Ich verschwieg Joumana und ihren Freundinnen, dass ich damals schweren Herzens ging, mit einem Gefühl der Ungerechtigkeit darüber, dass Gott die einen in Elendsvierteln das Licht der Welt erblicken ließ und andere eben in einem prunkvollen Palast. Doch fatalistisch wie ich nun mal bin, dauerten diese Anwandlungen kaum einen halben Tag. Schwungvoll fegte ich meine Vorbehalte vom Tisch und sagte mir, dass ich mit den Saudis nichts am Hut hatte. Ich würde über kein anderes Land richten, sondern hob mir meinen Traum von Gerechtigkeit für mein eigenes auf. Und Gott ließ ich auch in Frieden, zumal ich ja nun seine Heimaterde betrat: Arabien. Meine Großmutter Hinna übrigens beneidet mich seitdem zutiefst, sie sagt, ich sei nun Allahs Nachbarin, dass ich pilgern könne, wann immer mir danach sei und dass mir vermutlich die Ehre zuteil würde, gleich neben dem Grab des Propheten begraben zu werden! Meine Cousine Nora, die wie die meisten Marokkaner ihren Stammbaum derart verdreht hatte, dass sich eine Verwandtschaft mit dem Propheten Mohammed ergeben hatte, Allahs Segen und Heil auf ihm, erklärte kurzerhand, dass es nur gerecht sei, dass ich nun zu unseren Vorfahren zurückkehren und all das Öl zurückverlangen würde, das sie uns schuldeten.

Ich hatte gut daran getan, meine studentischen Ersparnisse, zu denen auch mein ältester Bruder etwas beigesteuert hatte, der in El Maria auf dem Feld arbeitete, in einen Gang zur Schneiderin und zum Friseur zu investieren. Als ich das Gebäude betrat, in dem die Auswahlgespräche stattfinden sollten, traf mich fast der Schlag: Sämtliche Schönheitsköniginnen aus Marokko waren angereist, sie trugen Stöckelschuhe und Miniröcke, blonde Strähnchen, falsche Wimpern und schwindelerregende Dekolletés; ich war im Paradies der künstlichen *Huris* gelandet. Ich sagte mir, dass ich wenig Chancen hatte, diese Nymphen aus dem Katalog auszustechen, ich mit meinem Kleidchen aus billigem Polyester, das sich schon an einigen Stellen auflöste, und meinen ausgelatschten Schuhen, die *Djubas* Pantoffeln nicht unähnlich waren. Ich irrte mich. Sie schieden aus, ich blieb. Meinem Po sei Dank? Die anderen beschuldigten mich, die saudischen Arbeitgeber verhext zu haben. Ich dagegen war überzeugt, dass diese Herren, die uns im Übrigen der Reihe nach wie Sklavinnen auf dem Basar auflaufen ließen, zwar darauf aus gewesen waren, ihre Flugzeuge mit ein wenig Weiblichkeit zu schmücken, es ihnen jedoch nicht daran gelegen war, durch zu aufreizende Schönheiten das Schamgefühl ihrer Gäste zu verletzen. Daher mein gesundes Mittelmaß.

Ich füllte den Fragebogen aus, den mir ein Mann mit der berühmten weiß-roten Kufiya auf dem Kopf hinhielt. Mein fehlerfreies Arabisch wurde kommentarlos hingenommen, ich wurde mit Blicken genauestens taxiert und sollte einige Sätze auf Englisch sagen.

Danach: Funkstille.

Verzweifelt wartete ich auf Antwort, bis mir mein Bruder Ali eines Tages einen großen Umschlag mit arabischem Absender unter die Nase hielt.

»Gib her!«

»Nur, wenn du zahlst.«

Man bestellte mich für den nächsten Tag zum Arbeitsamt des Konsulats.

»Ihre Bewerbung war erfolgreich, Mademoiselle. Herzlichen Glückwunsch!«

Ich wurde von einem Herrn im makellosen Anzug empfangen, der die gleiche Kopfbedeckung trug, die nun ein schwarzes Band zierte, dessen genaue Bezeichnung ich zu diesem Zeitpunkt noch nicht kannte. Er hielt mir eine grüne Bluse hin.

»Sie werden ein einmonatiges Training in Dschidda

absolvieren. Hier ist Ihr Flugticket plus Spesen.« Er fügte hinzu: »Nach diesem Monat wird Ihnen mitgeteilt, ob Sie eingestellt werden oder nicht.«

Ich nahm den Bus zurück und rannte nach Hause. Ich war fünfundzwanzig und man hatte mir soeben eine Zukunft in grüner Bluse in Aussicht gestellt. Meine Mutter weinte. In diesem Moment wusste ich nicht, ob es Freudentränen waren oder die Trauer darüber, dass ich weit aus dem Kreis der Familie davonfliegen würde.

Nach einer turbulenten Lufttaufe, bei der sich die schlechten Wetterbedingungen zur ebenso schlechten Laune der Passagiere gesellten, und die mir einen Vorgeschmack von meinem zukünftigen Arbeitsplatz verschaffte, kamen wir in Dschidda an. Der Flughafen Abdul-Aziz, damals noch der größte der Welt, erstreckte sich über zig Kilometer und auf ihm tummelte sich eine so große Menschenmasse, wie ich es noch nie zuvor gesehen hatte. Noch wusste ich nicht, dass dies ein Knotenpunkt war, der zu den heiligen Stätten, nach Mekka und Medina, führte und so den Pilgern als überdimensionaler Wartesaal diente.

Als ich das Flugzeug verließ, zog ich ein Kopftuch hervor, das Großmutter mir geliehen hatte, die es ihrerseits von Tante Fadéla als Souvenir ihrer Reise nach Mekka geschenkt bekommen hatte. Ein Wagen wartete auf mich. Ich streckte dem Mann, der mich erwartete, zum Gruß die Hand hin, doch er beschränkte sich auf eine gemurmelte Begrüßung und würdigte mich kaum eines Blickes. Wir fuhren in die Stadt zu einer Art Hotelresidenz, etwa dreißig Kilometer entfernt, in der die Stewardessen aus der ganzen Welt einquartiert wurden, die künftig hier arbeiten würden. Ich befand mich also in einem dieser Gebilde, die *Compound* genannt wurden, mit

Überwachungskameras an jeder Ecke und abgeschottet von Wachmännern, die das Kommen und Gehen kontrollierten.

Nie wieder im Leben war ich so fleißig wie in diesem Monat. Jeden Morgen fuhr man uns mit dem Bus zu einem kastenartigen Gebäude, wo uns ausländisches Personal mit Hilfe von Videos und theoretischem Unterricht auf den Beruf vorbereiteten. Uns wurde ein Erste-Hilfe-Kurs aufgebrummt, ein Englischkurs und natürlich auch ein Kurs zur arabischen Kultur im Allgemeinen, bevor uns die goldenen Regeln des Königreichs vorgebetet wurden:

»Verboten sind unpassende Bekleidung, das Ausgehen ohne Begleitung des Vaters, Ehemannes oder Bruders, Alkoholkonsum, sowie Herrenbesuche auf dem Zimmer.«

Ich hatte nicht das geringste Bedürfnis auszugehen und noch nie im Leben einen Tropfen Alkohol zu mir genommen, auch nicht in Marokko, ich würde sicher nicht in Allahs Revier damit anfangen! Ich strengte mich mehr an als die anderen, ich durfte nicht scheitern, meine Mutter hätte sicher vor Gram Diabetes bekommen. Nicht nur wäre es schwierig, die Jobsuche von vorn zu beginnen, ich würde auch noch die Schadenfreude unseres gesamten Viertels ertragen müssen, allen voran die der abgelehnten Schönheitsköniginnen, die ganz sicher Gerüchte über meine moralische Verdorbenheit in die Welt setzen würden. Wahrscheinlich glauben sie gar nicht wirklich daran, und trotzdem ist das Vorurteil tief bei uns verwurzelt, dass jedes junge Mädchen, das bei den Arabern vom Golf als Stewardess arbeitet, eine Hure ist.

Die geschlossene Gesellschaft der Frauen von Dschidda

Wenn Sie sich nun fragen, wie ich es geschafft habe, mich mit diesen Frauen der arabischen Oberschicht anzufreunden, werde ich es Ihnen sagen.

Nach einem Jahr guter und loyaler Dienste für Saudi Airlines wurde ich zur Chefstewardess befördert und in die Businessklasse versetzt, manchmal sogar für VIP-Flüge.

Ich leitete einen Trupp Gazellen aus dem Maghreb, Europa und Asien, von denen manche aufs Geld aus waren, manche auf ein Abenteuer, doch die Mehrzahl von ihnen träumte vom Jackpot, von der Begegnung ihres Lebens. Meine anfängliche Angst hatte sich ganz buchstäblich in Luft aufgelöst, ich gewöhnte mich an das waghalsige Leben des Bordpersonals, an den Wechsel zwischen Lang- und Mittelstreckenflügen, an das Pendeln zwischen Europa und dem Mittleren Osten, erst Mailand, dann Beirut, tags darauf Paris. Ich richtete meinen Schlafrhythmus nach den Flügen aus, kämpfte gegen den Jetlag und war abends heilfroh, nach einer halben Weltreise in meine stille Wohnung in Dschidda zurückzukehren.

Auf dem Boden tauschte ich die Uniform gegen eine Abaja und lief den Anweisungen gemäß hinter meinen männlichen Kollegen her. Wer hat behauptet, die Unterwürfigkeit läge der arabischen Frau nicht in den Genen?

Sieh mal einer an, da bin ich nun, mit meinem Tablett

in der Hand laufe ich festen Schrittes durch die Stuhlreihen, nichts bringt mich aus dem Tritt, nicht einmal Turbulenzen. Ich flöte ein »Ja Monsieur« links und ein »Ja Madame« rechts, was meinen Chefs natürlich sehr gefällt, zum Glück sieht mich mein Vater nicht so. Auch hier war es gar nicht schwer, die Kunst der Unterwerfung zu erlernen, in meinem Heimatland Marokko ist sie jahrtausendealt. Man muss nur ein wenig in seiner Erinnerung kramen, dann gehen einem die *moulay* und *sidi* genauso leicht über die Lippen wie ein »Guten Tag!«. Armer Papa! Wahrscheinlich haben ihn seine algerischen Wurzeln in die falsche Richtung gelenkt. Er hätte sich ein Beispiel an meiner Mutter nehmen sollen, einer waschechten Fassi, um zu lernen, dass im tiefsten Innern eines echten Marokkaners die Gefügigkeit schlummert, und dass wir sofort weiche Knie bekommen, sobald wir eine Krone sehen, und sei sie auch aus Tinnef. Wie auch immer. Mit der Zeit stellte ich jedenfalls fest, dass ich den saudischen Gästen gegenüber mit Stolz von den noblen Ursprüngen unserer Königsfamilie erzählte und erklärte laut und deutlich, dass unser *Malik* ebenso über die Gläubigen herrsche wie der ihre!

In der Businessklasse waren die Vorschriften nicht weniger streng. Die meisten Passagiere in der ersten Klasse waren Prinzen, hochrangige Politiker oder Geschäftsmänner, ihr Wunsch war uns Befehl, vor ihnen verbeugten wir uns noch tiefer, der Kunde ist schließlich König: In unserem Fall war diese Devise ganz wörtlich zu nehmen.

»Würden Sie bitte den Sicherheitsgurt anlegen? Wir werden in wenigen Augenblicken landen«, forderte ich eines Tages höflich einen Gast auf, der mich während des gesamten Fluges drangsaliert hatte.

Es war der Flug Paris–Dschidda. Ich inspizierte die

Reihen, um sicherzugehen, dass alle Passagiere angeschnallt waren und ihre Tabletts hochgeklappt hatten, als ich eine von Kopf bis Fuß verschleierte Silhouette sah, die auf einem Sitz Platz nahm, der zuvor einer anderen Frau gehört hatte. Ich erinnerte mich, ihr ein Glas Wasser serviert zu haben. Sie hatte westliche Kleidung getragen, eine Bluse und einen kurzen roten Rock.

Höflich sprach ich sie an.

»Verzeihen Sie Madame, das ist nicht Ihr Platz. Er gehört einer anderen Dame.«

Sie sah mir in die Augen und hob den Schleier ein wenig an, der ihr Gesicht verbarg.

»Keine Sorge. Die Dame und ich teilen uns einen Platz: Wir sind eine Person.«

Sofort wurde mir mein Irrtum klar. Natürlich war sie es, sie hatte sich vor der Landung in Arabien umgezogen. Dieses Verhalten hatte ich schon oft beobachtet. Die meisten Frauen zogen sich während des Hin- oder Rückflugs im Flugzeug um.

Mein Kollege Fouad machte sich darüber lustig:

»Es ist ein Wunder! Man könnte meinen, dass Gott sie zu sich ruft und verwandelt wieder zurückschickt.«

Das Flugpersonal der ganzen Welt weiß, dass die jungen arabischen Frauen das Flugzeug verschleiert betreten und mit unbedecktem Kopf an europäischen Flughäfen von Bord gehen. Auf dem Rückflug, kurz vor der Landung, gleitet die Abaja über den Minirock oder das hautenge Kleid, verdeckt der Niqab wieder das Gesicht und die Passagierin, die es in Sachen Modernität zwei Minuten zuvor noch mit jedem Mädchen aus der Pariser Vorstadt aufgenommen hätte, verwandelt sich wieder in einen schwarzen Schatten. Dies ist, neben dem Pass, die Einreisebedingung für Saudi-Arabien. Auch ich verwandle mich nach der Landung. Ich bin nicht verpflichtet, den Hidschab zu tragen, der den gesamten Körper bedeckt, ein einfaches Kopftuch genügt, um die Haare zu verschleiern. Manchmal reichen sogar die Mütze meiner Uniform und ein Halstuch.

Bei meiner nächsten Runde durch die Sitzreihen wollte ich mich noch einmal bei der Passagierin entschuldigen. Sie warf mir einen komplizenhaften Blick zu.

»Sie sind Marokkanerin?«

»Ja, *Lella*. Zu Ihren Diensten.«

»Marokkanerinnen sind grandios«, sagte sie, bevor sie fragte:

»Sie haben nicht zufällig eine Zeitschrift für mich? Ich habe immer so große Angst vor der Landung, ich brauche Ablenkung.«

Ich brachte ihr eine Ausgabe von *Sayyidati*.

»Haben Sie keine *Paris Match?*«

Ich wusste nicht, dass Saudi-Araberinnen Französisch lesen. Sie dankte mir mit ihrem breiten Lächeln. Über die ganze Geschichte hatte ich einen anderen Gast vernachlässigt, der ebenfalls um Lektürestoff gebeten hatte.

»Machen Sie schon Feierabend oder was? Sie sollten mir eine Zeitung bringen, also hopp!«

Ein Jahr zuvor wäre ich bei einem so unhöflichen Tonfall noch in Tränen ausgebrochen. Inzwischen bin ich den Befehlston der Herren aus dem Königreich gewohnt, auch wenn mein Gesicht noch immer von Zeit zu Zeit mein Missfallen verrät. Just in diesem Augenblick zog mich die Dame mit sanfter Hand näher zu sich und flüsterte:

»Männer können so unglaublich arrogant sein! Machen Sie sich nichts draus. Nicht alle Araber sind so. Hier«, sagte sie, bevor sie ihren Schleier wieder senkte, um das Flugzeug zu verlassen, »das ist meine Handynummer. Rufen Sie mich an, wann immer Ihnen danach ist.«

Und so nahmen die Dinge ihren Lauf. Während andere Stewardessen sich nach Dienstschluss auf einen Fernsehabend im Bett freuten, telefonierte ich an freien Tagen regelmäßig mit Joumana. Sie schickte mir einen Chauffeur vorbei und wir fuhren in das schicke El-Hamra-Viertel, wo sie wohnte. Manchmal begegnete mir der Blick von einem der Männer, die zur Arbeit gingen oder in die Moschee, und sofort senkte ich die Augen.

Ich wusste, dass die Frau des Staatssekretärs ihre Bediensteten auf Trab hielt. Seit dem frühen Morgen mussten sie bohnern, Teppiche ausklopfen, das Tafelsilber polieren oder sich am Herd abrackern. Während in der ganzen Welt Frauen zur Arbeit gingen, widmete sich die Mehrheit der Araberinnen der einzigen alltäglichen Aufgabe, die ihnen übrig blieb: einen immer gleichen Tagesablauf zu reproduzieren und ihn so angenehm wie möglich zu gestalten. Schon bald war ich stolz, immerhin dazu beizutragen.

Eine Viertelstunde später kam ich bei Joumana an und blieb, bis es dunkel wurde, allerdings nicht ohne der Hausherrin zu versprechen, beim nächsten Mal über Nacht zu bleiben:

»Weißt du, eine Frau ganz allein in einer Wohnung, das gehört sich einfach nicht!« Farah und Soha insistierten: »Erzähl du uns, was in der Welt vor sich geht, die du das Glück hast, ständig unterwegs zu sein! Du bist in jedem Fall ehrlicher als das Fernsehen!«

Jedes Mal, wenn ich bei Joumana über die Schwelle trat, hatte ich das Gefühl, in einem ägyptischen Film mitzuspielen: kilometerlange Teppiche, Treppen mit vergoldetem Geländer, riesige geöffnete Fenster, die den Blick freigaben auf einen Garten voller Pavillons und Kuppeln, der mich wieder und wieder ins Staunen versetzte. Ich dachte an die Paläste, die hoch über Tanger oder Casa thronten und an denen die Bewohner unserer Vorstädte mit geducktem Kopf und krummem Rücken vorbeischlichen. Die meisten davon gehören arabischen Prinzen. Einige meiner Freundinnen haben es einmal dorthinein geschafft, doch jeder kennt den Preis, den sie dafür zahlen. Tatsächlich wird hinter vorgehaltener Hand erzählt, dass eben jene Paläste Orte des Verderbens sind, an denen mit Vorliebe blutjungen Mädchen die Unschuld geraubt wird, für die sie, hinterher, reich belohnt werden.

Joumana zog mich zu sich und küsste mich überschwänglich. Meist trug sie Jeans und ein ärmelloses T-Shirt. Ihr harmonischer Körperbau und ihre stolze Haltung verliehen ihr eine Art innere Größe, die ihre geringe Körperlänge vergessen machte. Ihre kurzen pechschwarzen Haare rahmten ihr hübsches Gesicht ein und betonten ihren lebhaften Ausdruck. Sie rief:

»Unsere Freundinnen werden jeden Augenblick eintreffen.«

Mein anfängliches Gefühl, zu Gast in einem Universum gelangweilter, scheintoter Frauen zu sein, war langsam, aber sicher einem erträglicheren Eindruck gewichen: Die Frauen versuchten, das Beste aus ihrer Situation zu machen. Mit List und Tücke. Nur Joumana, so schien es mir, rebellierte fortwährend und war kaum in der Lage, den Strom ihrer Wut einzudämmen.

Mir fiel auf, dass Joumana diejenige aus der Gruppe war, die am meisten wusste und die beste Bildung genossen hatte. Wegen ihres starken Charakters, ihren als zu männlich bewerteten Meinungen und ihrer Angewohnheit, ohne einen Tupfen Schminke aus dem Haus zu gehen, sagten ihre Angehörigen häufig, sie hätte eigentlich ein Sohn werden sollen.

»Ich habe ein Monster erschaffen«, scherzte ihre Mutter mit stolzem Blick.

Joumanas Hochzeit war von ihrer Mutter und ihrer zukünftigen Schwiegermutter eingefädelt worden. Beide Frauen stammten aus der gleichen Sippschaft und waren ihr Leben lang befreundet gewesen. Sie selbst waren in sehr jungen Jahren und gegen ihren Willen verheiratet worden, und beide verbrachten ihre Jugend mit dem geteilten Gefühl der Ungerechtigkeit, die ihrem Geschlecht widerfuhr. Sie nahmen sich vor, dass die Tochter der einen den Sohn der anderen heiraten sollte. Die Verbindung gelang und Joumanas Ehemann Abdallah war weder verwundert noch erbost darüber, sich plötzlich unter einem Dach mit einer Feministin wiederzufinden, die allerdings den Vorteil hatte, nicht eben hässlich zu sein. Er hatte in Amerika studiert und konnte sich durchaus vorstellen, sein Leben mit einer Landsmännin zu verbringen, die es sich nicht hatte nehmen lassen, das höchste Gut ihrer Weiblichkeit zu opfern: ihre Haare. Joumana hatte sich also die Haare abgeschnitten, einfach so, als Provokation, und weil sie einfach nicht verstehen konnte, warum die Männer solch ein Aufheben darum machten, die Haare ihrer Frauen zu verstecken.

»Weil sie die Einzigen sein wollen, die in ihren Genuss kommen«, sagt Soha.

»Weil es im Koran steht«, sagt Salma.

Joumana wollte einen Beruf ausüben, ausgehen und zeigen, dass Frauen nicht nur einen Bauch, sondern auch einen Kopf haben. Sie war Einzelkind und hatte in Damaskus studiert, musste jedoch nach Hause zurückkehren, um zu heiraten und ein Dasein im goldenen Käfig zu fristen. In der arabischen Oberschicht ist Arbeiten gleichbedeutend mit Geldnot und Schande. Als Joumanas Ehemann auf Anordnung seines eigenen Vaters seiner Frau untersagte, einer Arbeit nachzugehen, drohte sie an, sich von ihm zu trennen, um in den Schoß ihrer Familie zurückzukehren. Dies hätte ebenfalls einen Skandal bedeutet. Eine Scheidung hätte die Ehre beider Familien angekratzt.

Dann hatte Joumana ihre Taktik geändert und angedroht, Dschidda zu verlassen und nach Damaskus zurückzukehren, in Bahrein oder Kuwait zu wohnen, um arbeiten zu können, ohne jedoch die Scheidung einzureichen. Abdallah hatte einen Weg gefunden, sie zur Geschäftspartnerin eines befreundeten Immobilienmaklers zu machen und ihr für alle Transaktionen einen Libanesen als Mittelsmann zur Seite gestellt. Dieser Libanese war der einzige nicht mit ihr verwandte Mann, den sie empfangen durfte, verschleiert selbstverständlich.

Joumanas Ehemann nennt sie eine Träumerin und zieht sie manchmal damit auf, dass sie eines Tages sogar Ministerin sein könnte und trotzdem nicht einmal selbst Auto fahren dürfte. Genau diese Art von Widerspruch bringt Joumana zur Weißglut.

»Und außerdem wirst du sowieso niemals Ministerin«, provoziert er sie, worauf sie nur erwidert: »Eben, dann sollen sie mich wenigstens Auto fahren lassen!«

Zu uns sagt sie:

»Wenn man mich wenigstens ins Kino gehen lassen würde oder in ein Konzert, dann würde mir vielleicht die Lust am Arbeiten vergehen. Aber Pustekuchen!«

Und unter vier Augen seufzt sie verzweifelt:

»Was ist das nur für ein Leben, in dem du nicht Auto

fahren darfst, nicht arbeiten, nicht reisen ohne einen Kerl, der dir auf Schritt und Tritt folgt, und in dem du ohne die Erlaubnis deiner Familie noch nicht einmal medizinisch versorgt wirst? Du kannst mitten auf der Straße krepieren, niemand hilft dir, solange es kein Mann aus deiner Familie angeordnet hat.«

»Trotzdem«, protestiert Salma, »du verlangst Unmögliches von deinem Ehemann. Eines Tages wirst du von ihm fordern, bei seiner Majestät dem König um die Fahrerlaubnis für Frauen zu bitten. Oder darum, dass sie ohne einen *Mahram* nach Mekka pilgern dürfen. Du merkst überhaupt nicht, wie unvorsichtig du bist!«

Für gewöhnlich brachten Joumana solche Kommentare dazu, gegen ihre Freundinnen zu wettern:

»Sie machen uns vor der gesamten Welt lächerlich! Sie fahren amerikanische Autos und haben ihre Weltanschauung aus dem Mittelalter. Sie steigen für ihre ach so wichtigen Geschäfte in den Flieger und haben nichts anderes im Sinn, als möglichst viele junge Mädchen zu vögeln. Die sammeln sie wie Trophäen in einem Wettkampf. Anstatt ihr Geld in die Bildung ihrer Töchter zu stecken, lassen sie es lieber in den Casinos oder stopfen es russischen und polnischen Nutten in den BH. Sind das eure Muslime, hm? Und dann halten sie sich noch eine Herde Frauen, die nicht für sich selbst entscheiden dürfen, nicht wählen, nicht arbeiten, nicht einen Schritt ohne Wachmann machen können. Kennt ihr das Volk, das Nein zu seinen Frauen sagt? Es ist das unsere!«

»Hör auf, dich zu beschweren und geh nicht so hart mit unseren Männern ins Gericht«, erwidert Soha. »Sie sind doch nur um unser Wohl besorgt. Sie wollen nicht, dass wir arbeiten, weil sie Angst um unsere Gesundheit haben und weil sie sich besser damit auskennen. Sie wollen, dass wir den Schleier tragen, damit er unsere Würde bewahrt und man uns auf der Straße in Ruhe lässt. Und außerdem verwöhnen sie uns, lesen uns jeden Wunsch von den Augen ab …«

»Ja, da hast du Recht, sie kaufen uns die Schleier, die wir haben möchten und die Handys, die wir wollen und die Dienstmädchen, die wir wollen! Eigentlich könnten sie uns auch gleich ein paar hübsche mit Strass verzierte Hundeleinen kaufen und uns damit Gassi führen!«

»Das ist nicht ihre Schuld, so steht es im Koran.«

»Hör doch auf, jedes Mal zu behaupten, das stünde im Koran, Salma. Das tut es nämlich nicht. Das behaupten die Männer doch immer nur, damit sie tun und lassen können, was sie wollen. Und selbst wenn! Die Zeiten ändern sich, wir werden nicht in unseren Gefängnissen verrecken und akzeptieren, dass wir wie niedere Geschöpfe behandelt werden, von Ehemännern, denen wir gehorchen müssen, auch wenn sie dumm und blind sind. Sie behaupten, sie könnten mit uns machen, was sie wollen, nur weil sie Männer sind, tfouh!«

Mit dem Kopf signalisierte ich, dass ich ihrer Meinung war. Doch ich hütete mich, offen Partei zu ergreifen, denn das wäre einem Urteil über ihr Land gleichgekommen.

Die Sache mit den Dienstmädchen

Ab und an fuhren wir in die Stadt. Wir aßen im *Family Corner* zu Mittag, einem speziell für Familien geeigneten Restaurant, in dem man in einer mit Vorhängen verschlossenen Ecke saß und mit einer Klingel den Kellner rief, der einem nicht direkt ins Gesicht sah. Bei Joumana war es einfach gemütlicher. Allerdings war ich erstaunt darüber, bei ihr so gut wie nie anderen Frauen als ihren engsten Vertrauten zu begegnen. Wollte sie unsere Freundschaft aus Selbstsucht auf ihren engsten Freundeskreis beschränken oder war ihr die Geheimhaltung von anderer Stelle befohlen worden? War ich ihr Geheimnis, das sie nur mit Farah, Soha und Salma teilte, nicht aber mit ihrer Umgebung, und lud sie mich deshalb nie zu Familienfesten ein?

Ich muss zugeben, dass es seinen Reiz hatte, sich in einer männerfreien Zone zu bewegen. Selbst die kleinen Jungen, auf die von morgens bis abends ein Kindermädchen aufpasste, durften ihre Mama nicht begleiten. Wenn es in Marokko vorkommt, dass wir Frauen einmal ungestört reden wollen, gibt es immer irgendeinen Cousin, der uns dazwischenquasselt, oder ein Kollege kreuzt unseren Weg, ein Chef beäugt uns, ein Ehemann ärgert die Freundinnen seiner Frau, ein Bruder motzt uns an, oder ein Händler versucht penetrant, uns seinen Schund anzudrehen, eher, um zu glotzen als an uns zu verdienen. Kurz gesagt: In Marokko ist der Raum der Frau schon seit Urzeiten kein Heiligtum mehr.

Ich brauchte daher etwas Zeit, um mich an diese speziell saudische Lebensform zu gewöhnen und dachte wiederholt: In Saudi-Arabien vergisst du glatt, dass Männer überhaupt existieren!

In den fünf Jahren, die ich hauptsächlich dort verbrachte, vermied ich es, mich mit männlichen Arabern anzufreunden. Egal, ob es sich um Kollegen oder Passagiere handelte, sobald ich das Flugzeug verließ, richtete ich nicht mehr das Wort an sie, denn ich kannte die Bestrafungen nur zu gut, die so etwas häufig nach sich zog.

Im ewig währenden Ballett der Bediensteten saßen wir und plauderten stundenlang, bis die Hausherrin den Bediensteten am Eingang des Salons ein Zeichen gab. Am Anfang beobachtete ich mehr, als dass ich sprach. Ich spürte, dass meine Gastgeberinnen gewisse Momente der Reserviertheit mir gegenüber hatten, in denen sie still wurden, als gäbe es eine unsichtbare Grenze, die ich nicht überschreiten durfte.

Sie wechselten dann das Thema und sprachen entweder über die Essenszubereitung oder, was noch häufiger geschah, über die Dienstmädchen, ein Thema, das in ihren Kreisen so normal und alltäglich war wie in anderen Ländern Gespräche über das Wetter.

Nie hatte ich so viel über Bedienstete gehört, obwohl ich diese Gespräche natürlich auch in marokkanischer Ausprägung kannte. Auch in meinem Land hatten die mehr oder weniger Reichen häufig Bedienstete, ob in der Stadt oder auf dem Land. Auch hier beklauten und beleidigten die Dienstmädchen ihre Arbeitgeber, warfen sich dem Ehemann an den Hals oder gaben seinen Avancen nach, freiwillig oder erzwungenermaßen, wurden schwanger und vor die Tür gesetzt. Meine wohlhabenden Bekannten haben die leidige Angewohnheit, ganze

Abende lang über ihre Dienstmädchen zu reden, die sich angeblich immer schon an ihrer Stelle sehen und sich so anziehen und schminken wollen wie ihre Herrinnen. Es gibt natürlich auch die Rebellinnen, die es vorziehen, jahrelang in der Fabrik oder bei der Weinernte zu schuften, statt als Mädchen für alles zu enden. Schwierig, so einen Ehemann zu finden. Dies ist ein häufiger Streitpunkt zwischen meiner Schwester Sana, die sich auf die Seite der Dienstmädchen schlägt, ihrer Schwiegermutter, die für die Angestellten nur Verachtung übrig hat und Nora, die sich darüber aufregt:

Sana: »Ich kann diese Frauen verstehen, immerhin können sie ausgehen, sich ihre Tasche schnappen und in die Stadt fahren, sie sind frei, weil sie es so wollen.«

Die Schwiegermutter: »Nur, dass sie dafür nicht bezahlt werden.«

Nora: »Aber indem sie das Haus verlassen, haben sie die Möglichkeit, Männer kennenzulernen und ihren zukünftigen Ehemann zu finden. Nicht umsonst nehmen sie gerne die öffentlichen Verkehrsmittel. Der Bus, das ist ihre Chance.«

Sana: »Das ist doch ganz normal, sie müssen schließlich auch einmal heiraten.«

Die Schwiegermutter: »Es gab Zeiten, da hat ein Dienstmädchen sein ganzes Leben in ein und demselben Haushalt verbracht, von der Geburt bis zum Tod. Sie hatte nur die eine Berufung, nämlich ihren Herren zu dienen.«

Sana: »Liebe Schwiegermama, die Sklaverei wurde abgeschafft.«

Bei Joumana waren es die gleichen Gespräche hoch zehn. Das kommt ganz einfach daher, dass die saudischen Frauen nicht eine oder zwei Hausangestellte haben, sondern eine ganze Schar junger Frauen aller Nationalitäten, sie kommen von den Philippinen, aus dem Sudan, aus Eritrea oder Ägypten. Fügen Sie dem noch sklavenähnliche Lebensumstände hinzu und Sie haben ein typisches arabisches Gespräch über Dienstmädchen.

Sehr schnell hörte ich die Geschichte von Safié. Als ich einmal etwas zu früh bei Joumana eintraf, wurde ich im Salon von einer jungen Frau angekündigt, die besser Englisch sprach als ich selbst. Ich unterhielt mich kurz mit ihr, obwohl ich natürlich wusste, dass es in den arabischen Familien der Oberschicht alles andere als üblich war, sich dazu herabzulassen, mit dem Personal zu sprechen.

Safié stammte von den Philippinen, wo sie ihre Eltern, ihren gelähmten Ehemann und vier Kinder zurückgelassen hatte, für die sie nun verantwortlich war. Sie war mit einem Konvoi von Frauen hierhergekommen, die alle Arbeit suchten. Ihrem *Kafil*, dem Mann, der ihren Aufenthalt arrangierte, musste sie jeden Monat zweihundert Rial zahlen. Es kam mir so vor, als würden Menschen wie Safié wie unmündige Kinder behandelt, ganz so, wie früher die *Dhimma* behandelt wurden, Nichtmuslime auf arabischem Boden, die man für schwach und verwundbar hielt und gegen Bezahlung beschützte.

Safié erzählte auch von philippinischen Paaren, die gemeinsam hierhergekommen waren und deren Kinder nicht das Recht hatten, eine saudische Schule zu besuchen. Sie gingen nun getrennt nach Geschlechtern auf Privatschulen, die zumeist von Levantinern geleitet wurden. Als sie Joumana kommen sah, schwieg sie. Ich fragte mich plötzlich, wie meine Freundin, die der Worte nicht müde wurde, mit der sie die eigene Unterdrückung anklagte, so blind gegenüber denjenigen sein konnte, denen es noch schlechter erging. In ihrer Wut über die Ungleichheit zwischen den Geschlechtern vergaß sie die nicht minder große Ungleichheit zwischen den Klassen.

Häufig ergab es sich, dass auf das Thema Dienstmädchen das Thema Privatleben folgte, und meine Freundinnen sprachen geradezu offenherzig von ihren Tricks und ihren Strategien, so dass man fast den Eindruck bekam, sie hätten nicht nur das Gespräch, sondern auch ihr eigenes Schicksal fest in der Hand.

Eines ist allerdings ganz klar: Der Ursprung ihrer überbordenden Fantasie und ihrer unzähligen Geschichten ist die Langeweile. Sie gehen wenig aus, haben keine wirklichen Hobbys, um die Hausarbeit und die Kinder kümmern sich ausschließlich Bedienstete, und ihre Ehemänner arbeiten den ganzen Tag oder sind auf Geschäftsreise. Sie verbringen ihre Tage damit, sich herauszuputzen und Freundinnen zu empfangen. In ihrem Leben gibt es keine Überraschungen, es vergeht ohne Neuerungen, im Winter ein Aufenthalt in einem Land des Mittleren Ostens, im Sommer in London, Genua oder Paris.

Sofort wurde mir klar, dass ich im Gegenzug zu ihrer Gastfreundschaft ihr tristes Dasein erheitern musste. Ich war es ihnen schuldig, die Dinge für sie zusammenzutragen, die ich anderswo gesehen und kennengelernt hatte. Wenigstens das konnte ich tun, um ihre langweiligen Nachmittage mit der Wasserpfeife vor dem Fernseher zu erhellen. Joumana sagte mir später, die einzigen Momente, in denen der Fernseher nicht lief, wären meine Besuche. »Was sollen wir auch anderes machen? Kein Kino, kein Theater. Und vom Shoppen habe ich die Nase gestrichen voll!« Meine marokkanische Abstammung schmälerte ihr Interesse nicht, im Gegenteil, wie ich bereits erwähnte. Ich war jedoch den gleichen Vorurteilen unterworfen, die man hier gegenüber den Frauen meines Landes hatte. Marokkanerinnen galten nicht nur als ständige Zauberinnen, sondern auch als Expertinnen in Sachen Sex. Marokko fasziniert die Araberinnen, weil es für sie eine Mischung aus Laster und Tugend darstellt, aus westlicher Verführungskunst und Haremsgeschichten, der gefährlichsten erotischen Mischung der Welt. Unserem Öl, wie Farah so schön sagte.

Eines Tages werden sie von diesem Trip runterkommen, dachte ich, und der Reiz meiner Gesellschaft wird verfliegen. Doch für den Moment bin ich die Exotin aus einem angeblich freien Land, die weiß, was in der Welt passiert, die ihr Tempo, ihre Vorzüge, Gepflogenheiten und ihre Männer kennt. So wie die weiße Taube aus den Handflächen des Straßenzauberers flattert, musste ich aus meinen Worten die ganze Welt emporsteigen lassen.

Die Gefahr eines Augenblicks

Gerade sitzen wir im Salon von der Größe eines halben Fußballfeldes, Sie erinnern sich, der sich neben dem *Majlis* befindet, dem Salon der Männer. Mittlerweile hat jede von uns einen Stammplatz, ich sitze in der Mitte in einem originalen Louis-Philippe-Sessel und nippe an der berühmten Vimto-Limonade. Die Vorliebe der Reichen vom Golf für Imitationen westlicher Möbel und Vergoldungen kannte ich bereits und fand sie hier in vollem Ausmaß verwirklicht. Es überrascht mich allerdings, dass nun auch die Marokkaner damit anfangen. Aus und vorbei ist's mit unseren Wohnräumen, die von niedrigen Tischen, Hockern und Kissen verschönert wurden, jetzt kommen überladene Möbel und plumpe Motive. Adieu Berberteppich, willkommen Kunstledersofa. Im ägyptischen Film sieht es auch schon so aus. Mein Maghreb ist auf bestem Wege, die Eleganz der französischen Aristokratie gegen den falschen Pomp der arabischen Königshäuser einzutauschen.

Wie üblich betrete ich die Räumlichkeiten durch den Eingang speziell für Frauen, geführt von der Sudanesin Aya, die beinahe literarisches Arabisch spricht. Bevor ich sie später wieder verlasse, wird der draußen vor einer Durchgangstür postierte Inder Seddik fast das gesamte Viertel vorwarnen, er wird die Dienstboten links und rechts wie Fliegen aus dem Weg scheuchen, damit sich nur ja kein männlicher Blick auf mich legt. Insgeheim lache ich über diese unglaubliche Zeitverschwendung. In Marokko ist diese Praxis – zum großen Bedauern meiner Großmutter – in Vergessenheit geraten, ich habe sie in unseren Städten nie beobachtet. Mir ist völlig schleierhaft, wozu sie gut sein soll: Was würde denn passieren, wenn mich der Blick eines Mannes träfe?

Sofort wird das Thema in unserer Runde aufgegriffen.

Ich: »Der Mann wird mich schon nicht mit Blicken ausziehen!«

Salma: »Und ob! Weißt du denn nicht, dass der Blick in unserer Religion eine zentrale Rolle spielt? Es ist eine Sünde, jemanden zu lange anzusehen.«

Soha: »Genau. Alle Gläubigen, egal ob Männer oder Frauen, sollen den Blick senken. Es ist ein Ausdruck der Vorsicht und des Respekts voreinander.«

Joumana: »Nun übertreibt mal nicht! Man kann sich sehr wohl, auch bei unterschiedlichem Geschlecht, ansehen, ohne respektlos oder begehrlich zu sein.«

Soha: »Du unterschätzt die Macht des Blickes, meine Liebe. Nicht umsonst heißt es ›sich mit Blicken verschlingen‹. Und ihr kennt das Gedicht: ›Erst angesehen, dann angefasst, und zum Schluss ein Kuss.‹ Alles beginnt mit einem einladenden Blick.«

Farah: »Es gibt Männer, die einen so intensiv anstarren, dass man meinen könnte, man würde schwanger davon!«

Salma: »Glaubt mir, wenn man mit Blicken Liebe machen könnte, wäre ich die Erste, die davon wüsste!«

Als wir Iqbal kommen sahen, schwiegen wir. Auch wenn die junge Frau ihrer Tante in ihrer unkonventionellen Art recht ähnlich war und von ihren platonischen Liebeleien erzählen durfte, hieß das noch lange nicht, dass erwachsene Frauen vor ihr über Sex reden würden.

Iqbal hatte sich – auf den ersten Blick! – in einen jungen

Mann verliebt, der im Haus gegenüber wohnte. Der junge Mann, wohl von einem Urinstinkt in Sachen Herzensangelegenheiten getrieben, wartete in den folgenden Tagen hinter seinem Fenster den Moment ab, in dem die Studentin daran vorbeikam. Den Körper unter der Abaja versteckt und begleitet von Joumanas Wächter, ging sie zum Unterricht. So ging es bis zu dem Morgen, an dem sie zu ihren Füßen einen Zettel fand. Dort stand seine E-Mail-Adresse.

Und so wurde eine weitere Liebesgeschichte im Netz gesponnen.

Durch die Zeit mit meinen Freundinnen wuchs nach und nach mein Wissen über die saudische Mentalitat. Vor allem lernte ich, mich unauffällig zu verhalten, um nicht die Aufmerksamkeit der *Mutawwa* auf mich zu ziehen, jener religiöser Ordnungshüter, die für die Einhaltung von Moral und Ordnung in der Stadt sorgten.

Ich durfte weder das Wort an einen Mann richten, soviel wusste ich bereits, noch ihn berühren. Im Fahrstuhl achtete ich darauf, nur ja nicht den Blick zu heben oder einen Mann zu grüßen. Ein »Guten Tag« gilt als Anmache. Ein Lächeln, das heißt ganz große Geschütze auffahren, es ist eine klare und offenkundige Herausforderung. Eine Einladung zu akzeptieren ist gleichbedeutend mit einem Akt der Prostitution. Was sollte man da machen? Alles, so Farah, solange es niemand sieht. Die Straße gehört den Männern, der Rest der Welt gehört uns. Ich fand dieses Verhalten ein bisschen scheinheilig, doch Joumana merkte an, dass, selbst wenn man in Marokko nicht so tat, als sei man Weltmeister im moralischen Verhalten, sich eigentlich alle Muslime getreu dem Motto verhielten: »Erfülle deine Pflichten gegenüber Allah, und was den Rest angeht, hab Spaß, aber heimlich!«

»Dem kann ich nur zustimmen«, säuselte Farah mit einem Lachen im Gesicht. »Ihr solltet euch alle ein Beispiel an mir nehmen.«

Ich bewunderte Farahs Leichtigkeit, ihren Humor und ihren Lebenshunger, der nichts von ihrer traurigen Vergangenheit verriet. Mit dreizehn Jahren wurde Farah mit einem Mann verheiratet, der ihr Vater hätte sein können und bereits zwei Frauen hatte. Um dieser verhassten Verbindung zu entgehen, hatte sie wiederholt versucht, sich umzubringen. Jedes Mal landete sie im Krankenhaus, und jedes Mal sprach ihre Familie von »Medikamentenmissbrauch«. Nach der Hochzeit wurde sie von ihrem Ehemann in einen Flügel seines Palastes verfrachtet, wo er versuchte, sie gefügig zu machen. Mit allen Mitteln versuchte sie daraufhin, ihn zu ärgern, führte sich auf wie ein kleines Kind und nahm jedes Mal die Beine in die Hand, wenn er versuchte, sie ins Bett zu schubsen. Je älter sie wurde, desto mehr Personal forderte und bekam sie. Sie hatte verlangt, weiterhin Englischunterricht zu erhalten, den sie in ihrem Elternhaus per Korrespondenz begonnen hatte, und stellte zu diesem Zweck nun eine Libanesin ein. Trotz dieser Beschäftigungen gab sie den Bedrängungen ihres Ehemannes nicht nach, der sich eingeredet hatte, sie mehr als seine anderen beiden Frauen zu begehren, aus dem einfachen Grund, weil sie ihn ablehnte. Im Gegenzug hetzte er nun seine Ehefrauen gegen Farah auf und schlug sie mit der Peitsche, wann immer sie sich ihm verweigerte.

An ihrem fünfzehnten Geburtstag gebar sie einen Sohn. Der kleine Rachid gab ihr endlich einen Grund weiterzuleben, alles zu ertragen, sie widmete sich ganz seinen Bedürfnissen und verließ nur selten das Haus. Er war zehn Jahre alt, als sein Vater an Prostatakrebs starb.

Sie kehrte in den Schoß ihrer Familie zurück, wie es der Brauch will, nahm jedoch bei der leisesten Erwähnung einer neuerlichen Heirat Reißaus. Mit dreißig fühlte sie sich der Welt gewachsen und verlangte, allein mit Rachid in einer Wohnung zu leben, fest entschlossen, die verstrichenen Jahre der Frustration und Isolation wieder aufzuholen. Niemand wagte es, ihr diesen Wunsch zu verwehren, nachdem ans Licht gekommen war, wie sehr sie in all diesen Jahren gelitten hatte. Doch ebenso ahnte niemand das Ausmaß ihrer zukünftigen Freiheit, das nun ausschließlich ihrer angeheirateten Cousine Joumana und dem Kreis ihrer Vertrauten bekannt war.

Es war der zweite Golfkrieg, der Farah diese Freiheit ermöglichte, kamen doch durch ihn unzählige Flüchtlinge ins Königreich, hauptsächlich Iraker, einer schöner als der andere, die künftig ihr Adressbuch zieren sollten und ihr die Langeweile vertrieben. Viele Liebesgeschichten begannen in jener Zeit des politischen Umbruchs, in der die traditionelle arabische Gesellschaft durch die Öffnung der Grenzen zum Ausland auf die Probe gestellt wurde. Dies war umso bedrohlicher, da von tatsächlichen Ausländern nicht unbedingt die Rede sein konnte, der Irak gehörte schließlich ebenfalls zur *Oumma*, der Gemeinschaft islamischer Länder. Mit jedem Liebhaber rächte sich Farah in vollen Zügen an der Vergangenheit.

Für ihre Höhenflüge brauchte Farah kein Flugzeug. Sie fand Mittel und Wege, sich den Männern zu nähern und die Falle zuschnappen zu lassen. Es genügte, dem Auserwählten unbemerkt ihre Telefonnummer zukommen zu lassen oder ihm eine Botin aus der Familie zu schicken. Ein Schaufensterbummel diente ihr dazu, die Menschen in ihrem Rücken zu beobachten und mit einem

Augenaufschlag oder einem rasch geflüsterten Wort die Aufmerksamkeit auf sich zu lenken. Die Pilgerfahrt nach Mekka übertraf jedoch alles, hier konnte sie so viele Liebhaber finden, wie sie nur wollte, aus jedem Land der Welt, sie folgte ihnen einfach ins Hotel, indem sie so tat, als sei sie die Ehefrau. Es war egal, ob sie die gleiche Sprache sprachen, alles, was sie wollte, war ihr Schatz, wie Farah sagte, sie wollte die Engel singen hören, ohne sich dafür zu rechtfertigen.

Und so kam es, dass sie uns erzählte, die indischen Pilger dufteten nach Gewürzen, die Farbigen nach Buschland, dass die Ägypter sich für die Pharaonen des Zipfelchens hielten und die iranischen Schiiten besser im Bett seien als die arabischen Sunniten.

»Ich gebe euch ein paar Tipps für den Fall, dass ihr es mir einmal gleichtun wollt«, schlug sie vor. »Sich mit dem Auto fortzubewegen ist eine sichere Sache, die Sittenpolizei wagt es so nicht, euch anzuhalten. Trefft euch in einem Kaufhaus. Ihr dürft euch auf gar keinen Fall abkapseln. Der sicherste Ort ist die Masse, dort müsst ihr euch so selbstverständlich wie möglich bewegen, und passt auf, dass ihr niemandem in die Arme lauft, den ihr kennt.«

Als sie einmal von der Sittenpolizei ertappt worden war, hatte ihr momentaner Verehrer, ein hartgesottener Kerl, blitzschnell reagiert. Er war auf den *Mutawwa* zugegangen und hatte ihn angeblafft:

»Schämen Sie sich nicht, meine Frau anzusehen?«

Der Polizist hatte sich unter tausend Entschuldigungen entfernt.

»Es gibt Orte, an denen man sich mit seinem Liebsten auch ohne Trauschein vergnügen kann. Männer finden dort nur in Begleitung einer Frau Einlass. Wenn sie keine haben, bezahlen sie eine Bedienstete, um reinzukommen. Drinnen können sie dann ihre Seelenverwandte finden.«

Geduldig ließ sich Farah Löcher in den Bauch fragen.

Ich: »Was machen die jungen Männer den ganzen Tag, wenn sie nicht gerade bei der Arbeit oder in der Moschee sind?«

Farah: »Sie drehen eine Runde im Wagen, sie spazieren durch die Einkaufszentren, um auf unsere Knöchel zu schielen, sie lungern am Flughafen herum, um die Ausländerinnen zu beobachten, die mit unbedecktem Kopf das Flugzeug verlassen.«

Ich: »Ich meine, wenn sie Lust auf ein erotisches Abenteuer haben.«

Farah: »Sie besorgen sich die Nummer einer asiatischen Prostituierten oder treiben es untereinander.«

Salma: »Was? Unmöglich! *Das* gibt es bei uns nicht, spart euch eure Blasphemie.«

Soha: »Und ob, Schätzchen. Für einige unserer Männer ist die Homosexualität wie ein Appetitzügler, eine Möglichkeit, Sex zu haben, bis sie die Richtige finden.«

Farah: »Ich kann euch gerne ein Café im Norden der Stadt zeigen, in dem sich die süßen Jungs treffen. Viele von ihnen sind nach dem 11. September aus den Staaten zurückgekehrt.«

Salma: »Und wenn sie erwischt werden?«

Farah: »Häufig werden beide Augen zugedrückt, vor allem, wenn es sich um Jungen aus gutem Hause handelt.«

Joumana: »Und die Frauen, was machen die?«

Farah: »Die tun gut daran, brav auf ihre Hochzeit zu warten.«

Iqbal kam zu uns, mit Büchern beladen und mit abwesendem Blick.

Beschämt sahen wir uns an und fürchteten, das junge Mädchen hätte Farahs Offenbarungen mitangehört und sie für interessant befunden. Doch sie schien dem keinerlei Aufmerksamkeit zu schenken, zog ihre Abaja über den Kopf und ging mit ihren Büchern unterm Arm die Treppe hoch.

Wir kamen zum Thema Freundschaft.

Soha: »Kann es eine Freundschaft zwischen Mann und Frau geben?«

Salma: »Nein, denn immer, wenn ein Mann die Anwesenheit einer Frau spürt, ist der Teufel der Dritte im Bund. Ich persönlich kann mir nicht vorstellen, dass ein Mann gucken kann, ohne Begehren zu empfinden. Und weil ein Mann nicht im gleichen Raum mit einer Frau sein kann, ohne mit ihr schlafen zu wollen, ist eine Freundschaft zwischen den Geschlechtern unmöglich.«

Soha: »Das glaube ich auch. Sobald eine Frau nicht zur Familie gehört, wird ein Mann sie begehren. Weil die Männer immer genau das haben wollen, was ihnen verwehrt wird.«

Farah: »Tja, Gott hat die Frau dazu erschaffen, geliebt zu werden.«

Joumana: »Er hat sie aber nicht nur mit Geschlechtsteilen ausgestattet!«

Salma: »Nein, aber Er hat betont, dass alles an ihr das Verlangen weckt, inklusive ihrer Stimme.«

Joumana: »Ja klar, es ist die Stimme, die dem Kerl einen Ständer verschafft ...«

Soha: »Und ob! Ein Cousin von mir hat erzählt, jedes Mal, wenn er eine Frauenstimme hört, muss er sich reinigen.«

Joumana: »Und warum behaupten dann zum Beispiel

die Engländerinnen nicht, dass die Engländer einen Steifen bekommen, wenn sie sprechen?«

»Die Engländer sind nicht so frustriert wie die Araber«, sagte Iqbal, als sie die Treppe runterkam, um uns Gesellschaft zu leisten.

Wir wechselten das Thema. Salma erzählte die Geschichte ihrer Tante, deren Ehemann gerade eine Zweitfrau genommen hatte, und die seither an Depressionen litt. Farah bemerkte, das sei auch kein Wunder bei einer Frau, die zwar hübsch und aufrichtig war, jedoch keinen Funken Humor hatte und sich unaufhörlich beklagte, die ihren Ehemann pausenlos mit Vorwürfen überhäufte, du bist zu viel unterwegs, du kaufst mir dies nicht, du kaufst mir das nicht. Das ist doch normal, dass so mürrische Frauen ihrem Mann irgendwann auf den Keks gehen.

»Aber das ist doch nicht ihre Schuld«, rief Salma, als fühlte sie sich angesprochen. »Die Frauen sind doch bloß mürrisch, weil sie zu Hause eingesperrt werden, wo sie herumtigern und nichts zu tun haben. Die Ärmsten langweilen sich ganz einfach! Da können sie ihren Mann ruhig einmal anfauchen, oder?«

»Deine Tante muss ganz einfach ihre Taktik ändern«, riet Farah. »Ein wenig mehr Witz gegen einen Abend in der Stadt, ein bisschen mehr Zärtlichkeit gegen ein Schmuckgeschenk. Und eine Reise nach Beirut, um sich den Charakter zurechtschnippeln zu lassen!«

Die Träume der Araberinnen

Iqbal schien zunehmend geistesabwesend zu sein, weit weg von uns, manchmal sogar bei Gesprächen, die sie selbst betrafen.

Joumana: »Du solltest dich lieber deinem Studium widmen, als herumzuträumen, Iqbal.«

Farah: »Lass sie in Ruhe. Wozu soll sie studieren? Ein Diplom macht sie weder besser im Bett noch am Herd, und diplomierte Frauen machen den Männern Angst. Es heißt, sie bekämen am Ende ihrer universitären Laufbahn einen Schnurrbart. Da sollten sie lieber heiraten.«

Soha: »Und möglichst schnell! Mit fünfundzwanzig ist eine Frau schon alt und muss sich sputen, um einen Mann zu finden, der nicht schon zwei Ehefrauen und eine ganze Horde Kinder hat.«

Salma: »Außerdem musst du Kinder bekommen. Das ist das Wichtigste im Leben, sonst giltst du als sterile Topfpflanze. Und es gibt keinen schöneren Beruf als Mutter zu sein.«

Joumana (erbost): »Und in der Zwischenzeit lasst eure Männer ruhig frei rumlaufen! Lasst sie seelenruhig reisen, arbeiten, flirten. Ihr seid allesamt Idiotinnen!«

Soha: »Willst du sie vielleicht ihrer Freiheit berauben?«

Joumana: »Ich mache wenigstens den Mund auf!«

Soha: »O ja, wissen wir. Ganz Dschidda weiß, dass du den lieben langen Tag damit verbringst, Beschwerden an den König zu verfassen … Und dein armer Ehemann erklärt sich auch noch bereit, sie zu übermitteln.«

Joumana: »Wenn es Abdallah nicht in den Kram passt, kann er sich eine andere Ehefrau suchen!«

Farah (umarmt ihre Cousine und drückt ihr einen dicken Kuss auf die Wange): »Wozu der Aufwand? Er kann sich einfach eine Zweitfrau nehmen.«

Joumana (die nun ihrerseits die Cousine küsst): »Soll er doch, und dann werden wir sehen …«

Salma: »Du würdest ihn wahrscheinlich vor Gericht zerren und ins Gefängnis werfen lassen.«

Und plötzlich fing Salma an, von ihrem Ehemann zu erzählen.

Er sei so prüde, dass er sie nur selten ansah. Selbst auf der Straße hoffte er, nur ja keiner Frau über den Weg zu laufen. Er gab vor, der Blick einer *Horma*, einer Frau, würde ihn beschmutzen. So wurde er erzogen. Sein Vater war so gläubig und streng, dass seine Frau jedes Mal, wenn sie mit einem Fremden sprach, ein Geldstück in den Mund nehmen musste, um ihre Stimme zu verändern.

»Von so einem Mann träume ich ganz bestimmt nicht«, sagte Iqbal.

Als das junge Mädchen uns wieder verlassen hatte, nutzte ich die Gelegenheit, um genau danach zu fragen: Wovon träumten meine saudischen Freundinnen? Mit der darauffolgenden Flut von Antworten hatte ich nicht gerechnet.

Joumana: »Ich träume von einem Mann, der mir in die Augen sieht. Der nicht an mir vorbeiläuft als wäre ich ein Gegenstand. Ich träume davon, Seite an Seite mit meinem Ehemann zu gehen, nicht hinter ihm.«

Salma: »Ich wünsche mir einen flüchtigen Kuss in einem dunklen Raum, ein erotisches Abenteuer auf einer Parkbank. Ich träume davon, Arm in Arm durch die Menge zu gehen und zu zweit im Ozean zu baden.«

Farah: »Ich will einen Mann streifen, ohne dass es gleich ein Verbrechen ist, ihn ansehen, ohne dass es heißt, ich würde es mit Blicken treiben, ich will das Wort an ihn richten, ohne als Nutte zu gelten.«

Soha: »Mein Traum ist es, einmal ins Kino zu gehen oder mit den Männern Amrou Dhiab zu hören. Oder mit dem Wind im Haar spazieren zu gehen.«

Farah (mit glänzenden Augen, als würden ihre Träume Wirklichkeit, wenn sie nur davon sprach): »Ich träume davon, einen Mann, den ich liebe, vor den Augen aller anderen auf den Mund zu küssen, mir in High Heels und Minirock meinen Weg durch die Menge zu bahnen und ein Glas Champagner auf das Wohl der gesamten Menschheit zu trinken.«

Soha: »Ich träume von einem Ehemann, der zu Hause bleibt und seinen Tag damit verbringt, für mich zu kochen, der mir die Nägel und die Haare macht, und Liebe natürlich auch.«

Ich bemerkte, dass Soha ihren früheren Traum, Zoologin zu werden, nun nicht mehr erwähnte. Offenbar war er einem anderen Traum gewichen: ihren Ehemann für sich allein zu behalten.

Soha (die mit einem Finger die Mulde zwischen ihren perfekten Rundungen streichelte): »Ich bin keine Feministin, aber ich träume von einer umgekehrten Welt: von polyandrischen Frauen, von gesteinigten Männern, von Männern mit Schleier, es gäbe so viel zu lachen …«

Salma (wie von einem spontanen Geistesblitz gepackt): »Wenn ihr so weiter träumt, endet ihr noch wie die Ungläubigen. Was beklagt ihr euch? Ihr werdet wie Königinnen behandelt, es fehlt euch an nichts, für euch und eure Kinder wird gesorgt, was wollt ihr denn noch?«

Joumana: »Was wir wollen? Leben! Einfach leben.«

Salma: »Das Leben liegt in Gottes Hand.«

Joumana: »Aber Er hat auch dafür gesorgt, dass wir es selbst in der Hand haben. Leben, das heißt frei sein.«

Salma: »Was nützt dir die Freiheit, wenn sie in die Misere und die Einsamkeit führt?«

Joumana: »Ich könnte meine eigenen Entscheidungen treffen und selbst mein Schicksal lenken.«

Salma: »Du würdest ein böses Ende nehmen, du würdest mit Körper und Seele auf die schiefe Bahn geraten.«

Ich muss gestehen, dass ich mich bei solch hitzigen Debatten zwischen meinen Freundinnen häufig unwohl fühlte. Ich war hin- und hergerissen zwischen meinem Mitgefühl für ihre Lebenssituation und einer Art Überdruss gegenüber ihrem Selbstmitleid, das sie dennoch nicht dazu bewegte, auch nur den kleinen Finger zu rühren, Joumana einmal ausgenommen.

Manchmal flüsterte ein kleiner Djinn mir ins Ohr, man müsse sie zur Revolte anstacheln, sie mit dem Wunsch zum Aufstand infizieren, sie ihrer Geziertheit berauben und sie darauf stoßen, was für ein schlechtes Bild ihr Land nach außen hin abgab. Ich sah jedoch davon ab, diese Dinge auszuführen, die Regeln der Gastfreundschaft geboten mir, kein Urteil zu fällen und wie eine Suffragette zu reden.

Wenn sie über die angebliche Freiheit aller anderen Frauen sprachen, brachten sie mich mit schöner Regelmäßigkeit an den Rand der Verzweiflung. Oder aber sie mokierten sich über die Lebensumstände westlicher Frauen, hielten sie für gesetzlose und gottlose Geschöpfe, denen jeder Familiensinn abging, denen die Karriere völlig den Kopf vernebelte und die überhaupt nur dazu gut waren, die Fantasien saudischer Männer anzuregen, noch dazu völlig umsonst, da diese einer Hochzeit niemals zustimmen würden.

Ich war so kühn, zu erklären, dass im Westen jeder seine eigenen Entscheidungen treffen konnte, dass die Frauen das Recht hatten, zu lieben und zu betrügen, ohne dass ihnen dafür eine Steinigung drohte und dass die Untreue ein geringes Übel im Vergleich mit der Polygamie darstellte, die manche sogar als legale Prostitution betrachteten. Salma fuchtelte wild mit ihren beringten Fingern herum und entgegnete, dass die Polygamie den Mann dazu verpflichtete, für die Frau zu sorgen, den Kindern seinen Namen zu geben und seine Frauen gleich zu behandeln, eine solche Garantie gebe es im Ausland nicht, das sei der totale Dschungel! Salma trumpfte auf, dass eine Frau nicht mehrere Männer gleichzeitig haben konnte, aus dem einfachen Grund, dass später niemand wusste, wer der Vater ihrer Kinder sei.

»Du vergisst die technischen Fortschritte, meine Liebe! Heutzutage kennen wir die DNS. Sie erlaubt uns, die Vaterschaft festzustellen«, erwiderte ich.

Außer Joumana schienen meine Argumente keine von ihnen zu überzeugen. Was diese Dinge betraf, weigerten sie sich, wissenschaftliche Entwicklungen anzuerkennen, wie man sich weigert, eine exotische Frucht zu kosten.

Nach und nach wurde mir bewusst, dass diese Frauen nicht an der westlichen Emanzipation interessiert waren. Das war ein zu klares, zu einschneidendes Modell und daher langweilig. Mal ganz abgesehen von ihrem starken Glauben, gab es bei den Araberinnen etwas, das sich nach komplexen Beziehungen und stürmischen Liebschaften sehnte. Vergeblich versuchte ich, mir diese Haremsmädchen in den Kleidern einer Frauenrechtlerin vorzustellen, ohne dass etwas anderes dabei herauskam als ein trauriger Clown.

Ihr Interesse regte sich eher, wenn ich von den marokkanischen Frauen sprach, statt von den Mädchen aus London oder Paris. Die kulturelle Nähe und die geteilte religiöse Identität machten die Realität meines Landes für sie attraktiver. In Marokko gibt es von allem etwas, Scheidung und Verstoßung, Polygamie, Monogamie, die ganze Palette amouröser Beziehungen, es ist ein Cocktail aus Scharia, einem Schuss Simone de Beauvoir und ein paar Nächten à la Scheherezade. Einzig Joumana zog unserer *Moudawana* den rechtlichen Personenstatus in Tunesien vor, ein Meilenstein in dieser Richtung, während Farah sich über unseren Präsidenten Bourguiba lustig machte: »Er hat im Fernsehen erzählt, dass er nur ein Ei hat!«

Sobald das Gespräch über die Rechte der Frau ernsthafte Züge annahm, gähnten die Saudierinnen plötzlich gelangweilt und zogen es vor, über Sex zu reden.

Im siebten Himmel

Um mich für die saudischen Weisheiten in Sachen Lebenskunst zu revanchieren, war es meine Pflicht, meine Freundinnen in die Geheimnisse der Kunst des Fliegens einzuweihen, die ich als Stewardess angeblich beherrschte. Unglücklicherweise stimmten meine Erzählungen nicht mit ihren Vorstellungen überein.

Alle Welt fantasiert über das Leben von Stewardessen, doch nur die wenigsten sind mit ihnen bekannt. Von den Eingeweihten glaubt niemand mehr, dass sie dauernd in den Genuss aufregender Affären kommen, der Job ihnen Höhenflüge der besonderen Art verschafft, sie so schnell die Hüllen fallen lassen, wie man einen O-Saft austrinkt und ihnen obendrein auch noch das Geld in den Allerwertesten gesteckt wird, wie in anderen Risikoberufen. Das alles muss ich entschieden zurückweisen. Zwar gibt es in meinem Beruf nichts, was es nicht gibt. Manche Kolleginnen sind noch mit vierzig Jungfrau, einige sind der Misere entkommen, so wie ich, haben sich erfolgreich gegen familiäre Zwänge durchgesetzt, manch eine ist geschieden und will nichts mehr von einem Ehemann hören. Natürlich gibt es auch Abenteurerinnen, Heiratswillige, die bei Tag hochprofessionell aussehen und sich bei Nacht in Pornostars verwandeln, Nymphomaninnen gibt es bei jeder Fluggesellschaft der Welt.

Sie gehen auf Männerjagd, schlafen bei jeder Zwischenlandung mit einem anderen wie einst die Matrosen, sie treiben es im Cockpit und lassen es sich auf der Toilette besorgen.

»Ja, aber du, was ist mit dir?«

Ich habe damit nichts am Hut. Sie glauben mir nicht. Ich weiche ihnen aus, indem ich von Asiatinnen erzähle, die immer gerne dazuverdienen, von karrieregeilen Libanesinnen, von Algerierinnen aus gutem Hause, die der Langeweile oder den langen Bärten entkommen wollen, von Marokkanerinnen, die ihre Aussteuer, den obligatorischen goldenen Gürtel verdienen wollen, von Algerierinnen, die sich mit ihrer Freiheit brüsten und sich den Luxus eines Abenteuers gönnen. Strenge Familien lassen ihre Töchter, noch bevor diese das Rollfeld überqueren, schwören, ihre Ehre zu bewahren, verarmte Familien tragen ihnen auf, Diamanten nach Hause zu bringen, egal auf welchem Weg. Eins ist sicher: Die Mehrzahl der Stewardessen, die für die Saudi Airlines fliegt, träumt im Stillen davon, eines Tages den Prinzen kennenzulernen, der aus ihnen eine Prinzessin macht. Auch wenn sie es häufig nicht zugeben.

»Sie sind ganz schön dumm! Könige heiraten keine Stewardessen«, lacht Salma.

Als ihr auffällt, dass ihre Bemerkung mich treffen könnte, fügt sie hinzu:

»Ich wollte bloß sagen, dass sie gezwungen sind, eine Araberin von königlichem Blut zu heiraten.«

»Das ist gar nicht das Problem«, widerspricht Joumana. »Diese Frauen verstehen nicht, dass ihre Freiheit wertvoller ist als alle Königreiche dieser Welt. Heute macht der Prinz aus ihnen eine Prinzessin und morgen schon eine Sklavin. Wissen sie denn nicht, dass die Paläste voll von Konkubinen und Nebenbuhlerinnen sind und die Höfe von der Bitterkeit der vielen Ehefrauen verpestet werden, die sich den lieben langen Tag an die Gurgel gehen, bloß um die kleinste Aufmerksamkeit von ihrem Herren zu erhalten?«

Joumanas Bemerkung erinnerte mich an die Geschichte von Chantal, die ich der Gruppe sogleich erzählte. Von ihrem Drama erfuhr ich nur wenige Monate nachdem ich meine Stelle angenommen hatte. Diese deutsche Kollegin hatte sich Hals über Kopf in einen Piloten namens Dahmane verliebt, der aus dem Jemen stammte. Ein ganzes Jahr lang war das gesamte Bordpersonal Zeuge ihrer Leidenschaften, ihrer Eskapaden zwischen zwei Flügen, ihrer Urlaube in Griechenland oder Finnland und der vielen Geschenke, mit denen ihr Liebster sie überhäufte, dessen Familie einige Ölquellen besaß. Natürlich bekamen wir auch die Eifersuchtsanfälle mit, die den Araber regelmäßig beim Anblick seiner Chantal überfielen, wenn sie einem Kollegen einmal zu oft zulächelte oder einen Augenblick zu lang mit einem Passagier sprach. Folglich machte Dahmane seiner Angebeteten einen Heiratsantrag, unter der Voraussetzung, dass sie aufhörte zu arbeiten und sein Land nicht mehr verließ. Sie sagte Ja. Ja zu allem.

»Was tun diese dummen Gänse nicht alles für einen arabischen Schwanz!«, platzte Farah heraus.

»Am Abend vor ihrer Hochzeit konvertierte Chantal zum Islam. Sie schlüpfte in eine Abaja und verschanzte sich im Schoße ihrer künftigen Schwiegereltern. Doch o weh! Innerhalb weniger Monate wurde ihr klar, was für einen Fehler sie begangen hatte. Ihr Mann war nicht mehr wiederzuerkennen. Von einem Tag auf den anderen verbot er ihr das Reisen, das Ausgehen und schließlich sogar das Telefonieren, um kurze Zeit später erneut in den Hafen der Ehe einzulaufen. Eines Morgens nutzte sie die Unaufmerksamkeit ihrer Schwiegermutter aus und rannte zur deutschen Botschaft, um dort Zuflucht zu suchen. Wir haben nie wieder von der Deutschen gehört und auch nicht von ihrem Prinzen, dem arabischen Piloten.«

Sobald ich meine Geschichte beendet hatte, stellte mir Soha die immer gleiche Frage, diesmal mit noch mehr Nachdruck:

»Aber was ist mit dir? Sag es uns, bitte!«

Ich wusste nur zu gut, dass Soha verzweifelt tausendundeinen Zauber suchte, um ihren Ehemann für immer an sich zu fesseln und sich den Ruf der besten Liebhaberin aller Zeiten einzubringen. Der Gedanke, er könne sie betrügen, raubte ihr den Schlaf. Die Idee, er könne sie für eine andere sitzenlassen, machte sie verrückt. Das war ebenso der Grund für ihre exzessiven Shoppingtouren wie für ihren unstillbaren Wissensdurst in Sachen Sex. Da sie nie die Gelegenheit hatte, die Meinung eines Mannes einzuholen, informierte sie sich pausenlos bei ihren Freundinnen. Außer von Farah, die sie ohne jede Hemmung über alles auf dem Laufenden hielt und erklärte, jeder Mann habe seine ganz eigenen Ansprüche, bekam sie jedoch nicht viele Antworten, ganz besonders nicht von Joumana, die sich, was ihre Sexualität betraf, in Schweigen hüllte. In der Zwischenzeit ließ sich Soha von Schönheitschirurgen kaputtmachen. Sie gab es nicht immer zu, doch wir vermuteten, dass sie sich auf jeder Reise, auf die sie ihren Ehemann begleitete, irgendwo in Ägypten oder im Libanon, die Nasenspitze richten oder eine zusammengesunkene Lippe wieder aufspritzen ließ.

Tatsächlich waren ihre Eltern gegen ihre Heirat gewesen, da Omar einer weniger gut gestellten Familie entstammte, auch wenn aus ihm inzwischen ein erfolgreicher Geschäftsmann geworden war. Diese unerwünschte Verbindung hatte dem Paar die Missgunst von Sohas Familie eingebracht, deren männliche Angehörige sie jederzeit, auch gegen ihren Willen, scheiden lassen konnten, einfach mit der Begründung, die Familien passten nicht zusammen. »Stellt euch das mal vor! Obwohl ich Omar über alles liebe!«, klagte sie mit einer Hand auf dem Herzen.

Sohas Liebessehnsucht hatte sich noch dadurch verdoppelt, dass einige arabische Fernsehsender nun mexikanische Telenovelas ausstrahlten, die von feurigen Leidenschaften handelten und die wir gelegentlich zusammen ansahen. Die Art von Seric, in der der männliche Hauptdarsteller mit seinem Astralkörper selbst die entschlossenste aller Jungfrauen in Versuchung führte und obendrein auch noch Liebesschwüre so gekonnt aussprach wie ein Tyrann seine Befehle. Ständig umschmeichelten sie ihre Auserwählte aufs Glühendste, beschrieben endlos das innere Feuer und die Verzweiflung, die sie verzehrten und küssten ihre Fingerspitzen, während sie beteuerten, sie bis zur Besinnungslosigkeit zu lieben!

Solche Episoden brachten Soha zum Weinen. Sie schluchzte und zog ein Kosmetiktuch aus ihrer Gucci-Handtasche, in das sie geräuschvoll schnäuzte. Ich tätschelte ihr die Schulter, um sie zu trösten. Noch immer liefen ihr die Tränen hinunter und sie beklagte die Ungerechtigkeit, eine unglückliche Ehefrau zu sein. Eine Liebende wie sie gab es in jedem Jahrhundert und auf jedem Kontinent nur einmal. Sie wollte, dass Omar ihr ebenfalls glühende Liebesgeständnisse machte, dass er ihr die gleiche Aufmerksamkeit zuteil werden ließ und ihr ebenfalls ewige Treue schwor. Jede neue Folge schien sie in ihrem Unglück zu bestätigen, dass sie in einer emotionalen Wüste lebte, obwohl sie etwas Besseres verdiente als die glanzlose, stumme Liebe ihres Ehemannes.

Und dennoch, fünf Minuten nach ihren Tiraden gegen Omar hatte sie nur noch einen Gedanken, nämlich ihm zu gefallen, und machte sich erneut auf die Suche nach einem ästhetischen Wundermittel, um ihn zu verhexen.

Es ist allgemein bekannt, dass in jeder arabischen Altstadt ein von den Frauen verbissen geführter Handel existiert, der von drei verschiedenen Produkten lebt: Kochrezepte, Zaubermittel und Schönheitstipps. Die Odalisken sind unerschöpflich reich an den Ersten, diskret bei den Zweiten und geradezu gierig, was Letztere betrifft.

Denn jede Schönheit tut gern so, als sei sie von Natur aus schön und würde niemals das Geheimnis ihres strahlenden Teints und ihres makellosen Kajalstrichs an eine der anderen Ehefrauen weitergeben, wenn sie ihr nicht außergewöhnlich nahestehen … Erwischt man sie jedoch einmal außerhalb des Kreises ihrer Vertrauten und fühlt sie sich in Sicherheit vor ihren Rivalinnen, kann die Schöne Sie durchaus an ihrem Wissensschatz teilhaben lassen.

Ich hatte keine Lust, die ellenlange Liste der Schönheitsprodukte aufzuzählen, die in marokkanischen Städten von Mutter zu Tochter weitergegeben wurde, sie sind bekannt, seitdem die westliche Welt das *Hammam* für sich entdeckt hat, sich am Ghassoul und an Arganöl erfreut. Aus diesem Grund ziehen meine arabischen Freundinnen die angeblich wissenschaftlichen Errungenschaften der Kosmetikindustrien aus Amerika und Europa vor, die obendrein auch noch den Vorteil haben, teuer und exklusiv zu sein. Statt ein Loblied aufs Henna zu singen, ist es in den Schönheitssalons von Dschidda und Riad die Mode, sich über die neuesten Antifaltencremes auf dem Laufenden zu halten, über die Grundierung, die für eine

Haut wie aus Porzellan sorgt und über den trendigsten Nagellack. Das Land, in dem ursprünglich einmal der Kajal als schönster Schmuck und das Wasser als bestes Parfum galt, hat sich verändert ... Ich hätte mich wohl lächerlich gemacht, hätte ich Soha von der Mischung aus Kichererbsen und Zitronensaft, Eiweiß und Raigras erzählt, die sich meine Mutter noch immer ins Gesicht pinselte, von den Vorzügen von Senf und Moschuskraut, um unter den Armen angenehm zu riechen, und dass die Rinde des Nussbaumes angeblich für weißere Zähne sorgte. Das waren die Rezepte der armen Leute.

Dies änderte sich allerdings schlagartig, sobald es um die Intimpflege ging. Was das angeht, spitzen die saudischen Frauen bereitwillig die Ohren und konsultieren ihre Cousinen aus anderen Medinas. Plötzlich zeigten sie großes Interesse an den Rezepten, die ich ihnen aus meinem Land überliefern konnte, beispielsweise, dass ein Tropfen Rosenöl oder Tulpenparfum für eine angenehm duftende Muschi sorgten, dass man sie durch Alaun-Waschungen und Sitzbäder mit Granatapfelschalen straffen konnte oder naturbelassene Butter dabei helfen konnte, dass das Glied des Mannes so leicht hineinflutschte wie ein Brief in den Briefkasten.

Während ich erzählte und die extreme Aufmerksamkeit meiner Freundinnen registrierte, wurde mir klar, dass wir Marokkanerinnen weniger aufgrund unseres Umgangs mit Amuletten als *Sahharat*, als Magierinnen gelten, als durch unsere Kunst, das Schöne mit dem Genuss zu verbinden, das Gute mit dem Lustvollen, um raffiniert zu lieben. Allein das Herunterbeten der Pflanzennamen, Blumen und Herstellungsweisen, der Gedanke an die uralten Gebräuche des Zermahlens, Zerstoßens und des Abwartens, regte bereits den Appetit der Männer an.

An jenem Tag kam ich noch einmal auf das Thema Liebeserklärungen zu sprechen, indem ich einen Satz meines Kollegen Fouad wiederholte:

»Wir sind eine Kultur des Augenaufschlags, aber auch des Wortes: Wird etwas schön gesagt, manchmal in aller Kürze, dann lieben wir, genießen wir, sterben wir.«

»Sehr richtig«, jubelte Joumana. »Kennt ihr die Geschichte von dem arabischen Dichter, der seine Frau tötete, nur um eine Elegie auf sie schreiben zu können, in der er in den zärtlichsten Worten beschrieb, wie schmerzhaft ihre Trennung sei?«

Soha lachte Tränen.

»Aber wenn ich's doch sage!«

Einmal ist keinmal, und so vergnügten wir uns an jenem Tag mit Gedichten und traditionellen Redensarten, die wir aus unserer Schulzeit kannten oder ganz einfach, weil wir arabische Frauen sind. Wie sagte einer meiner Professoren so schön: Ein Volk, das das einzigartige Wunder seiner Religion in einem einzigen Buch festgehalten hat, muss ein Volk der Dichter sein!

Meine Cousine, die Studentin: Folge 1

Um Soha zu trösten und meine Freundinnen zu unterhalten, erzählte ich Geschichten von meiner Familie, von meinen Tanten, denen größeres Glück widerfahren war als meiner Mutter und die noch in der Medina von Fès lebten; von Großmutter Hinna, die am liebsten Heiligenstätten besuchte und androhte, niemals zu sterben, und natürlich von meinen marokkanischen Nachbarinnen, diesen leibhaftigen Megären.

Sie bekamen nie genug davon und folgten mir in Gedanken an die Schauplätze, und so erzählte ich immer weiter, von den freiwilligen Helfern aus unserem Viertel, die sich der Waisenkinder annahmen, von wahrhaftigen Arbeitstieren, von Singlefrauen, die alles daransetzten, es auch zu bleiben und Ehefrauen, die ihre Männer dafür bezahlten, mit ihnen zu schlafen. Ich beschrieb fest entschlossene Frauen, die sich um jeden Preis aus ihrer miserablen Lage befreien wollten, die sich abrackerten, um gute Chefinnen, gute Mütter und wunderbare Hausfrauen zu sein, die genauso viel verdienten wie ihr Mann, aber im Bett gehorchten und auch sonst im Haushalt nichts zu sagen hatten.

Am allerliebsten hörten meine Freundinnen aus Dschidda Geschichten, in denen es um schicke Frauen aus Casablanca ging, um tabulose, gerissene Heldinnen, die beschlossen hatten, ihre sieben Sachen zu packen, natürlich nur die modischsten, die man in der Zeitschrift

Femmes du Maroc sah. Ich ersann eine wahrhaftige Vorabendserie, in der meiner Cousine Nora die Hauptrolle spielte.

Bei jedem Treffen erkundigten sie sich nach ihrer neuen Heldin. Ich antwortete wahrheitsgemäß:

»Nora brauchte Geld für ihr Studium und da sie selbst keines hatte, ließ sie sich aushalten. Derzeit war ihr Mann fürs Finanzielle ein Taxifahrer. Er fuhr sie zur Uni und holte sie wieder ab. Das war das mindeste. Im Gegenzug besuchte er sie jeden Abend, erleichterte sich seines Spermas, und wenn er gute Laune hatte, gab er ihr einen Teil seiner Einnahmen. Außerdem erzählte er ihr von den Risiken seines Berufes, von Kunden, die ohne zu bezahlen wegliefen, die vorschlugen, in Naturalien zu zahlen, die ihn erpressten, indem sie drohten, ihn der Vergewaltigung zu bezichtigen und die beim Umziehen auf dem Rücksitz nichts der Fantasie überließen.«

»So etwas spielt sich alles in einem Taxi ab?«, rief Soha verwundert.

»Und niemand unternimmt etwas dagegen? Gibt es keine Wächter der Moral?«, rief Salma.

Sie dankten mir jede neue Episode mit einem Ring aus Gold oder einem hübschen Tuch. Eine von ihnen ließ das Geschenk jedes Mal unauffällig in meine Handtasche gleiten. Ich bedankte mich schüchtern. Doch ich schämte mich nicht dafür. Ich zog es vor, für eine Erzählung bezahlt zu werden als fürs Beinebreitmachen.

An einem Freitag wartete ich geduldig darauf, dass meine Freundinnen ihr Gebet beendeten und knabberte in der Zwischenzeit ein paar Kürbiskerne. Immer wieder hatten sie mich aufgefordert, mich ihnen anzuschließen, doch ich deutete an, mich noch nicht bereit für dieses Ritual zu fühlen und lehnte ab. Zwar bildet es die wichtigste

Säule des Islam, doch ich hatte zunehmend das Gefühl, dass viele Gläubige das Gebet weniger aus Überzeugung ausübten als um ihren Mitmenschen zu gefallen. Meinen Freundinnen allerdings hätte ich dies nie vorgeworfen, keine von ihnen, inklusive Joumana, hätte je ihren Glauben und die dazugehörigen Rituale infrage gestellt.

Sobald sie ihre Gebetsteppiche eingerollt hatten, kündigte ich eine weitere Folge »Nora« an.

»Sie hatte die Nase voll von ihrem Taxifahrer, der sich als dumm und knauserig entpuppte.«

»Also?«

»Also hat sie ihn sich vom Hals geschafft und ihm vorgeschlagen, mit ihrer Mitbewohnerin ins Bett zu gehen. Anfangs sträubte er sich, doch schließlich willigte er ein. Zwar tauschte er eine wohlgeformte Frau gegen eine dürre mit beinahe schwarzer Haut, doch immerhin war sie eine Abwechslung zu seiner Ehefrau, wenigsten das, denn wie heißt es so schön: Wechsle lieber ab und an das Pferd, statt dir den Arsch auf demselben Sattel plattzusitzen.« Nora nahm alle möglichen kleinen Jobs an, um ihr Studium zu finanzieren und arbeitete kurzzeitig sogar bei einer Nachbarschaftshilfe. Doch sie war nicht für die Wohltätigkeit geschaffen. Sie versuchte, unter der Hand mit Alkohol zu handeln. Aber das war gefährlich. Ihr blieb nichts anderes übrig als ein »Abonnement«.

Tatsächlich war ich gerade in Casa, als Nora mir einen Besuch abstattete. Ich entfaltete ein Seidentuch und gab ihr ein kleines Fläschchen *Zamzam*, das geweihte Wasser, das ihre Mutter Halima so gerne mochte.

Sie beklagte sich über ihre Situation, über ihr Studium und ihre Mutter, die sie unbedingt unter die Haube bekommen wollte. Über ihre finanzielle Situation jedoch sagte sie nichts, woraus ich folgerte, dass sie ein Mittel zum Überleben gefunden hatte. Von diesem Mittel hörte ich an dem Tag zum ersten Mal.

»Ich habe mir ein Abonnement geangelt.«

»Ein Abonnement?«

»Mit einem Franzosen.«

»Wofür genau?«

»Du solltest mal wieder etwas mehr Zeit in deinem eigenen Land verbringen, meine Liebe. Du weißt ja gar nicht mehr, wie hier seit neuestem der Hase läuft.«

»Kann sein, mach's kurz.«

»Ich gehe vier Mal die Woche zu Alain und nach jedem Besuch klingelt die Kasse.«

»Gehst du bei ihm putzen?«

»Nicht doch. Ich schlafe mit ihm für 200 Euro im Monat. Das ist weniger anstrengend als den Putzlappen zu schwingen, nicht wahr?«

Sie brach in dieses schallende Gelächter aus, das die Leute auf der Straße häufig dazu brachte, die Köpfe zu drehen. Es war ein zerstörerisches Lachen, das alles von ihr verriet. Es war nicht rein, sondern fast heiser, ruckartig, es schien in phosphoreszierenden Blasen aus ihrer Kehle emporzusteigen, eine wahre Fontäne der Lust und des Wohlgefallens …

Ich musste den Begriff noch einmal erläutern: Ein Abonnement bedeutete, sich ein- oder zweimal pro Monat von einem Ausländer besteigen zu lassen, eigentlich ist es genauso simpel wie putzen zu gehen, nur eben weniger anstrengend und besser bezahlt.

Diese Praxis verblüffte meine Freundinnen vom Golf. Sie fragten sich, wie man es fertigbringen konnte, alle göttlichen Gesetze auf einmal zu brechen: unehelicher

Sex, für Geld, und obendrein auch noch mit einem Ausländer. Während die Einstellung meiner Cousine eine leichte Verstimmung auf Salmas Gesicht hinterließ, sah Farah eher amüsiert aus und Joumana versteinert. Mir wurde klar, dass diese Frauen aufgrund ihrer Wut und ihren Frustrationen die weibliche Hinterlist nicht als etwas Verabscheuungswürdiges, sondern vielmehr als eine Notwendigkeit erachteten. Die jahrhundertealte Logik der Unterwerfung ließ den Frauen gegenüber den Gesetzen der Männer nur eine einzige Handlungsmöglichkeit: sie zu umgehen. Das müsste selbst Gott einsehen. Ihre List war insofern nachvollziehbar, und je mehr man die Frauen isolierte, desto größer war ihr Einfallsreichtum.

So entdeckte ich Tag für Tag, dass in diesem Land, in dem alles in Gut und Böse aufgeteilt wurde, die wirklich wichtigen Dinge jenseits dieser Kategorien stattfanden und Gott dazu diente, die Fassade der Keuschheit aufrechtzuerhalten, die umso zerbrechlicher war, desto mehr sie auf die heimlichen Sünden schließen ließ, die sich hinter ihr abspielten.

Mit der Zeit wurden die Geschichten von Nora für meine Freundinnen zu einem wahren Suchtmittel. Meine Cousine erlebte das, wovon die Saudierinnen im tiefsten Inneren träumten. Nora wurde zu ihrer Heldin, so wie die Stars ihrer Lieblingsserien im Fernsehen. Mit dem Vorteil, dass man sie kennenlernen konnte.

»Mädels, ich würde vorschlagen, dass wir Nora zu einer Pilgerfahrt einladen.«

Das war die Gelegenheit, die Abenteurerin selbst mit lebhafter Stimme aus ihrem bewegten Leben erzählen zu lassen. Ich ging jede Wette ein, dass dies meiner Cousine ebenfalls gefallen würde. Nicht, dass ihr nicht auch an ihrer religiösen Pflicht gelegen war. Doch wie für so viele Muslime diente auch ihr die Reise nach Mekka eher als Vorwand, um in Arabien nach Herzenslaune zu shoppen und zu flirten, als die Kaaba zu umrunden. »Möge Gott die Sünderinnen strafen!«, hätte meine Großmutter gewettert.

Ein aufschlussreicher Krankenaufenthalt

Ich hatte großes Glück, dass sich der Schmerz ankündigte, während ich bei Joumana saß. Durch eine schlimme Blinddarmentzündung lernte ich das volle Ausmaß saudischer Gastfreundschaft kennen. Meine Freundinnen sprangen alle gleichzeitig auf, als wären sie eine Person und setzten alles daran, mich so schnell wie möglich ins Krankenhaus zu bringen, das eigentlich ausschließlich Saudi-Arabern vorbehalten und äußerst modern ausgestattet war. Joumana gab vor, ich sei ihre Nichte, ihr Wort genügte, und die Krankenschwester am Empfang war nicht so vermessen ihr zu widersprechen. Das Krankenhauspersonal war ausschließlich weiblich und bestand aus einer Anästhesistin und einer ägyptischen Ärztin namens Katy.

Vierundzwanzig Stunden später standen meine Freundinnen mit versammelter Mannschaft, inklusive Anstandswauwau, zu meiner Entlassung bereit, Farahs Sohn Rachid hatte sie begleitet.

Joumana schwor, mich erst nach der OP gehen zu lassen. Also blieb ich in den nächsten zwei Tagen bei ihr und lernte zum ersten Mal ihren Ehemann kennen. Ich lag von Kopf bis Fuß verhüllt im Salon, als Abdallah von seiner Mutter angekündigt wurde. Mit einer Hand auf dem Herzen wünschte er mir gute Besserung und machte kehrt. Ich hatte kaum Zeit, seine durchschnittliche Größe zu bemerken, seine glatten Haare und seinen westlichen Anzug.

Am folgenden Nachmittag fiel Joumana zu meiner Unterhaltung nichts Besseres ein, als Soussou kommen zu lassen. Alle waren der Meinung, damit wäre Ablenkung garantiert.

Wie alle Nachbarn aus dem Viertel wusste ich, dass einzig Joumana es sich erlauben konnte, einen nicht mit ihr verwandten Mann einzuladen. Allerdings wusste jeder um Soussous Homosexualität, sie war seine Eintrittskarte zu den Frauen. Obwohl er sich damit strafbar machte, konnte man nicht umhin, den jungen Mann zu mögen, und seine besonders feminine Art führte ihn zu den Frauen wie ein Eunuch aus vergangener Zeit.

Soussou betrat das Haus somit durch den Fraueneingang und blieb stundenlang in ihrer Gesellschaft. Er hatte ägyptische Wurzeln, war ein »Sohn der Pharaonen«, wie er immer wieder unter Kaugummikauen betonte, und was das Schneiden und Pflegen von Haaren betraf, konnte es niemand mit ihm aufnehmen. Und tatsächlich jonglierte Soussou Schere, Lockenstab und Bürste mit unübertrefflicher Geschwindigkeit, so dass unsere Haarsträhnen in einer Art Ballett durch die Luft tanzten, bis sie schließlich in göttlichen Locken auf unsere Schultern fielen.

Ich leistete ihnen also bei ihrem gemeinsamen Friseurtermin Gesellschaft, wehrte mich nicht gegen Lockenwickler und Trockenhaube, während meine aufgekratzten Freundinnen ihren Haarkünstler, offenbar in gewohnter Manier, traktierten.

»Sag mal, Sou, wie machen es die Männer mit dir?«

»Genau wie mit dir, meine Liebe.«

»Lügner. Du weißt nur zu gut, dass wir etwas haben, was du nicht hast.«

»Ich habe auch ein Loch, oder?«

»Aber nicht das zweite.«

»Nun, meins ist sehr beliebt bei euren Männern«, kokettierte er.

Soussou protestierte, er könne nicht gleichzeitig arbeiten und uns über Sexualität aufklären. Die Frauen brachen in schallendes Gelächter aus und wurden sofort rückfällig.

Kam er wirklich dabei? Und wie? Fasste er sein Ding an, während ein anderer in ihm war? Und spritzte er ab?

Soussou erteilte ihnen eine Abfuhr, nannte sie verrückt und sexbesessen. Er deutete an, sich wie eine ängstliche Hindin in eine Ecke des Salons zu verziehen und fing an, seine Haare, Schultern und Oberkörper zu streicheln, als wolle er in jedem Augenblick drauflosmasturbieren.

Keine von Soussous Anwandlungen schien die Frauen zu stören, die ihn wie eine von ihnen behandelten, wenn auch selbstverständlich von niedrigerem Stand. Als jedoch die obligatorische Make-up-Session anstand, erzählte der zierliche junge Mann, während er Farahs Alabasterteint puderte, in einem Ton, aus dem beinah eine Art Eifersucht sprach:

»Schätzchen, wenn ihr wüsstet, wer alles mit mir schläft, würdet ihr augenblicklich tot umfallen.«

»Sag es uns! Bitte, Sou!«, bettelte Farah.

»Nie im Leben, willst du, dass sie mich köpfen? Es reicht, wenn sich eine von euch verplappert. (Und um sie noch mehr zu provozieren.) Und ich rede hier nicht von irgendwem. Geschäftsmänner, Minister, sogar Imams.«

»Blasphemie!«, rief Salma.

»Bei Allah! Das ist die reine Wahrheit!«

»Ich wette, dass unter deinen Kunden keiner unserer Männer ist«, sagte Farah in fragendem Ton.

»Sei dir da nicht so sicher«, sagte Soussou mit abgewandtem Blick.

Dann erhob er sich und wandte sich affektiert an die Herrin des Hauses.

»Hättest du vielleicht ein wenig Karamell für mich, mein Herz, ich will mir die Arme epilieren.«

»Das wirst du ganz bestimmt nicht hier machen!«

»Doch, doch«, jubelte Farah. »Zeig uns, wie Männer leiden können.«

Trotz der fürchterlichen Schmerzen, die er sich durch das Ausreißen der Haare mit dem karamellisierten Zucker zufügte, schien Soussou glücklich zu sein. Er tobte herum wie ein Kind und seine Augen lachten, als es in seinen Achselhöhlen anfing zu bluten.

Diese männliche Zerbrechlichkeit unter den Augen der Frauen, die die Situation beherrschten, diese deftige Sprache aus den Mündern von Ehefrauen, die rund um die Uhr würdevoll und weise sein sollten, dieses Schönheitsritual, das nur dazu diente, sie für Männer vorzubereiten, die laut Soussou angeblich schwul waren; wenn ich heute daran zurückdenke, bezweifelte ich an jenem Tag, dass Gott tatsächlich in Arabien zu Hause war.

In derselben Woche nutzte ich meinen Genesungsurlaub, um mit den Mädels in die Mall zu gehen. Bevor wir aufbrachen, halfen sie mir, das Kopftuch an der Stirn zu befestigen und die Abaja richtig herum anzuziehen, knielang, um sie nicht über den Boden zu schleifen, und wehe der, die es wagte, auch nur einen Millimeter ihrer Unterwäsche zu zeigen! Ich konnte noch nicht einmal dagegen protestieren, meine Freundinnen wussten, dass dieses Ninja-Outfit langsam, aber sicher auch in Marokko in Mode kam. Vielleicht würde mir dieser Nachhilfeunterricht eines Tages nützlich sein, wenn unsere Islamisten die Scharia einführten. Ich lernte, auf eine bestimmte

Art zu gehen, nicht zu schnell – als Frau rennt man nicht durch die Straßen – aber auch nicht zu langsam, nicht zu männlich, nicht zu aufreizend, die Kunst des Daseins, ohne da zu sein, unter Männern zu existieren, ohne wahrgenommen zu werden.

Rachid begleitete uns, wir liefen hinter ihm her. Ich hatte das Gefühl, mich in eine Saudi zu verwandeln, ein Haustier, um das man sich kümmerte, das man ernährte und spazieren führte.

Ich war schon einmal in der Stadt gewesen, nachdem ich meine Schulung beendet und mit dem Job angefangen hatte. Mit meinen Freundinnen, die sie in- und auswendig kannten, entdeckte ich sie neu. Während wir durch die von Bäumen gesäumten Straßen mit glitzernden Wolkenkratzern aus Eisen und Glas liefen, beobachtete ich die bunte Menschenmenge, die vielen Ausländer und die ganze Modernität, die durch unseren mittelalterlichen Aufzug umso kontrastreicher wirkte. Es kam nicht infrage, ein Foto zu schießen, das war offiziell verboten. Auch wenn man sich leicht ein Fotohandy auf dem Schwarzmarkt beschaffen konnte, waren die Geräte verboten, ganz besonders in Privathaushalten, wo man am einfachsten Fotos von entblößten Gästen machen und sie in Umlauf bringen konnte.

Das Einkaufszentrum brummte geradezu vor Frauen, die durch die Hallen flanierten, die Rolltreppe nahmen, sich in Restaurants setzten oder in die Spielzonen für Kinder. Hier sprechen einzig die Augen. Die Männer halten den Blick gesenkt, die Frauen nutzen dies aus, um sie in Ruhe durch ihre großen Markensonnenbrillen zu beobachten.

»Guck mal, der da drüben ist gut gebaut«, flüsterte Soha.

»Ungewöhnlich für einen Asiaten, die sind doch meisten eher klein«, antwortete ich.

»Ich frage mich, wie sie im Bett sind«, gab Soha zurück. »Wenn ihr Ding proportional zu ihrem Körper ist, können sie ja nur eine einzige Enttäuschung sein«, prustete sie los und wurde augenblicklich vom Blick eines bärtigen Ordnungshüters zum Schweigen gebracht, der ganz in unserer Nähe vorbeiging.

»Jeder weiß doch, dass die Größe eines Mannes auf seinen Schwanz schließen lässt«, flüsterte ich.

»Du irrst dich, meine Liebe«, sagte Farah. »Die Kleinen sind am besten ausgestattet. Gott vergisst nie, eine Ungerechtigkeit an anderer Stelle auszugleichen …«

Ich fand es äußerst amüsant, dass die Männer uns für harmlose Schatten mit gesenktem Blick hielten, während wir sie ungeniert beobachteten und sogar Wetten auf die Größe ihrer Geschlechtsteile abschlossen. Statt den Niqab als Gefängnis zu erleben, entdeckte ich seine Vorzüge. Ich trug ihn zum ersten Mal in meinem Leben. Ich gebe zu, dass ich etwas schlechter Luft bekam, da er Mund und Nase bedeckte, dass ich trotz der Ratschläge meiner Freundinnen das eine oder andere Mal stolperte, trotz alledem gab ich mich dem Genuss hin, zu sehen, ohne gesehen zu werden. So viele Männer konnte ich beobachten, ohne dass sie auch nur die leiseste Ahnung hatten!

Und obwohl wir unsichtbare Schatten waren, völlig isoliert von der Außenwelt, entging uns nicht das kleinste Detail: die enge Straße, eine unscheinbare verschnörkelte Wand, die Rinde einer Palme, der angespannte Muskel eines Mannes, ein Barthaar im Rückspiegel.

Ich befand mich in der Rolle des Voyeurs, der ungesehen in seinem Schlupfwinkel sitzt. Ziemlich gemütlich! Und mehr noch: Ich wurde selbst von meiner Lust überrascht, die Männer zu beobachten, als täte ich es zum ersten Mal. Und mir wurde ganz plötzlich klar, dass ich sie tatsächlich noch nie so gesehen hatte. In Marokko konnte ich zwar ohne Schleier herumlaufen, doch man hatte mir beigebracht, die Männer nicht anzusehen. Ich hatte Nachholbedarf!

Unter meinem Niqab konnte ich die Männer mit Blicken verschlingen und über sie fantasieren. Ich fragte mich, ob es nicht besser wäre, die Männer zu verschleiern, um sie vor der weiblichen Lust zu schützen. Als hätte sie meine Gedanken gelesen, bestätigte Farah mit einem Flüstern:

»Wenn Frauen sichtbare Erektionen bekämen, hätten wir beim Anblick dieser Schönlinge jetzt alle einen Ständer.«

Wir gingen in Richtung der Bekleidungsgeschäfte. Um uns herum liefen die Männer vor den gleichen schwarzen Schatten her und verlangsamten ihre Schritte, wenn die letzteren vor einem Schaufenster stehen blieben. Wenigstens begleiteten sie ihre besseren Hälften nicht zur Anprobe auf die Toilette, eine gängige Praxis, da die meisten Geschäfte keine Umkleidekabinen hatten.

Vor dem Laden, in den Soha einen Blick werfen wollte, hatte sich bereits eine Schlange gebildet, draußen die Männer, drinnen die Frauen.

Farah schlug vor, auf einer Bank vor dem Geschäft zu warten.

»Guckt mal, der da drüben, *ya Allah!*«, rief Salma. »Der sieht aus wie mein Cousin Walid!«

»Er ist größer als dein Cousin«, antwortete Joumana.

»Und guckt euch mal an, wer da hinter ihm her läuft, die ist ja noch größer als er. Wie hässlich das ist! Man könnte meinen, sie sei auch ein Kerl«, flüsterte Salma.

»Man sieht, wie gut du dressiert worden bist«, gab Joumana zurück. »Du glaubst, dass die Frauen den Männern nichts streitig machen dürfen, noch nicht einmal ihre Größe.«

»Vor allem glaubt sie, dass eine Frau ein nicht identifizierbares Objekt sein sollte, das nicht viel Platz einnimmt!«, schmunzelte Farah.

Sohas Handy klingelte. Ihr Ehemann kündigte seine Rückkehr aus Kairo für denselben Abend an. Augenblicklich jammerte unsere Freundin:

»Ich muss sofort gehen! Ich werde nicht genug Zeit haben, um mein Bad zu nehmen und die Masseurin kommen zu lassen, *ya Allah!*«

Wir beendeten unseren Ausflug und verschoben die Shoppingtour auf ein andermal.

Gott ist Amerikaner

Mir wurde noch etwas klar: Ein Blick deutet eine Beziehung an, das Handy setzt sie in die Tat um. Ständig kommt der Moment, in dem eine meiner Freundinnen wie ein Vöglein dem Raum entschwebt, hundert Schritte tut, eine Drehung vollführt oder sich in einer Ecke versteckt; sie erteilen Befehle, werden eingeladen oder man wünscht ihnen ein frohes Aïd-Fest, sie bestellen ein Paar Schuhe, organisieren eine Feier oder verraten ein Geheimnis. Dieses Spielzeug ist für sie lebensnotwendig geworden und ihre besondere Vorliebe gilt den neuesten Klingeltönen. »Es ist meine Seele«, sagt Iqbal über ihr Handy. »Ich nehme es sogar mit ins Bett, unter mein Kopfkissen, es leistet mir Gesellschaft.«

Joumana schaltet sich sofort ein:

»Weißt du, der Westen hat uns nur Schrott gebracht. Stell dir diese eingesperrten Raubkatzen ohne ihr Handy vor! Gott ist Amerikaner, Schätzchen, und niemand will es zugeben.«

Iqbal erschien an jenem Nachmittag mit geröteten Augen und finsterer Miene.

Joumana flüsterte mir ins Ohr:

»Ich habe vergessen, dass auch der Computer mittlerweile lebensnotwendig geworden ist!« (Sie wandte sich an ihre Nichte.) »Also, was habt ihr euch erzählt?«

»Er sagt, er kann nicht mehr«, schluchzte Iqbal. »Er will um meine Hand anhalten.«

»Bist du verrückt? Du kennst ihn doch gar nicht. Dein Vater wird nie im Leben zustimmen. Er ist noch nicht einmal zu hundert Prozent Saudi!«

»Ja und? Er ist Araber.«

»In den Augen deiner Eltern ist das nicht genug.«

»Wenn sie mir mit einem Cousin kommen, werde ich mich weigern. Meine Cousins sind total bescheuert. Ich will ihr Geld nicht, ich will Liebe!«

Sie klang wie eine umgekehrte Version meiner Cousine Nora. Die nämlich erzählt jedem in Hörweite:

»Ich pfeife auf die Liebe, ich will jemanden mit Geld!« (Dann jammert sie mit dem Ausdruck einer marokkanischen Sängerin.) »Ich will nicht lieben, ich will heiraten!«

»Dein palästinensischer Romeo schleppt jedes Drama der Welt mit sich herum«, fuhr Joumana fort. »Außerdem hat er keine Arbeit.«

»Das ist doch klar, er studiert noch.«

»Und was will er werden? Was hat er schon für eine Zukunft in diesem Land?«

Während sie diskutierten, stellte ich mir vor, wie es wäre, wenn all die arabischen Reichtümer, die Ölquellen, die über alle Banken der Welt verteilten Dollars, plötzlich in marokkanischen Kassen landeten. Was sich damit alles anstellen ließe! Mein Marokko würde zur Schweiz der arabischen Länder und seine Frauen wären nicht nur gebildet, sondern müssten obendrein weder ihre Körper, noch ihre Arbeitskraft an Ausländer verkaufen!

Ein armes Land war also dazu verdammt, aus seinen Frauen freie Prostituierte zu machen, während sie in einem reichen Land zu versklavten Ehefrauen wurden.

In der Zwischenzeit bedankte ich mich bei meinen

Freundinnen mit einigen der besten Back- und Süßwaren meines Landes für ihre unübertreffliche Pflege nach meiner Entlassung.

Während Salma ein Mandelhörnchen nach dem anderen verschlang und sich die Finger leckte, rührte Joumana nichts davon an. Wie unterschiedlich die beiden Frauen waren! Die eine wog fast achtzig Kilo, ohne diese Tatsache als Handicap zu empfinden, während die andere das ganze Jahr über auf Diät war. Einer richtigen Mahlzeit zog sie Tabletten vor, während Salma ganz offen zugab, ungefähr dreißig Kilo Zucker pro Monat zu vertilgen. So ist das eben, sie hat ständig Heißhunger und hält es kaum eine Viertelstunde aus, ohne sich etwas in den Mund zu schieben.

»Im Leben einer Frau gibt es so wenig Genuss! Wenn man uns nun auch noch die Süßigkeiten nähme! Und wisst ihr was? Ich bin gerne bereit, zu beten, mich zu verschleiern und den Ramadan einzuhalten, aber wenn es im Paradies kein anständiges Zuckerzeug gibt, muss ich da nicht unbedingt hin!«

Das waren ja ganz neue Töne.

»Ich bräuchte auf jeden Fall ein paar schöne Männer im Jenseits, Leïla, ich gebe es zu«, sagte Farah. »Seit ich das Foto von deinem Kollegen gesehen habe, träume ich von Stewards. Ich werde schon feucht beim bloßen Gedanken an so einen Kerl im Paradies.«

Und wieder waren wir beim Thema »Steward« gelandet. Mir war schon aufgefallen, dass sie jedes Mal bebten, wenn ich Fouads Namen erwähnte. Sie wussten bereits, dass er ursprünglich aus Marrakesch kam, ein Alaoui aus gutem Hause war und mein engster Freund. Durch das Foto kannten sie sein äußeres Erscheinungsbild, sie scherzten darüber, wie sehr sie seine Frau beneideten und vermuteten, dass er sehr temperamentvoll war, intelligent, aber dabei auch besonders zärtlich, Qualitäten, die ich nur selten bei meinem Kollegen beobachtet hatte.

Alle zusammen: »Stewards sind schön, verführerisch, sanftmütig und gut im Flirten. Sie sind alle wie Fouad, stimmt's, Leïla?«

Salma: »Ich bin sicher, dass ein Steward ein super Fang ist.«

Joumana: »Woher willst du das wissen? Und seit wann redest du wie eine Zwanzigjährige?«

Salma (drückt meine Hand): »Nennen wir es einfach weibliche Intuition, Leïla wird mir Recht geben.«

Ich: »Keine Ahnung.«

Soha: »Ach komm! Erzähl uns ein bisschen, es gibt doch bestimmt einige, die dir den Hof gemacht haben, sogar unser geliebter Fouad, Ehering hin oder her.«

Ich: »Eines meiner Prinzipien ist, nichts mit Kollegen anzufangen.«

Soha: »Na gut, aber du hast dich doch bestimmt mal zu jemandem hingezogen gefühlt?«

Farah: »Vielleicht steht sie ja eher auf den Typ Bauarbeiter, mit großen Händen, jeder Menge Muckis und wildem Charakter … Egal, erzähl ich euch später.«

Hatten sie sich etwa kollektiv in den Steward verliebt?

War es, wie bei den Männern, die Verlockung des Verbotenen, oder waren sie einfach nur darauf programmiert, jeden Mann charmant zu finden, der ein Fremder in ihrem Serail war?

Zweifellos ist hier, mehr als in jedem anderen Land, ein Mann ein Mann. Er kann hässlich, dreckig und blind sein, er bleibt zu allererst ein Mann und genießt den angeborenen Respekt seinem Geschlecht gegenüber. Er ist immer ein wenig höhergestellt als eine Frau, selbst wenn sie ein Star, eine Nobelpreisträgerin oder eine atemberaubende Schönheit ist!

Nur Iqbal schien sich nicht für Fouad zu interessieren. Sie unterbrach uns. Gerade kam sie mit schlurfenden Schritten und leerem Blick herein. Und sie sagte den folgenden Satz, der unserer guten Laune ein jähes Ende bereitete:

»Tante Joumana, wenn ihr mir nicht helft Samih zu sehen, bringe ich mich um.«

Dann wandte sie sich ab.

Erst nach ein paar Minuten Stille entschied Joumana zu antworten. Sie erzählte uns, ihr Ehemann habe den Computer des jungen Mädchens konfisziert, da sie ihn seiner Meinung nach zu viel benutzte. Und so bestand Iqbals einzige Möglichkeit, mit ihrem Liebsten zu kommunizieren, darin, jedes Mal einen Zettel auf den Boden zu werfen, wenn sie an ihm vorbeiging. Der junge Mann bediente sich seinerseits ähnlicher Techniken, um ihr zu antworten: Er warf ihn ihr zum Fenster hinein oder vergrub ihn in einem Sandkasten vor ihrem Haus.

Doch dieser Austausch von Nachrichten auf der Straße war gefährlich und konnte nicht ewig so weitergehen, Iqbal wollte diesen Jungen von Angesicht zu Angesicht kennenlernen. Dies ließ sich jedoch nur durch einen formellen Heiratsantrag erreichen.

Kurze Zeit später war das Gespräch beendet und ich sollte wieder von meinen Liebesabenteuern erzählen. Ich erklärte ihnen, dass mein Wunschtraum sich eigentlich nicht sonderlich von dem meiner Kolleginnen unterschied, dass unter den Passagieren irgendwann mein Traummann zu finden wäre, am besten mit einer dicken Brieftasche. Zu dumm, dass solche Männer meist einen Blick auf die Passagierinnen links und rechts von ihnen warfen, statt auf die

Stewardess. Seit kurzer Zeit war mir ein neues Phänomen nicht entgangen: Bettelarme Mädchen, die Gott mit einem süßen Gesichtchen ausgestattet hatte, gaben ihr letztes Geld für ein Flugticket der Businessklasse aus, um an Bord ihren zukünftigen Geliebten oder Ehemann kennenzulernen. Ihnen ging es nicht um die Reise und der Zielort war völlig egal, es ging einzig und allein darum, das richtige Portmonnaie zu finden, um ihre Zukunft zu sichern. Mit schicker Frisur und hautengen Jeans tun sie so, als würden sie lesen, während sie eigentlich nur den nächstbesten *Nabob* anvisieren, dessen Blicke sie mit einem Lächeln erwidern. Allzu häufig sah ich, wie am Ende des Fluges eine Visitenkarte auf ihren Knien landete; die aggressivsten Jägerinnen unter ihnen beendeten ihren Flug im Sitz neben ihrer Beute und verließen gemeinsam mit ihm den Flughafen. Ihre Rechnung war aufgegangen.

»Aha, du hast also Konkurrenz, meine Liebe. Du musst dir eine Strategie überlegen, wie du ihnen die Show stiehlst.«

»Das wäre ja gar nicht so schwer, die Probleme fangen hinterher an. Hat der Kerl auch wirklich ernsthafte Absichten? Für die meisten sind Stewardessen doch nur gut, um in zehntausend Metern Höhe rumzumachen, nicht um auf dem Erdboden eine Familie zu gründen.«

»Mit der Einstellung wirst du als alte Jungfer enden«, seufzte Salma.

»Sie ist doch noch jung«, protestierte Soha.

»Mit achtundzwanzig ist man nicht mehr so jung. Wärst du eine Saudi, würde dich niemand mehr ansehen und deine Familie würde sich für dich schämen. Unsere Mädchen werden mit dreizehn verheiratet.«

»Bei uns wird jetzt immer später geheiratet, weil die Frauen ihr Studium beenden oder eine Arbeit aufnehmen wollen. Außerdem gibt es ein rechtliches Mindestalter. Bei uns kann man keine Zwölfjährige verheiraten.«

»Aber warum? Ihr seid doch auch Muslime. Der Prophet hat Aïcha geheiratet, da war sie gerade mal neun Jahre alt«, rief Soha.«

»Zwölf«, korrigierte Salma.

»Nein, neun, du solltest etwas öfter ins heilige Buch schauen.«

»Ja, aber der Prophet hat sie ein paar Jahre nicht angerührt, um ihr Zeit zu geben, erwachsen zu werden«, schaltete sich Joumana ein.

»Außerdem war es eine andere Zeit, als der Prophet lebte, Allahs Segen und Heil auf ihn. Die Mentalität war damals eine andere«, fügte Salma hinzu. »Damals waren die Frauen sicherlich psychologisch so weit entwickelt, mit einem Mann zusammenzukommen, eher noch als die Frauen heutzutage.«

»Und dabei gab es kein Internet und keine versauten Filme«, amüsierte sich Farah.

»Es reicht, hört auf«, sagte Soha. »Wenn uns einer unserer Ehemänner hört, klagt er uns wegen Gottelästerung an. Religion und Gesetze sind Männersache. Kümmern wir uns lieber um Fragen des Herzens und des Körpers.«

»Du überraschst mich immer wieder«, sagte Joumana mit mehr als einem Hauch Ironie in der Stimme.

Wir kamen auf das Thema Kinder zu sprechen und plötzlich waren sich alle einig, dass man nicht nur jung heiraten, sondern auch Kinder bekommen musste. Meine Freundinnen konnten jede Meinung gelten lassen, außer der Weigerung eine Nachkommenschaft zu zeugen. Selbst die sonst so militante Joumana teilt diese Ansicht. Ich verstehe ihre Bedenken, es sind die meiner Mutter: »Was wirst du tun, wenn du alt bist? Niemand wird sich um dich kümmern, du wirst auf der Straße landen. Kinder sind die Krönung deines Lebens und dein Glück in schlechten Tagen. Ohne Kinder hast du niemanden, über den du wachen kannst, um den du bangen kannst. Und wenn du eines Tages stirbst, wer soll dich beerdigen, hm? Was bleibt von dir, wenn du nicht mehr bist?« Salma kam wieder mit ihrem religiösen Wissen aus zweiter Hand:

»Allah sagt, dass Reichtum und Kinder die schönsten Dinge im Leben sind.«

Sogar Farah ließ sich zu einem Kommentar hinreißen:

»Du kannst es eines Tages bereuen, ein falsches Risiko eingegangen zu sein, einen Liebhaber genommen oder ein Abenteuer erlebt zu haben. Aber du wirst es niemals bereuen, ein Kind bekommen zu haben! Und außerdem gehört es dir. Die Männer denken gar nicht erst darüber nach, ob ihr Kind ihr Kind ist.«

»Aber es stimmt auch, dass man nicht mit irgendwem ein Kind zeugen sollte. Es muss ein Sohn aus gutem Hause sein«, erklärte Soha, wobei sie zu vergessen schien, dass ihre Familie gegen ihre eigene Hochzeit gewesen war.

Die gleiche Leier wie in Marokko, dachte ich, die Sorge um verschiedene Klassen, um eine reine Abstammung, die Garantie eines Stammbaumes, aus dem bereits alle Geisteskranken und alle Flittchen rausgeschüttelt worden waren. Ein *Scherif* hier, ein vermögender Nachfahre da und schon hat man einen *Ould ayla*, den Sohn aus gutem Hause, auf den ich unbedingt warten sollte.

Morgen ist auch noch ein Tag, pflegte ich dann laut zu sagen. Und meine Antwort schien meine Freundinnen zufriedenzustellen, die mich ganz gegen ihre Überzeugungen, wenn sie ehrlich waren, wohl eher in ein neuerliches Abenteuer verwickelt sehen wollten als mit einer Horde Kinder am Hals.

Mit List und Tücke

Nachdem ich also offen zugegeben hatte, dass ich mich nach festen Händen sehnte, konnte ich protestieren, so viel ich wollte: Meine Freundinnen, bei denen es auf eine Widersprüchlichkeit mehr oder weniger nicht ankam, rieten mir, die Gefangenschaft der Ehe noch ein wenig aufzuschieben und zu »leben«. Es ist kaum zu glauben, aber wahr: Es waren die Saudierinnen, die mich zum Laster antrieben, mich, die Marokkanerin! Dass ich eine alleinstehende Jungfrau war, tat nichts zur Sache, ich sollte ihr Purzelbaum schlagender French Doctor sein, allein schon wegen meines Berufes und meiner Herkunft.

Sie, die armen Eremitinnen, waren auf meine Hilfe angewiesen, um mehr über die Männerwelt zu erfahren. Kurz gesagt wurde mir klar, dass sie sich mit der Theorie zufriedengeben würden und sich ganz auf mich verließen, was die Praxis anging. Sie wollten mich in der Rolle der Liebhaberin sehen, ohne dass ich jedoch den Titel der *Sabiyya*, also der Jungfrau, verlor, dass ich in Sachen Sex herumexperimentierte, ohne als Hure zu gelten. Um ihre Neugier zu befriedigen, musste ich jedoch sehr genau dosieren, wie viel ich ihnen anvertraute und was ich für mich behielt. Es lag ein schmaler Grat zwischen Abenteuer und Laster, zwischen Spielerei und Übermut. Diese Frauen, die mir wie einer Schwester ihre Türen geöffnet hatten, konnten sie mir schon morgen aus moralischen Gründen vor der Nase zuschlagen. Meine Intuition sagte mir, dass ich bei der Wahl zwischen Hure und artiger Abenteurerin zu jeder Zeit in der zweiten Rolle bleiben musste.

Einstimmig verkündeten sie, dass jedes Abenteuer, von dem ich ihnen berichtete, mit einem Geschenk für meine Aussteuer belohnt werden sollte. Ich wusste, dass sie dieses Versprechen einhalten würden. Und dass ich sie nicht enttäuschen durfte.

»Wohin fliegst du als nächstes?«, fragte Soha.

»In die Türkei.«

»Das ist doch die Gelegenheit, um uns zu berichten, wie die türkischen Männer so bestückt sind.«

»Es ist mir noch nie in den Sinn gekommen, mit einem Asiaten zu schlafen.«

Salma hielt es für angebracht, mich zu korrigieren.

»Das sind keine Asiaten, sie sind Muslime.«

»Muslime gibt es überall, meine Liebe, auch in der Türkei«, ergänzte Joumana.

»Wirst du es uns zuliebe tun?«, fragte Soha erneut.

»Mit einem von ihnen schlafen?«

»Es reicht, wenn du mit ihm ein bisschen flirtest, das kannst du doch sicher.«

Ja, das konnte ich. Ich war schließlich dazu genötigt, mich bis zu meiner Hochzeit auf das Flirten zu beschränken.

Ihr Vorgehen war hinterlistig, sie gaben sich ganz unschuldig, wie es Frauen so häufig tun. Doch ich musste mich bei meinen Gastgeberinnen für ihre Großzügigkeit erkenntlich zeigen, für ihren Mut, eine Fremde mit fragwürdigem Arbeitsplatz in ihr Haus zu lassen, ohne einen Gedanken an die Meinung ihrer Ehemänner zu verschwenden, oder darüber, was die Leute sagen würden, wenn sie es herausfänden. Und ich gebe zu, dass ich bei diesem Unterfangen mit finanziellem Gewinn rechnen konnte, wenn es auch kein kompletter Lebensunterhalt war.

Am Anfang beschränkte ich mich darauf, ihnen Bilder aus Zeitschriften mitzubringen. Ich überlegte jedoch sehr genau, was ich in meiner Wohnung herumliegen ließ. Es war allgemein bekannt, dass die Sittenpolizei manchmal in unserer Abwesenheit die Wohnräume durchsuchte. Pech für die Flugbegleiterin oder den Steward, bei dem man schmutzige Bilder, Videos oder eine Flasche Alkohol fand. Das mit den Zeitschriften nahm ich selbst in die Hand: Bevor die Zollbeamten die Fotos von nackten Frauen herausschnitten, griff ich selbst zur Schere und versteckte die interessantesten Bilder, um sie später meinen Freundinnen zu übergeben.

Die Fotos waren ihnen nicht genug. Sie wollten Erfahrungsberichte … Damit musste ich sie versorgen. War meine Quelle an eigenen Abenteuern einmal versiegt, versuchte ich, auf anderem Wege an eine Geschichte zu kommen und begnügte mich mit den Schweinereien, die ich bei Kollegen während eines Fluges aufschnappte. War auch das nicht sehr ergiebig, hatte ich immer ein paar versaute Witze im Gepäck.

Da ich nie und nimmer meine saudischen Kollegen zum Thema Sex hätte befragen können, die mich wahrscheinlich in die Irrenanstalt hätten einweisen lassen, beschloss ich, meinen Kollegen Fouad in meine Nachforschungen miteinzubeziehen. Ihn amüsierten die Berichte über meine saudischen Freundinnen und ihre intimen Geständnisse ohnehin. Er war beinahe süchtig danach, sie regten seine Fantasie an.

Eines Tages herrschte ich ihn an:

»Du bist verheiratet. Und kannst nebenbei sogar mit sämtlichen Frauen aus Casa schlafen. Warum interessieren dich ausgerechnet diese Frauen so sehr, die du niemals haben kannst?«

»Genau deshalb, weil ich sie nicht haben kann.«

»Aber wie kannst du sie begehren, wenn du sie noch nicht einmal gesehen hast?«

»Man merkt, dass du nichts von Begierde verstehst.«

»Männlicher Begierde?«

»Ich hab keine Ahnung. Aber ein Mann bekommt erst richtig Lust, wenn er Hindernisse überwinden muss. Du machst ihn nicht heiß, indem du dich nackt vor ihn stellst. Wenn er weiß, dass es etwas zu entdecken gibt, dass er dich entblättern muss, dich ausziehen muss, dann regt sich sofort etwas in seiner Hose. Die Lust lebt von verbotenen Blicken, Schätzchen.«

Und so kamen noch ein paar Ergänzungen zum Kapitel »Augenblick« hinzu, die ich mit meinen Freundinnen besprechen würde. Ich hakte bei Fouad nach, ob es sich um eine speziell arabische Art der Begierde handle, da die Europäer und Asiaten scheinbar nicht die Notwendigkeit sahen, ihre Frauen zu verschleiern, um sie zu begehren. Wieso fiel es ihnen nicht schwer, sich in Frauen zu verlieben, die kein Kopftuch trugen? Und warum hatte Gott dafür gesorgt, dass die Muslime so viel Wert auf dieses Arrangement legten?

»Heißt das, wenn du in Europa leben würdest und den ganzen Tag halbnackte Frauen sehen würdest, wäre deine Lust auf sie weniger groß?«

»Sagen wir einfach, ich würde dann schneller ans Ziel gelangen. Dabei sollte man in diesen Angelegenheiten nichts überstürzen. Jeder Weg ohne Hindernis und Überraschung ist auf Dauer langweilig.«

»Aber wenn du so ein guter Araber bis – wieso machen dich dann Pornos an?«

»Weil es da um Situationen geht, die eigentlich verboten sind. Außerdem gelten die Schauspielerinnen in diesen Filmen als Huren. Tja, eine Hure ist eine Hure, egal, woher sie kommt, und Männer haben schon immer Fantasien über Huren gehabt, da bilden Araber keine Ausnahme.«

Ich verstand nur die Hälfte von dem, was er sagte und hakte erneut nach.

»Und wenn eine Darstellerin Muslima ist?«

»Na, dann wird es erst richtig interessant. Dann ist es verboten hoch zehn. Man sieht nicht nur, wie sich eine Hure entgegen aller Moral entkleidet, sondern eine Muslima, die sich weder ausziehen noch eine Hure sein darf, die also beide Sünden gleichzeitig begeht. Man könnte sagen, das ist das Nirvana!«

Da soll nochmal jemand behaupten, meine Glaubensbrüder seien ach so ausgeglichen! Ich weihte Fouad in das Tauschgeschäft mit meinen Freundinnen ein. Ich weiß nicht, ob meine Mitteilsamkeit daher kam, dass wir beide weit weg von zu Hause waren oder von den beiden Gläsern Champagner, die mir an jenem Abend bereits zu Kopf gestiegen waren, als wir gerade den Flug Riad–Beirut absolviert hatten.

Schließlich sagte ich mit feuchten Augen:

»Wir müssen diesen Frauen in ihrer Langeweile helfen. Man muss sie unterhalten, und das Einzige, was sie scheinbar amüsiert, sind Bettgeschichten.«

»Und?«

»Es wäre toll, wenn du mir beispielsweise erzählen könntest, wie sich die Männer im Bett verhalten, auf welchen Typ Frau sie stehen. Meine Freundinnen sind ganz verrückt nach solchen Indiskretionen.«

»Und du sagst, sie bezahlen dafür?«

»Daher weht also der Wind! Vergiss es.«

»Was denn? Du sagst doch selber, dass deine Freundinnen im Geld schwimmen. Anscheinend lassen sie noch mehr davon für gute Geschichten springen als für ihre Pelzmäntel, die sie ohnehin nie tragen oder ihre Kleider, die eh kaum jemand zu Gesicht bekommt!«

Einige Flüge später wollte ich noch einmal mit Fouad sprechen, doch er ließ sich nicht davon abbringen. Ich erzähle, sie bezahlen. Sexgeschichten bedeuten harte Arbeit, man muss sich in Bars herumtreiben, man muss immer auf der Lauer sein, in die Intimsphäre seiner Freunde eindringen, die Sünderinnen bestechen und Friseure und Chauffeure zum Reden bringen, genau wie ein Journalist.

Es war mir unangenehm, meinen Freundinnen Fouads Forderungen vorzutragen, sie würden sicher denken, alle Marokkaner seien geldgierig. Nach ein paar vorsichtigen Andeutungen stellte sich jedoch heraus, dass diese Idee für sie unglaublich reizvoll war. Die Informationen würden ihnen nicht nur brühwarm aufgetischt, sondern obendrein auch noch von einem Mann. Anders gesagt wäre ich nur noch die Mittelsfrau, sie würden wissen, dass der wahre Autor Fouad war, sie würden ihm aus der Ferne lauschen, sie würden unerlaubterweise den heißesten Geschichten aus dem Mund eines ausländischen Mannes lauschen.

Was für eine Vorstellung!

Sex-Reporter

Nun war Fouad also nicht nur ein befreundeter Kollege, sondern auch ein Sex-Reporter, der mir alle möglichen Geheimnisse seiner männlichen Bekannten anvertraute. Im Bett einer Schönheit, am Strand oder in einer Bar brachte er sein Gegenüber zum Reden und kam wie ein Maultier mit bizarren Geschichten beladen zurück, die mir ein ums andere Mal bestätigten, dass überall in der Welt, aber besonders auf muslimischem Boden, Männer und Frauen ihre Zeit damit verbrachten, sich für das andere Geschlecht zu interessieren, während sie gleichzeitig so taten, als wäre es nicht so.

»Du weißt genau, dass Araber schwanzgesteuert sind!«, sagte Fouad. »Wenn du diese Typen siehst, die ihre Frauen verhüllen, ihre Töchter zwingen, Jungfrau zu bleiben und sie zur Angst vor Sex erziehen, bekommst du den Eindruck, dass sie sich keinen Deut für Frauen interessieren und deshalb so wenig Zeit mit ihnen verbringen. Sie gucken jedem Arsch hinterher und denken an nichts anderes.«

Als eifersüchtige Frau platzte Soha heraus:

»Genau deshalb will Gott, dass man die Frauen einsperrt. Er weiß genau, mit wem Er es zu tun hat. Es ist Sein Wille, die Geschlechter zu trennen, sonst ginge es hier drunter und drüber! Wie die Tiere würden sie es Tag und Nacht miteinander treiben.«

»Sex, Sex, Sex, von Indien bis Andalusien haben sie nichts anderes im Kopf«, bekräftigte Joumana.

Ihr erzählte ich auch, dass Fouad behauptet hatte, dass Araber sogar noch fixierter darauf wären. Ärgerlich raufte sie sich die Haare und antwortete:

»Ich denke nicht, dass sie besser oder schlechter als andere sind. Sie leben ihre Lust nur auf ganz eigene Weise aus. Durch die Geschlechtertrennung staut sich bei ihnen so viel Frust an, dass sie, sobald sie sich in Sicherheit wiegen, eine Ziege nicht von einer Frau unterscheiden können!«

Von dem Verbotenen, das die Lust schürte und die Libido köcheln ließ, wollte Joumana nichts wissen. Sie war sogar der Meinung, dass die Länder, in denen die Frauen auch begehrt wurden, wenn sie spärlich bekleidet waren, ganz besonders bewundernswert seien. Dort gab es beispielsweise die Möglichkeit, die Kunst des Liebens zu perfektionieren und im Bett der Kreativität freien Lauf zu lassen.

Auf Farahs Drängen hin fragte ich Fouad nach den Praktiken der saudischen Männer. Auch bat ich ihn, die Bekenntnisse des Piloten Abderrahman aufzuzeichnen. Ich wusste genau, dass sich Abderrahman, ohne mit der Wimper zu zucken, Fouad ganz selbstverständlich anvertrauen würde, einem Mann, der obendrein noch Ausländer war, genau wie die saudischen Frauen ihr Privatleben vor mir entblättert hatten. Abderrahman war um die vierzig, stolz und gut gebaut, hatte helle Haut und große Augen, in denen jedes Mal Verlangen aufblitzte, wenn der Schatten einer Frau vorüberlief. In der Stadt sah man ihn in tadellos gebügelter weißer Robe mit einer auffallenden *Guttura*, gehalten von einem *Iglal* aus schwarzem Ziegenleder. Genauso konnte er im westlichen Dreiteiler und passender Krawatte ausgehen, mit Pomade im Haar und eiligen Schrittes, wie es gerade modern ist. Kurz gesagt gehört er zum Elegantesten, was man unter saudischem Flugpersonal finden wird.

Als Sohn eines namhaften Unterwäscheherstellers war er in den Geschäften seines Vaters groß geworden, wo er Seiden-BHs betastet und mit den elastischen Gummis der Höschen gespielt hatte. Er hätte genauso gut schwul werden können, stattdessen wurde er zum Spezialisten für das schöne Geschlecht. Zu einem Herzensbrecher, der, nachdem er festgestellt hatte, dass ich ihm nicht ins Netz gehen würde, Fouad alles über sein Jagdschema erzählte.

»Ich suche mir die Frauen nach der Farbe ihrer Schuhe aus. Ich stecke ihnen meine Handynummer zu. In der Regel rufen sie an. Wir verabreden uns und treffen uns an einem geheimen Ort. Wenn mal Flaute herrscht, gehe ich in gewisse Etablissements, die gesetzlich verboten sind, deren Adressen jedoch von Bekannten unter der Hand getauscht werden, supergeheime Orte,wo man die Dienste einer Ausländerin in Anspruch nehmen kann, einer Philippinerin oder einer farbigen Nichtmuslimin.«

»Oh, diese Flegel«, rief Soha. »Möge Gott sie an ihrem Schniedel baumeln lassen!«

Jedes Mal, wenn Fouad seinen Lohn als »Sex-Reporter« erhielt, verprassten wir ihn in den feinsten Restaurants der Städte, in denen wir zwischenlandeten. Wir waren zu Informanten geworden, wir schmuggelten heimlich die Geschichten in ihren Harem, für die sie lebten und nach denen sie ihre Gefühlswelt ausrichteten, ihre Träume. Wir waren die Beschaffer einer verbotenen Literatur, eines neuen Genres, und wir gefielen uns in dieser Rolle, wir machten uns glauben, dass wir den Saudierinnen Steine des Anstoßes für eine Revolte im Königreich lieferten, ohne dass es jemand mitbekam, für eine Revolte, die weitaus gefährlich war, als es westliche Verschwörungstheorien hätten beschreiben können. Eines Tages würden sie sich ihrer Gefangenschaft bewusst werden und sich dagegen auflehnen. Doch am Ende unserer Gespräche lachten wir über diese revolutionären Anwandlungen und sahen ein, dass wir unsere Energien an Plaudereien und Privatkomplotte hinter verschlossenen Türen verschwendeten.

Was ging in Fouads Kopf vor? Scheinbar glaubte er, unsere gemeinsamen Überlegungen zum Thema Sex gäben ihm das Recht, mir Avancen zu machen. Als ob durch unsere Arbeit weit weg von zu Hause und in der Anonymität fremder Länder alles erlaubt sei. Fouad wusste allerdings, dass mich noch niemand in flagranti mit einem Kollegen erwischt hatte.

An jenem Abend in Genf waren wir gerade auf dem Weg zu unseren Hotelzimmern, als wir aus dem Fahrstuhl stiegen und er meine Hand nahm:

»Und wenn wir uns noch ein bisschen Gesellschaft leisten?«

»Was redest du denn da?«

»Hast du nicht genug von der Einsamkeit?«

»Ich weiß nicht, was du meinst.«

»Bevor wir die Ware abliefern, sollten wir uns wie jeder ehrliche Kaufmann von ihrer Glaubwürdigkeit überzeugen. Ich habe einige neue Rezepte von Eros bekommen, vielleicht sollten wir sie ausprobieren, das wäre doch ganz im Sinne unserer Freundinnen.«

Ich war mir nicht sicher, ob er es ernst meinte oder Witze machte und zog mich mit einer Pirouette aus der Affäre.

»Ich glaube, du bringst gerade die Rollen durcheinander. Stell dir mal vor, Romanautoren würden plötzlich im richtigen Leben anfangen, wie ihre Protagonisten zu handeln! Komm, geh schlafen«, riet ich ihm und gab ihm einen kindlichen Kuss auf die Wange.

Und Fouad gehorchte ohne zu murren.

Im Bett des Vier-Sterne-Hotels dachte ich an eine lebhafte Diskussion, die wir bei Joumana geführt hatten. Meine Freundin gab sich ihrer feministischen Seite hin und beklagte, wie zögerlich saudische Männer den Frauen zu Hilfe kamen.

Joumana: »Wir sind immer von jemandem abhängig, von unserem Ehemann, der Familie, dem Dorf, der Sippe, dem König, nie lässt man uns in Ruhe! Irgendjemand ist immer in unserem Bett, unserem Geschlecht, unserem Kopf, ganz zu schweigen von unseren Herzen. Arabische Frauen sind niemals frei!«

Soha: »Aber auch nie einsam. Frei zu sein bedeutet doch bloß, alleine vor die Hunde zu gehen.«

Joumana: »Weil du es nicht erträgst, meine Liebe.«

Soha: »Sagen wir einfach, ich möchte nicht das Risiko eingehen, dass man mit dem Finger auf mich zeigt und mich ausgrenzt.«

Joumana: »Ich verstehe einfach nicht, warum unsere Männer, die die Welt bereisen und auf die großen westlichen Universitäten gehen, vor unseren Lebensbedingungen die Augen verschließen. Gibt es denn unter ihnen niemanden, der die Eier hat, für uns einzustehen?«

Farah: »Unsere Männer sind zu allem bereit, außer dazu, unsere Lebensumstände zu verändern. Weil sie schlicht und ergreifend die Kontrolle abgeben müssten. Versetzt euch in ihre Lage.«

Ich: »Ich kann euch beruhigen, mit den arabischen Männern ist es überall das Gleiche. Selbst die Intelligentesten unter ihnen stellen sich dumm, wenn es um Frauen geht. Sie haben dieselben Vorurteile: Nicht das junge Mädchen heiraten, mit dem man rumgemacht hat und auch nicht diejenige, die so mutig ist, sich bereits vor der Ehe zu verlieben.

Ich habe einmal auf einem Flug einen Professor einer algerischen Uni kennengelernt. Er war brillant, verteidigte die Unterdrückten der ganzen Welt, weinte um Palästina und trauerte der Sowjetunion nach. Ich nahm seine Einladung zum Abendessen an, bei dem er plötzlich so schleimige, vorsintflutliche Dinge über Frauen sagte, dass ich nicht glauben konnte, dass es sich dabei um denselben Mann handelte, der zuvor die Menschenrechte verteidigt und die Freiheit des Individuums gefordert hatte.«

»Und danach?«

»Danach?«

»Was habt ihr nach dem Abendessen gemacht?«

»Nun, ich habe seine Gesellschaft nicht abgelehnt. Aber weder er, noch Fouad, noch irgendein Saudi wird sich je woanders für die Sache der Frau einsetzen, als in einem Bett …«

Der Traummann

»Auf die Plätze, fertig, los!«

Dies war weder ein Wettkampf, noch eine Wette, sondern einfach ein Spiel, bei dem sich alle Antworten um dasselbe Thema drehten, das so oft in unseren Gesprächen auftauchte: der Traummann. Ich muss zugeben, dass diese Übung, im Gegensatz zu unseren Sexgesprächen, geradezu unschuldig wirkte. Und da uns Joumanas Schwiegermutter Gesellschaft leistete, hielten wir uns automatisch an die Regeln des Anstands. Wir ließen sie bedenkenlos an unserem Spiel teilhaben, was zeigte, wie weit ihre Toleranz reichte. Die Schwiegermama akzeptierte unsere Erwägungen voll und ganz und fand sogar Gefallen an unseren Worten, die blitzschnell aufeinanderfolgten:

»Mein Traummann wäre selbstsicher und würde mich bestärken und verstehen.«

»Ich könnte mit ihm über alles reden.«

»Er würde mir Geschenke machen.«

»Er würde mir seine Liebe zeigen.«

»Aber nicht zu sehr …«, warf die Schwiegermutter ein.

»Warum nicht?«, fragte Joumana. »Ihr erzieht eure Söhne dazu, sich den Frauen nicht anzuvertrauen oder ihnen ihre Liebe zu gestehen, damit sie nicht an Männlichkeit verlieren.«

»Hör jetzt mal für einen Moment auf, uns zu missionieren. Lass uns mit den Herzen sprechen«, protestierte Soha.

»Das sollte nicht heißen, dass ihr den Kopf ausschaltet«, grummelte Joumana.

Das Spiel begann erneut.

»Er wäre aufrichtig.«

»Er würde mich nicht belügen.«

»Er würde mich niemals betrügen.«

Joumanas Schwiegermutter lächelte:

»Kinder, das ist die einzige Eigenschaft, die er nie und nimmer erfüllen wird.«

Joumana schon wieder:

»Und wie hat Ihrer Meinung nach der Traummann zu sein, liebste Schwiegermama?«

Sie zählte eine Flut von Eigenschaften auf:

»Jemand, der sich für dich und die Deinen interessiert, der versucht, sich deiner Familie anzunähern. Der dir ein Kompliment macht, wenn du etwas Schönes getan hast. Der nicht jeden Cent umdreht und nicht vergisst, dir Geschenke zu machen.«

Nun fragte Soha sie:

»Und nehmen wir einmal an, wir hätten den Traummann gefunden, wie stellen wir es an, ihn zu halten, Tante?«

Die Schwiegermutter antwortete mit einer Liste, die sie vermutlich auswendig gelernt hatte, wie Generationen von Frauen vor ihr seit unserer Mutter Eva.

Sie sagte:

»Um ihren Ehemann zu halten, muss eine Frau

1. Gut kochen können, man hält die Männer mit Essen bei Laune, der Sex kommt erst an zweiter Stelle.
2. Ihm Komplimente machen, Männer sind narzisstisch veranlagt und ihr Aussehen zählt mehr als alles andere, also muss man sie in dem Glauben wiegen, sie seien die Besten.

3. Sich dafür interessieren, was ihr Ehemann macht, auch wenn sie nur so tut. Egal, ob es um Politik, Geld oder Fußball geht, wenn es ihn interessiert, sollte sie ihn leidenschaftlich unterstützen.
4. Ihn glauben machen, er sei der Schönste, der Beste, der Schlauste.
5. Ihm etwas schenken, das es ihm beweist.
6. Ihn in dem, was er tut, unterstützen und ihm zeigen, dass sein Erfolg wichtiger ist als der ihre.
7. Sie sollte sich um seine Familie kümmern, damit er kein schlechtes Gewissen bekommt.
8. Sagen, dass sie seine Mutter liebt, auch wenn es ein Lippenbekenntnis ist.
9. Ihm zeigen, dass er der Mann ist und verantwortlich für alle Entscheidungen, harte Arbeit und jegliche andere Form von Initiative.
10. Im Bett muss sie ihn glauben lassen, er sei der Chef des Orchesters, und dass ihre eigene Begabung nicht durch Übung, sondern eine Art plötzliche Offenbarung entstanden sei, die nur er ihr ermöglicht hat.«

Sie klang ein wenig wie eine Großmutter, und das, obwohl Welten lagen zwischen dieser Saudi, die angeblich nichts über die Männerwelt wusste, und meiner eigenen Großmutter, die zwar die Adresse von Gott kannte, jedoch wohl kaum die eines Sexologen.

Joumanas Schwiegermutter schloss mit folgender Bemerkung:

»Tja Mädchen, ich durchschaue euch! So sehr ihr euch über die Männer beklagt, so sehr liebt ihr sie auch!«

Joumana intervenierte erneut:

»Hör zu, Schwiegermutter. Ich kenne dich gut genug, um deine Gedanken zu erraten. Du hast alles gesagt, was eine arabische Frau sagen kann, der am Glück ihrer Tochter gelegen ist. Aber erlaube mir, laut auszusprechen, was du verschweigst. Ich werde dich wohl nicht schockieren, wenn ich meine Gedanken darüber mit dir teile, was meiner Meinung nach ein guter Ehemann ist:

1. Derjenige, der keine zweite Ehefrau nimmt.
2. Der seine Frau ermutigt, sich außerhalb der Küche auszutoben und einen Beruf zu ergreifen.
3. Für den es überhaupt kein Problem ist, wenn sie mit männlichen Freunden Zeit verbringen möchte.
4. Der imstande ist, seine Stimme zu erheben und sie gegen jede Art von Gesetz verteidigt, das sie einschränkt oder sie ihrer Würde beraubt.
5. Der neben ihr läuft, statt vor ihr her.
6. Der sie nicht vor aller Welt lächerlich macht, indem er sie wie eine Sklavin präsentiert.
7. Der keine Angst vor ihrer Sexualität hat und ihren Appetit als ein Zeichen der Liebe betrachtet, nicht als Perversion.
8. Der sie nicht umbringt, weil er entdeckt hat, dass sie keine Jungfrau mehr war.«

Als Joumana geendet hatte, seufzte Salma:

»Das sind Wunschträume, meine Liebe, ein solcher Ehemann existiert nicht.«

Soha kam als Nächste:

»Wirklich, Joumana, du verwechselst Traum mit Realität. Komm zurück auf den Boden der Tatsachen.«

»Ich glaube nicht, dass das zu viel verlangt ist, außer eben für einen Saudi«, antwortete sie.

Die Schwiegermutter richtete sich zum Schluss an ihre Schwiegertochter:

»Wenn ich deine Kriterien mit meinen vergleiche, die sich offensichtlich widersprechen, so kann ich dennoch behaupten, ohne dich zu belügen oder mir selbst und meinem Sohn zu schmeicheln, dass du an den richtigen Ehemann geraten bist: der dir zumindest zugesteht zu träumen und diese Träume auszusprechen.«

Sie lächelte, erhob sich und ging in dem Wissen, uns träumerischer denn je zurückzulassen. Nun konnte Soha endlich die Fragen stellen, die ihr auf dem Herzen lagen und die allesamt mit Sex zu tun hatten. Wir waren es gewohnt, dass sie ungeduldig auf den Moment wartete, da sich die alte Dame erhob, um sich ihrem Gebetsteppich zu widmen oder eine Verwandte zu besuchen. Sie wollte uns über die besten Positionen im Bett ausfragen, über sexy Dessous und Streicheleinheiten, die die Männer in den Wahnsinn trieben. Doch dieses Mal schlug ich ihr ein Schnippchen, auch, um die anderen aus der Niedergeschlagenheit zu locken, die sie befallen hatte, und ich entschied, direkt zur Sache zu kommen:

»Ich glaube, man muss sich ganz auf sein Gefühl verlassen. Du kannst von der Technik her die perfekte Liebhaberin sein und dein Typ bekommt trotzdem keinen hoch.«

»Männer mögen auch experimentierfreudige Frauen, die genau wissen, worauf sie stehen«, sagte Soha zögerlich.

»Ja, aber nicht zu sehr, wie meine Schwiegermutter sehr richtig gesagt hat. Man muss sie immer in dem Glauben lassen, sie seien an Bord der Kapitän. Und dass deine Erfahrung ganz plötzlich, wie durch Zauberei, aus heiterem Himmel über dich gekommen ist, weil er dich wie ein Zeremonienmeister inspiriert hat. In dem Moment, wo ein Kerl denkt, dass du dich genauso amüsierst wie er, sträubt er sich. Wenn er bemerkt, dass er für dich ein Sexobjekt ist, kratzt das seine Männlichkeit an.«

So Joumana.

Genau so etwas erzählte mir ein kabylischer Liebhaber, den ich in Paris hatte und in dessen Bett ich bei jedem Zwischenstopp landete.

Er bestätigte mir Fouads Theorie zur männlichen Lust und sagte, dass er es vorzog, mich zu entblättern, mich einzusaugen und vor meinem Eingang haltzumachen, als mit irgendwelchen Flittchen zu schlafen, die sich ihm an den Hals warfen und sich auf sein bestes Stück stürzten, als ob es kein Morgen gäbe. Ich erinnerte ihn an die Grenze, die er in keinem Fall übertreten durfte. Allein das Wort »Jungfrau« versetzte ihn in einen derartigen Erregungszustand, dass ihm plötzlich alles egal war …

Er versicherte mir, dass einige dieser Frauen zu ihrer Verabredung in nichts als einem Nerzmantel erschienen und andere am liebsten vor seiner Nase mit dem Arsch wackelten, bevor er sie lustlos bestieg.

Er war schon seit langer Zeit seiner flämischen Frau überdrüssig und träumte nun davon, eine Geliebte aus seiner Heimat zu finden, mit den Augen einer Odaliske und mit Henna bemalten Händen, die mit ihrer geheimnisvollen Seite und den Grenzen des Erlaubten zu spielen wusste. Er gab zu, dass er seit neuestem Prostituierte dafür bezahlte, ein Mädchen aus der Provinz zu spielen. Nach dem Sex legte er ihnen einen Geldschein unters Kissen.

»Pass auf, dass du das nicht aus Versehen einmal bei deiner Frau machst!«

»Daran hab ich auch schon gedacht. Vor allem, weil es mir manchmal passiert, dass ich im Bett den Namen einer Geliebten sage, da muss ich wirklich aufpassen. Wenn es mir doch einmal passieren sollte, dass ich meiner Angetrauten einen Schein zwischen die Brüste oder unter das

Kissen schiebe, werde ich einfach so tun, als handle es sich um Haushaltsgeld.«

Während Farah Tränen lachte, machte Soha große Augen und schien verdrossen. Salma schluckte eine ganze Handvoll mit Mandeln gefüllter Datteln.

Pinselstrich und Klempnerei

Früher oder später musste es so kommen: Farah fragte mich unaufhörlich, wie ich es schaffen würde, mit Männern heiße Nächte zu verbringen und dabei intakt zu bleiben.

»Wie kann man einem Mann vorenthalten, bis ins Letzte vorzudringen und ihn trotzdem halten?«

»Genau«, sagte Soha. »Was ist das für eine berühmte Pinseltechnik, die du erwähnt hast?«

Und so erzählte ich schließlich, wie man eine Frau zwar jungfräulich, aber ganz bestimmt nicht unschuldig im Bett zurückließ. Der ideale Weg für freiwillig oder unfreiwillig alleinstehende Frauen, sich einige Eskapaden zu erlauben, bevor sie für immer unter das Dach der trauten, treuen Zweisamkeit einkehrten. Man lässt sich ganz einfach streicheln und küssen, man feuert an und lässt sich heißmachen, geht bis zur Schwelle und kehrt wie neugeboren zurück.

»Und was genau macht der Mann?«

»Er lässt sein Geschlecht über deinen ganzen Körper wandern. Er kann sich in die Furche zwischen den Brüsten drängen oder zwischen die Pobacken, er kann um den Bauchnabel herumwandern und immer tiefer. Er klopft an deine Tür, er umwandert sie, er geht rauf und runter, er streicht und überstreicht wie ein Maurer eine Fassade, er gleitet die feuchten Zonen entlang, immer höflich, ohne Überraschungsangriff, ohne Einlass zu erzwingen, er geht spazieren, er findet unbekannte Wege, Falten und Furchen, er kann sich seiner Spucke bedienen, um sie zu erkunden, und niemand wird je wissen, dass ein Eindringling um dein Haus geschlichen ist.«

Salma schien der Ohnmacht nahe, als ich weitersprach:

»Es ist eine Technik, die viel mit der Masturbation gemein hat. Der Mann ist dazu gezwungen, sich Teilen des Körpers zu widmen, die er bei direktem Zugang sicherlich nicht beachten würde. Und als Frau muss man es ihm danken, indem man sich gut um seinen Schwanz kümmert, was keine Selbstverständlichkeit ist, es scheint, als würden nur Männer die besten Techniken kennen, um sich einen runterzuholen. Kurz gesagt lernt der Pinsel das Vorspiel zu schätzen.«

»Denn es ist für die Liebe wie der Sturm fürs Gewitter, sagte der Prophet, Gottes Heil und Segen über ihn, ohne dass seine Gläubigen sich davon inspirieren ließen«, sagte Joumana.

Salma winkte plötzlich ab.

»Vorspiel, so etwas habe ich ja noch nie gehört.«

»Das ist der Moment, in dem dich der Kerl aufs Sofa wirft und dich von oben bis unten küsst«, erklärte ich. »Oder wenn er dich in der Badewanne erwischt und dich bittet, ihm ein kleines bisschen Platz zu machen. Wenn er dir stundenlang an den Ohren knabbert, an den Zehen oder deinem kleinen Finger.«

Soha sah mich mit einer Mischung aus Faszination und Abscheu an.

Farah dagegen hörte zu, ohne rot zu werden. Ich lernte ihre Persönlichkeit immer besser kennen. Sie war abgebrühter und gesprächiger als die anderen. Ihre Worte krachten häufig wie Bomben in die sonst so züchtigen

Gespräche. Sie zögerte nie, das Kind beim Namen zu nennen, redete von Sex als wäre es das Natürlichste auf der Welt, wie ein Kochrezept, sie liebte Anspielungen, untermalte ihre Erzählungen mit Augenzwinkern, Schlägen auf die Oberschenkel und stellte Sexpraktiken ohne einen Anflug von Scham nach.

Ich bemerkte auch, dass sie in den Zeiten am gesprächigsten war, in denen sie keinen Liebhaber hatte, so als könne sie durch die Worte empfinden, was ihr im Leben fehlte.

Die Phasen dagegen, in denen sie überaus schweigsam war und nur per Handy kommunizierte, bedeuteten, dass sie einen Mann gefunden hatte, der sie eine gewissen Zeit lang erfüllen würde.

Und da sie aus ihrem Liebesleben kein Geheimnis machte, wussten alle ihre Freundinnen, dass Farah bei weitem nicht mit jedem ins Bett ging.

Farah: »Zuerst einmal muss er groß sein und eine schöne Nase haben.«

Soha: »Warum eine schöne Nase? Das ist doch eher zweitranging.«

Farah: »Ich hasse dicke Nasen und kesselgroße Nasenlöcher, aus denen Haare sprießen. Die Hautfarbe ist mir egal, solange die Haut einen Eigengeruch hat. Egal, ob streng oder blumig, Hauptsache er riecht!«

Soha: »Sogar, wenn er nach *Hilba* riecht oder nach Kamel?«

Farah: »Alles ist besser, als eine Haut ohne Duft, da hat man das Gefühl, mit einem Toten zu schlafen. Ich finde auch, dass raue Hände am besten streicheln.«

Joumana: »Du suchst also etwas anderes als Muttersöhnchen mit weißen Händen und Fingern, die nie etwas anderes getan haben, als die Kufiya zu knoten oder den Löffel an den Mund zu führen.«

Soha: »Ich fasse mal zusammen: starker Geruch, dicke Finger, dreckige Haut, irgendwie scheinst du auf Monster zu stehen …«

Farah: »Ich werde euch ein Geheimnis verraten.«

Das Wort »Geheimnis« kündigte in der Regel ein erotisches Abenteuer an, das sie aus Beirut oder Genf mitbrachte. Diesmal spielte es in Kairo, wo sie mit ihrem Sohn auf Reisen gewesen war.

»Ich hatte in Zamalek eine *Chaqqa mafrucha* gemietet. Eines Tages wollte ich gerade ein Bad nehmen, als es plötzlich zu einem Wasserrohrbruch kam und ich einen Klempner rufen musste. Als ich die Tür öffnete, stand vor mir ein Mann um die vierzig, braungebrannt durch die Arbeit, mit nubischem Teint und Zähnen so weiß wie frische Milch. Er trug ein enges rotes Polo-Shirt, durch das sich die Muskeln seiner Arme abzeichneten, ein seltener Anblick, den ich höchstens aus Genfer Schwulenmagazinen kannte, *Wallah!*

Mit so etwas hatte ich natürlich nicht gerechnet, ich war unverhüllt und trug noch mein Nachthemd. Er fragte mich, wo sich das Rohr befände, ich führte ihn ins Badezimmer und spürte seine Blicke auf meinem Hinterteil. Ich weiß nicht warum, aber plötzlich hatte ich Angst in Ohnmacht zu fallen. Ich taumelte und er fing mich auf. Ich war unfähig mich zu bewegen bei seinem Anblick, ich sah ihm in die Augen und es gab so einen Sog, die Tür fiel hinter uns ins Schloss …«

»Und dann? Und dann?«, riefen wir.

»Ans Danach erinnere ich mich nicht mehr«, sagte Farah mit halb geschlossenen Augen, und auch ihre Ohren hörten nicht auf unser neugieriges Flehen.

Farahs Geschichten endeten immer so. »Sie führen uns an die Küste und holen uns samt unseres Durstes zurück«, so ein ägyptisches Sprichwort, das sicher auch Farahs Klempner kannte. Wir wollten wissen, wie er sie genommen hatte und wie er sich dabei angestellt hatte.

Sie begnügte sich mit folgender Antwort:

»Er war eine gute Nummer. Und ich natürlich auch, das versteht sich von selbst. (Dann fügte sie im gleichen Ton hinzu:) Man kann die Liebe buchstäblich auch totreden. Ich tue euch den Gefallen, eure Fantasie zu beflügeln.«

»Sag es uns bitte!«, bettelte Soha.

»Du willst doch nur ein Rezept, um deinen Alten zu verführen. Die solltest du dir aus Büchern holen und nicht aus meinen Geschichten. Ich habe Angst vor dem bösen Blick!«

Und Salma, die dazu neigte, andere zurechtzuweisen, fasste zusammen:

»Du solltest trotzdem vorsichtig sein! Wenn sie dich schnappen, entkommst du auch dem Ministerium zur Bekämpfung der Lasterhaftigkeit nicht!«

Ich hielt es für angebracht, sie zu korrigieren:

»Aber nicht doch, die Bestrafungen treffen Frauen eures Ranges doch gar nicht. Diejenigen, die öffentlich hingerichtet werden, sind doch größtenteils arbeitende Immigranten.«

»Warst du schon einmal bei einer Exekution?«, fragte Joumana mit großen Augen.

»Nein, aber mein Kollege Fouad schon.«

Plötzlich war es still. Wie zur Erinnerung an all die Köpfe, die regelmäßig über den sandigen Boden rollten und die Körper, die unter einem Hagel von Steinen verbluteten. Dann wanderten unsere Blicke zu Farah. An diesem Tag dachte ich, dass diese rothaarige Schöne gut daran tat, in ihre Vergangenheit zu reisen und uns von ihren Abenteuern und ihren Geheimnissen zu erzählen, ihre häufigen Enthüllungen deuteten darauf hin, dass sie eine amouröse Dürreperiode durchmachte. Ja, sie hatte gerade niemanden und ich sprach sie darauf an. Augenblicklich antwortete sie mir nun ihrerseits mit einem Sprichwort, das aus meinem Land stammte:

»Lieber eine verschlossene Tür als eine schlechte Unterkunft.«

Enthüllungen

Farah war es auch, die an jenem Nachmittag, während sie ihre Wasserpfeife rauchte, Joumana Folgendes vorschlug:

»Wenn ich du wäre, dann würde ich dafür sorgen, dass Iqbal ihren Liebsten kennenlernt.«

»Spinnst du? Wenn man sie hier zusammen erwischt, werden beide hingerichtet und ich noch dazu.«

»Du übertreibst! Du nutzt die Abwesenheit deines Mannes, bestichst die Bediensteten, fertig.«

»Unmöglich, völlig unmöglich!«, stieß Joumana aus.

»Dann tue ich es eben.«

Augenblicklich wurden alle Handys abgestellt und wir scharten uns um Farah, als ginge es um unser eigenes Schicksal, das uns alle in dasselbe Abenteuer verwickelte.

»Du schickst Iqbal nächsten Dienstag zum *Dhohr*-Gebet zu mir.«

»Weißt du überhaupt, was du da tust?«

In diesem Augenblick kam Joumanas Schwiegermutter herein. Ich weiß nicht, ob sie einige Gesprächsfetzen aufgeschnappt hatte oder nicht, an ihrem Blick konnte ich es nicht ablesen. Sie schlug vor, uns die merkwürdige Geschichte einer Frau zu erzählen, die ganz Dschidda in Atem hielt und sie persönlich sehr amüsierte. Offenbar gab es da eine Verrückte, die die Straßen der Stadt unsicher machte und die es sich zur Aufgabe gemacht hatte, die Männer zu reizen, ohne dass sie etwas dagegen tun konnten. Sie agierte in überfüllten Einkaufszentren oder den kleinen Gässchen eines Basars. Sie wählte ihr Opfer aus, einen Mann, den sie aufmerksam beobachtete, bevor sie sich in eine dunkle Ecke begab, in der nur er sie sehen konnte. Dann hob sie ihre Abaja. Für den Bruchteil einer Sekunde offenbarte sie ihren nackten Körper seinem Blick. Ihm blieb überhaupt keine Zeit, sich zu rühren: Sie war schon verschwunden.

»In einem Land, in dem es passieren kann, dass ein Mann sein Leben lang noch nicht einmal den Knöchel einer anderen Frau zu sehen bekommt als den seiner Mutter, Ehefrau oder Tochter, ist es das schlimmste Attentat überhaupt, ihm ihre intimsten Körperregionen zu zeigen, und dann auch noch mitten in der Stadt. Der elfte September war nichts dagegen«, kommentierte Joumana.

»Wahrscheinlich ist es die Unfähigkeit der Männer, auf eine solche Tat zu reagieren, die diese Frau erregt«, überlegte Joumanas Schwiegermutter.

»Vielleicht ist sie einfach eine Exhibitionistin. Das gibt es bei Männern, warum sollte es so etwas nicht bei Frauen geben?«, sagte Farah. »Ich gehe jede Wette ein, dass sie sich nach jedem Mal selbstbefriedigt und wie neugeboren fühlt«, fügte die Schöne in zweideutigem Ton hinzu.

»Kein Wunder«, sagte Joumana, während sich ein trauriger Schatten über ihren Blick legte. »Es gibt Nationen, in denen kämpfen die Frauen wie Soldaten und beteiligen sich daran, die Geschichte ihres Landes zu schreiben. Und in anderen zeigt eine Frau ihren Mut, indem sie in einer stillen Ecke ihre …«

Aus Respekt vor ihrer Schwiegermutter sprach sie das Wort nicht aus.

Nachdem diese uns verlassen hatte, wechselte Farah das Thema und unterhielt uns mit ihrer üblichen Koketterie und ihrem Lachen, bei dem ihre birnenförmigen Brüste wackelten, die sie sich gerade neu hatte machen lassen. Außerdem versprach sie Soha, ihr die Adresse ihres Chirurgen zukommen zu lassen, der sich mit ihrem Ehemann in Kairo in Verbindung setzten sollte, wo er seine zahlreichen Teppichgeschäfte führte.

Wir kamen schnell auf Schönheitsoperationen zu sprechen, nach denen die Frauen des Königreiches so verrückt sind und die manche unter ihnen sogar bis nach Brasilien führen.

»Warts nur ab, du wirst aussehen wie Haïfa Wahbi oder sogar noch besser«, versicherte Farah.

Soha, die die libanesische Sängerin verehrte, sah zufrieden aus. Man muss dazu sagen, dass sie nicht die einzige war, die von dieser Art Frau fasziniert war, drall und hellhäutig, die auf dem Bildschirm sang, wie man auf einer Parkbank Liebe macht, mit lasziver Mimik und derben Bewegungen, in einem Kleid, das bis zur Poritze ausgeschnitten war, manchmal mit durchsichtigen Teilen, ohne dabei allerdings wirklich begabt zu sein. Genau das war jedoch seit einiger Zeit Mode. Die Königinnen der plastischen Chirurgie hatten Dank des Skalpells den Platz der wirklichen Künstler eingenommen und niemand sah darin etwas Schlechtes, niemand beschwerte sich darüber. Anscheinend war ein Augenschmaus noch besser als der Klang einer wunderbaren Stimme.

Soha kannte die Texte sämtlicher Alben von Haïfa auswendig, sie kannte die Liste ihrer Liebhaber, die Designer ihrer Kleider, ihre berühmten Visagisten und Friseure, und jedes Mal, wenn sie auf dem Bildschirm erschien, ließ sie alles stehen und liegen. Sie gebot uns Stille und rührte sich nicht mehr, sie bekam riesige Augen und murmelte immer wieder: *Ya Allah!* Man hätte meinen können, sie wäre jeden Moment in ein Loblied ausgebrochen, doch stattdessen rief sie:

»Hoffentlich läuft so eine Granate niemals meinem Mann über den Weg!«

»Keine Sorge. Diese Sorte Frau hat ein anderes Beuteschema, die braucht das Doppelte von dem, was dein Herzbube verdient. Die sucht sich einen Prinzen oder einen TV-Magnaten, einen Talal zum Beispiel, einen Maktoum oder eine andere Finanzgröße vom Golf.«

»Man kann nie wissen«, flüsterte Soha mit abwesendem Blick.

»Hab doch ein wenig Vertrauen in deinen Ehemann«, sagte Joumana. »Wenn du ständig Angst davor hast, betrogen zu werden, wird Omar es merken und unbewusst anfangen zu jagen. Willst du denn, dass er sich eine Zweitfrau anlacht?«

»Gott schütze mich davor! Sag doch so etwas nicht«, rief Soha mit Tränen in den Augen.

An diesem Tag sah sie mich an und fügte hinzu:

»In der Zwischenzeit versuche ich das Schlimmste zu verhindern und lasse mir den Hintern machen. Leïla, kannst du mir den Gefallen tun, dich bei deinen Zwischenlandungen nach guten Chirurgen zu erkundigen?«

Da in diesem Juli eine trockene Hitze herrschte, schlug ich Soha vor, doch lieber schwimmen zu gehen als sich unters Messer zu legen, das Wasser und die Sonne würden ihr eine gesunde Bräune geben und ihren Körper straffen. Vergebene Liebesmüh. Meinen Freundinnen von den Vorzügen eines gebräunten Körpers vorzuschwärmen, war reine Zeitverschwendung, da sie die Sonne als schlimmste Feindin der Schönheit betrachteten, deren erste Voraussetzung die helle Haut war.

Joumana hätte sich vielleicht für meinen Vorschlag erwärmen können und uns an einen dieser Privatstrände gebracht, der nur für Frauen derselben Familie zugänglich ist. Doch Joumana litt unter einem Lupus, der es ihr verbot, sich allzu starker Sonnenstrahlung auszusetzen, geschweige denn auch nur den kleinen Finger in einen Pool zu halten. Das Ergebnis: Wir vergnügten uns fast nie am Strand und das einzige Mittel, uns ein wenig zu erfrischen, war die Klimaanlage, ohne die Saudi-Arabien die Hölle auf Erden wäre.

Doch in diesem Sommer 2003 hatten wir noch eine andere Beschäftigung: Im Fernsehen verfolgten wir den Einfall der Amerikaner in den Irak. Man darf nicht denken, dass die saudischen Frauen gleichgültig gegenüber Glück und Unglück der Araber sind. Sie informieren sich darüber, was in der Welt passiert und gerade Joumana kennt das aktuelle Tagesgeschehen wie keine andere. Sie spricht über den wirtschaftlichen Aufschwung in China, über Unstimmigkeiten innerhalb der EU, über Ingrid Betancourt, die sie »die Geisel, die nicht mitmacht« nennt oder über die Ozonschicht. Doch mehr als alles andere interessierte sie heute der Irak, der auf die eine oder andere Art die Aufmerksamkeit all meiner Freundinnen auf sich zog.

Wir verfolgten also die Treibjagd auf Saddam Hussein, die voll in Gang kam, nachdem er die Welle der amerikanischen Angriffe überlebt hatte. Die arabische Welt konzentrierte sich ganz auf die Figur des Raïs, der plötzlich sämtliche Herzen höher schlagen ließ, da er der westlichen Welt die Stirn bot. Nur Joumana machte ihn für das Drama verantwortlich, das sich in seinem Land abspielte. Sie traute sich jedoch nicht mehr, dies auszusprechen, seit Soha angedroht hatte, den Raum zu verlassen, wenn sie den König von Bagdad noch ein einziges Mal als Diktator bezeichnen würde.

Joumana ließ uns die Freiheit, die Amerikaner zu verfluchen und die Ungerechtigkeit des Westens zu beklagen. Einmal jedoch, als wir schon seit Tagen förmlich am Bildschirm klebten und durch den Irakkrieg unsere persönlichen Sorgen keine Rolle mehr spielten, hatte sie sich lauthals aufgeregt:

»Ihr verfolgt die makaberste TV-Serie überhaupt und beschwert euch noch, angeblich zu den Opfern zu gehören. Mein Feind sind nicht die Amerikaner, sondern Saddams Gaunertruppe. Mein Henker ist nicht der GI, sind nicht die Juden, sondern meine eigenen Brüder!«

Bei diesem Ausbruch fühlte selbst ich mich etwas unwohl in meiner Haut und zweifelte am arabischen Blut meiner Freundin.

Ausschließlich Iqbals Liebschaft lenkte uns in diesen Tagen vom Krieg ab. Ungeduldig wartete ich auf einen Bericht über ihr Treffen mit Samih. Zunächst weigerte Farah sich davon zu erzählen und verwies auf die erbotene Diskretion in dieser geheimen Sache. Soha und ich bohrten immer weiter, und da Farah ohnehin nicht den Mund halten kann, redete sie schließlich.

Sie hatte ihren Sohn Rachid eingeweiht und ihn ausgeschickt, um den Palästinenser zu holen. Er sollte ihn zu sich nach Hause geleiten, wie er es mit einem Freund getan hätte.

Iqbal wurde wenig später von Joumanas Chauffeur dort abgesetzt, die schließlich eingewilligt hatte, bei der Aktion mitzumachen.

»Und?«

»Ich habe die beiden Turteltäubchen in einem Zimmer eingeschlossen und gesagt: Ihr habt eine Stunde, um euch eure Liebe zu gestehen. Danach verlasst ihr getrennt mein Haus. Falls einer von euch einem Nachbarn über den Weg läuft, erbitte ich absolutes Stillschweigen.«

»Mehr hast du ihnen nicht gesagt?«

»Also, ich kann ihnen ja schlecht beibringen, miteinander zu reden!«

»Von Angesicht zu Angesicht ist das aber etwas anderes als per Internet.«

»Das stimmt«, sagte Joumana. »Offline wissen die jungen Leute manchmal nichts mehr miteinander anzufangen.«

»Ich habe jedenfalls das Rendezvous in die Wege geleitet, ich werde ihnen nicht auch noch zeigen, wie man übereinander herfällt!«

»Du hättest bei ihnen bleiben sollen«, sagte Salma vorwurfsvoll.

»Natürlich!«, bestätigte Soha. »Wenn ein Mann und eine Frau allein sind, ist der Teufel immer der Dritte …«

»Ich glaube, da irrt ihr euch. Die beiden sind doch schon völlig baff, dass sie sich plötzlich live und in Farbe gegenübersitzen. Sie werden nicht auch noch auf die Idee kommen, miteinander zu vögeln!«

»Ich hoffe jedenfalls, dass dies das erste und das letzte Mal war, dass du so ein Rendezvous arrangierst«, warnte Salma. »Andernfalls könntest du leicht verwickelt werden in ein …«

»… amouröses Komplott? Nichts lieber als das! Ich finde das aufregend, als bekäme ich ein Stück meiner Jugend zurück.«

»Und dabei setzt du deinen Lebensabend aufs Spiel. Die Gesetze deines Landes kennen keine Gnade, meine Liebe, auch nicht für die Liebe«, sagte Joumana. »Sie würden dich auf einen öffentlichen Platz zerren und auf der Stelle steinigen, wie eine aus dem Volk.«

Tunesische Leckerbissen

Ein zweitägiger Aufenthalt in Tunesien bestätigte mir in diesem Herbst 2003, dass in der ganzen arabischen Welt die Herzen um den Irak weinten. Selbst dieses laizistische Land der Lebensfreude versank in einer Art Melancholie, die ich auch im Gesicht meines tunesischen Geschäftsmannes entdeckte.

Ich hatte den schönen Mann um die fünfzig im Flugzeug kennengelernt, der mich auf der Stelle zum Abendessen in Sidi Bou Saïd einlud.

»Diese verfluchten Amerikaner machen mit uns, was sie wollen! Auf einmal sagen sie, Saddam sei ein Diktator, wer weiß, was als Nächstes kommt ... Was soll bloß aus diesem Land werden? Immerhin hat Saddam eine Nation erschaffen, er hat alle jungen Araber träumen lassen. O ja, Püppchen! Als ich in der Baath-Partei aktiv war, warst du noch gar nicht auf der Welt.

Später kamen wir auf die Tunesierinnen zu sprechen und er berichtete mit gerümpfter Nase, dass selbst die jüngsten unter ihnen nur ein einziges Ziel hatten, nämlich das große Los zu ziehen und einen Millionär zu heiraten – dabei vergaß er natürlich, dass er selbst der Erste war, der die jungen Frauen dazu verführte. Seiner Auffassung nach, ging es vor allem darum, sich einen Ausländer zu angeln. Nicht unbedingt des europäischen Passes wegen, sondern um ausgesorgt zu haben:

»Kein Tunesier erträgt auf Dauer ein Leben ohne unsere malerischen Buchten und das süße Blau unseres Himmels.«

Anschließend beklagte sich mein poetischer Geschäftsmann ausführlich über seine Ehefrau, die zu viel Energie in ihre Arbeit als Ärztin steckte und in seinen Augen inzwischen beinah asexuell wirkte.

»Es ist ja nicht so, dass eine Frau keine Frau mehr ist, nur weil sie arbeitet.«

»Trotzdem habe ich persönlich das Verlangen nach jemandem, der … wie soll ich sagen … aufmerksamer ist …«

»Und zugänglicher! Um eine Frau wirklich zu lieben, muss sie sich unterordnen können oder zumindest abhängig von ihrem Mann sein und sich ganz seiner Person widmen.«

»Ich habe mir keine Marokkanerin an den Tisch geholt, damit sie mir von den Rechten der Frau erzählt!«

Da ich den Abend nicht ruinieren wollte, schloss ich mit folgenden Worten:

»Lieber Sami, du musst begreifen, dass alle Frauen davon träumen, frei zu sein. Und jede sucht ein anderes Ventil für ihre Frustrationen.«

Nach drei weiteren Gläsern Wein dachte mein Tunesier nicht mehr an Saddam oder die Frauenbewegung. Die Welt konnte vor die Hunde gehen, es gab nur noch ihn und mich und die Aussicht, gemeinsam die Nacht zu verbringen.

Auch in diesem Land, in dem selbst die Frauen gewisse Rechte haben, war es für ein Paar wie uns unmöglich ein Hotelzimmer zu nehmen. Man benötigte dafür ein Dokument, das uns als Mann und Frau auswies. Wir bedienten uns eines Tricks, der jedem Hotelier bekannt ist: Der Mann am Empfang gab jedem ein Einzelzimmer, obwohl er ganz genau wusste, dass wir uns wenige Minuten später im selben Bett wiedertreffen und man uns am nächsten Morgen das Frühstück auf demselben Balkon servieren würde. Tatsächlich schert sich niemand darum. Mir wurde sogar einmal erzählt, dass in den Hotels dieses Landes selbst im Ramadan eine Flasche Wein bestellt werden kann. In Marokko muss man schon seinen christlichen Glauben nachweisen, um an einen Tropfen von Christus' Blut zu kommen. Und wenn du im Monat Ramadan darum bittest, wirst du vermutlich ins Gefängnis geworfen.

Es heißt, die Tunesierinnen seien schön und die Marokkanerinnen zögen die Männer von da unten vor. Sie seien sanft, freundlich, intelligent und hätten eine weltoffenere Einstellung. Dies jedenfalls bestätigte mein Bankier an diesem Abend, als er mich auf die nunmehr bekannte Art küsste und streichelte, ohne dass er mich zwang, zu weit zu gehen.

Eine seiner Landsfrauen, die mit mir zusammen arbeitete, bewies ebenso ihre tunesische Freundlichkeit, indem sie sich nach Schönheitschirurgen für Soha erkundigte. Scheinbar entwickelte sich dieses Land zum Mekka der Schönheits-OPs. Sie empfing mich auf dem Rollfeld mit einem ganzen Stapel von Broschüren, die neben den Vorzügen der Thalasso-Kosmetik auch das Wunder der Liposkulptur anpriesen, der wohlgeformten Nasen und göttlichen Busen.

Mir war aufgefallen, dass meine tunesische Kollegin stark abgenommen hatte und sehr blass war.

»Darüber reden wir beim nächsten Mal«, sagte sie, als sie mir zum Abschied ein Küsschen gab.

Eine Woche später hielt sie ihr Versprechen.

Eigentlich hatte sie den ganzen Monat lang arbeiten sollen, doch eine Flugplanänderung hatte ihr verfrühten Urlaub beschert. Ihr kam die Idee, ihren Mann mit der verfrühten Heimkehr zu überraschen. Sie waren seit Juli verheiratet und hatten sich seitdem wenig gesehen. Sie hatte ihm eine schöne Swatch, zwei Krawatten und sein Lieblingsparfum gekauft, bevor sie ins Flugzeug gestiegen war. Am Flughafen Tunis Carthage war sie sofort ins erste Taxi gesprungen, doch zu Hause angekommen, erwartete sie eine Katastrophe: Sie erwischte ihren Liebsten in den Armen einer älteren Frau!

»Die Arme!«, riefen meine Freundinnen wie aus einem Mund, als ich ihnen die traurige Geschichte meiner Kollegin erzählte. Wer war so hartherzig, die Abwesenheit seiner Frau zu nutzen, um sie zu betrügen?

»Das war doch zu erwarten«, sagte Soha. »Man sollte nicht heiraten, wenn man einen solchen Beruf ausübt. Das ist der Freifahrtschein für jegliche Art der Untreue. Man sollte zu Hause bleiben, und selbst das ist keine Garantie.«

»Vielleicht, aber wenn man heiratet, wenn man seinen Ehemann liebt und von ihm geliebt wird, dann sollte man ein gewisses Minimum an Vertrauen haben können«, gab ich zurück.

»Nein, mein Mädchen, die Liebe verreist nicht, wie es so schön heißt, sie braucht einen ständigen Wohnsitz. Und bei euch ist sie am meisten gefährdet, weil ihr so wenig zu Hause seid«, bestätigte Farah.

»Ich finde es überhaupt sehr erstaunlich, dass einige von euch tatsächlich einen Partner finden«, sagte Salma in ihrer gewohnt moralisierenden Art. »Ein Mann muss schon sehr tolerant sein, um seine Frau die meiste Zeit zu entbehren und zuzusehen, wie sie von anderen Männern angemacht und von Kollegen drangsaliert wird …«

»Und was wird deine Freundin jetzt tun?«, fragte Joumana.

»Sie will ihn nicht mehr sehen. Sie lässt sich scheiden.«

»Das geht?«, rief Soha überrascht.

»In Tunesien lassen sich Frauen genauso oft scheiden wie Männer, wenn nicht noch häufiger. Zum Glück. Sie sind nicht wie wir Gefangene auf Lebenszeit.«

Das Gespräch drehte sich nun um die Vorzüge und Nachteile einer Scheidung und Salma schlug vor, den neuen Star eines lokalen Fernsehsenders nach seiner Meinung zu fragen, der mit seinen Predigten und seinem Charme die Herzen der Muslimas der ganzen Welt im Sturm eroberte: Amrou Khaled.

Das nächste Thema, die Tunesierinnen, spaltete unsere Gruppe in zwei Fronten. Die eine, bestehend aus Joumana und mir, verteidigte die Mädchen von Bourguiba, die andere verdammte sie.

Salma: »Die Tunesier sind keine wahrhaftigen Muslime. Ein Land, das den Islam verzerrt und am heiligen Koran rührt, ist kein muslimisches Land.«

Soha: »Ich glaube sogar, dass sie nicht fasten und auch nicht beten.«

Ich: »Das stimmt nicht. Ich habe tunesische Kollegen, die besseres Arabisch sprechen als wir alle zusammen und denen ihre Religion genauso wichtig ist wie euch.«

Salma: »Ich glaube trotzdem, dass es ein Land ist, das mit dem Islam nichts mehr zu tun hat.«

Joumana: »Wir sollten nicht übertreiben.«

Farah: »Ich war mit meinem Sohn dort. Und ich habe selten ein Land gesehen, das Modernität und Islam so wunderbar vereint. Sie haben es geschafft, den Islam in die heutige Welt zu übertragen und ihre Frauen aus den mittelalterlichen Umständen befreit.«

Joumana: »Applaus!«

Soha: »Das stimmt allerdings … Die Polygamie abzuschaffen ist eine gute Idee. Gott vergib ihnen und allen anderen Muslimen.«

Plaudereien aus dem Nähkästchen

Ich erzählte gerade von meinem letzten turbulenten Flug mit einer algerischen Fußballmannschaft, die die gesamte Crew auf Trab gehalten hatte, als Safié hereinkam. Sie trug einen großen Koffer in jeder Hand und führte eine Frau mit unverhülltem Gesicht zu uns, die ihren Schleier ohne viel Sorgfalt über den Kopf geworfen trug. Die Besucherin brach fast unter ihrem eigenen Gewicht zusammen und konnte kaum eine Begrüßung stammeln, so sehr war sie außer Atem. Meine Freundinnen erhoben sich, um ihr ein Küsschen auf jede Wange zu geben, die so groß und schwer wie ein Buch aussahen. Ich machte es ihnen nach.

Für diesen Tag hatte Joumana eine Anprobe vorgesehen und ihre Schneiderin zu sich bestellt, um uns die neuesten Modelle vorzuführen. Nachdem diese an Ort und Stelle auf dem Teppich Platz genommen hatte, öffnete sie ihre Koffer, die so viele verschiedene Kleider enthielten, dass sie aus allen Nähten platzten: westliche Klamotten und Jogginganzüge, aber auch Abajas aus Leinen und Seide sowie Unterkleider, eines reicher mit Pailletten verziert als das andere.

»Das hier ist dem Kleid nachempfunden, das Nancy Arjam auf ihrer letzten Gala in Beirut getragen hat«, sagte Soha und zeigte auf ein hautenges Lamé-Kleid. »Hab ich auf Rotana TV gesehen.«

Die Schneiderin hatte auch ein Haarteil dabei, das farblich an Madonnas Frisur erinnerte, sie brachte sexy Outfits à la Shakira mit und zwei Kleider, die der libanesische Designer Elie Saab entworfen hatte und nach denen die Frauen vom Golf ganz verrückt sind.

Meine Freundinnen wählten mal eine Bluse, mal ein Unterkleid, und Joumana ließ sich nicht davon abbringen, mir ein Tuch von Hermès zu schenken. Ich bedankte mich und wusste sofort, dass dieses Tuch direkt an Noras Hals wandern würde, die diese Marke liebte.

Soha zeigte uns das neueste Geschenk ihres Mannes, ein brandneues Handymodell, verziert mit Strass und Diamanten. Er hatte es ihr zum Valentinstag geschenkt:

»Dieser Feiertag stammt nicht aus unserer Tradition«, meckerte Salma. »Nur ein Ungläubiger könnte sich so einen Quatsch ausdenken.«

»Trotzdem«, sagte Joumana. »Es ist eine Gelegenheit unter vielen, um unseren Männern zu zeigen, dass man die Liebe durchaus feiern kann.«

Ich wusste, dass die Saudis den 14. Februar längst in ihren Kalender mit aufgenommen hatten, obwohl die Machthaber dagegen wetterten und den Feiertag als Gotteslästerei bezeichneten. Jedes Jahr beginnt das Katz-und-Maus-Spiel aufs Neue, bei dem die Polizei Jagd auf heimliche Rosenverkäufer und ihre Kunden macht, die restlos alle Artikel roter Farbe oder in Herzform aufkaufen, die von Verkäufern unter der Ladentheke gehandelt werden.

Farah begutachtete das Handy, prüfte seine Tastatur, steckte es dann zurück ins passende Lederetui und wandte sich an die stolze Besitzerin:

»Ich persönlich werde mich selbst mit einem Computer beschenken und habe Rachid gebeten, mir das leistungsfähigste Modell zu besorgen.«

Die Schneiderin, die anscheinend von jedem anderen Thema als ihren Chiffons gelangweilt war, erhob sich.

Wir wussten schon, dass Farah von Iqbal in die Geheimnisse der Informatik eingeweiht wurde, sozusagen als Gegenleistung für die Treffen mit ihrem Palästinenser. Obendrein war dies ein perfekter Vorwand, um das Haus zu verlassen, auch wenn das junge Mädchen sich dem Unterricht eher halbherzig widmete, während sie fieberhaft auf ihr nächstes Rendezvous wartete.

Und so überbrückte Farah die Zeit, bis sie wieder ins geliebte Europa reisen konnte, vor dem Computer. Anfangs surfte sie nur am Morgen, doch nachdem der Virus sie erst einmal angesteckt hatte, verbrachte sie auch ihre Nächte vor dem Bildschirm. Das ging so weit, dass sie unsere Treffen verpasste oder mit roten Augen und abwesendem Blick zu uns kam. Nachdem die Schneiderin uns verlassen hatte, fragten wir Farah nach Neuigkeiten von ihren virtuellen Bekanntschaften.

»Zurzeit unterhalte ich mich mit einem Jean.«

»Auch noch mit einem Ungläubigen! Und in welcher Sprache bitteschön?«, rief Salma.

»In der Sprache der Liebe.«

»Soll heißen …?«

»Die daraus besteht, zu sagen: Ich liebe dich. Egal in welchem Alphabet.«

»Mal im Ernst, du wirst diesen *Khawaga* doch nie zu Gesicht bekommen. Vielleicht gibt es ihn gar nicht. Du solltest wissen, dass ein Mann mit ausländischem Namen niemals der ist, für den er sich ausgibt.«

»Salma hat Recht«, schaltete sich Soha ein. »Dieser Jean ist wahrscheinlich ein Nazarener. Ich möchte ja, dass du träumen kannst, aber bitte verlier die Realität nicht völlig aus den Augen, sonst wirst du nur enttäuscht.«

»Und was sagt dir dieser Jean?«, wollte Joumana wissen.

»Er gebraucht Worte, die ihr niemals aus dem Mund eurer Waschlappen von Ehemännern hören werdet.«

»Ich hoffe, dass du deinem Jean nicht erzählt hast, dass du selbst schon verheiratet warst?!«

»Und ob, das ist ihm völlig egal. Er findet, dass eine Frau, die liebt, es jedes Mal tut, als wäre es zum ersten Mal.«

»Und ein Mann, der liebt?«

»Das habe ich ihn nicht gefragt.«

Farah hob den Blick und es war klar, dass sie nun in anderen Sphären weilte. Ihr verklärtes Lächeln war ebenso verräterisch wie ihre Augen. Die lustige Witwe beehrte uns mit ihrer Abwesenheit, wie immer, wenn sie sich mal wieder in ein neues Abenteuer stürzte. Und so brachte uns das Internet um ihre Gesellschaft. Aber wir waren auch fasziniert. Farahs Geistesabwesenheit, ihre virtuellen Reisen und ihr beharrliches Schweigen umgaben sie mit einer geheimnisvollen Aura, die sich an ihrer Körperhaltung ablesen lies: Sie gab sich sehnsuchtsvoll, in ihren Pupillen loderte etwas, ihre Gesten verlangsamten sich. Joumanas Blick wanderte ebenso langsam über die Freundin, und ich war mir sicher, dass sie sie begehrte, ohne es zu wissen.

Soha schien ebenfalls in Gedanken versunken. Als wir auf die Liebeserklärungen zu sprechen kamen, die ein jeder Mann seiner Frau eigentlich machen sollte, verdunkelte sich ihre Miene. Farah verschlimmerte dies noch, indem sie mit einem Zwinkern behauptete, dies gelte nicht nur für Worte, sondern auch für Taten. Die mexikanischen Fernsehserien hatten Soha bereits aufgeklärt, sie wusste, was sie verpasste. Joumana witzelte ständig:

»Gebt diesen Frauen die Freiheit zu lieben und sie verwandeln sich in heillose Romantikerinnen! In Wirklichkeit lieben sie nur die Worte. Wenn sie dem tatsächlich mal den Sex hinzufügen, dann höchstens aus Verdruss oder um die männlichen Moralvorstellungen zu verletzen, jedenfalls nicht aus wahrer Liebe.«

Wir waren daher nicht überrascht, als Soha erzählte, sie habe sich mit ihrem Mann gestritten. Sie hatte ihm mangelndes Interesse ihr gegenüber vorgeworfen und beklagt, dass er sich ihres Körpers wie einer Maschine bediente. Kein liebendes Wort, keine Zärtlichkeit, kein Kuss auf den Hals, kein gar nichts.

»Er schläft mit mir ohne ein Wort, er lockt mich nicht, er schmeichelt mir nicht«, wetterte sie. »Ich will jetzt Liebesschwüre, und zwar aus vollen Töpfen!« Dann fügte sie resigniert hinzu: »Ich glaube, ich werde ihn verlassen und zu meinen Eltern zurückkehren.«

Salma verschluckte sich an ihrem Tortenstück und bekam einen Hustenanfall.

»Denk nicht einmal daran und vertreib den Teufel aus eurem Haus!«, beschwor Farah sie.

»Mein Mann liebt mich nicht.«

»Woher willst du das wissen?«

»Man braucht sich nur Rodrigo den Mexikaner ansehen, dann weiß man, wie ein Mann richtig liebt.«

»Vergiss deine Vorabendserien, die sind doch reine Fiktion. Dein Ehemann überhäuft dich mit Geschenken, er kümmert sich um dich und eure Kinder …«, sagte Salma.

»Da pfeife ich drauf, ich will keine Geschenke, ich will Liebe.«

»Meine Liebe, wenn alle Frauen im Königreich so behandelt werden wollten wie die Hauptdarstellerinnen in einer Telenovela, wenn jede von ihnen drohen würde, ihren Ehemann zu verlassen, weil er sie nicht vergöttert, wie es in den Drehbüchern steht, dann kann man die Ehe auch gleich abschaffen«, witzelte Joumana. »Männer wie Rodrigo gibt es nur im Fernsehen, Süße! Kennst du einen Muslim, der vor seiner Ehefrau auf die Knie fällt, der schwört, sich für sie zu töten und der flennt wie ein Mädchen, *ya Allah!* Den würde man doch gleich eine Schwuchtel nennen! Außerdem gibt es doch nicht nur die Liebe. Es gibt andere Freuden im Leben: die Arbeit, Reisen und Freiheit.«

»Hört, hört, und das von einer, die nicht arbeitet und ihre Zeit damit verschwendet, unsere Regierung vollzujammern«, gab Soha verärgert zurück.

»Ganz genau, das mache ich nur, damit alle Dumpfbacken deines Kalibers etwas anderes im Leben zu tun haben, als ihren Ehemann zu bewundern und Saltos zu schlagen, um ihm zu gefallen.«

»Die Liebe füllt ein ganzes Leben«, seufzte Soha.

»Und sie frustriert ebenso viel, wenn sie nicht erwidert wird.«

»Was willst du damit sagen?«, fragte Soha in einem Anfall von Panik.

»Dass es riskant ist, sich ganz der Liebe zu widmen, weil man leicht enttäuscht werden kann. Und wohin soll man sich dann wenden, worauf kann man sich stützen, was fängt einen auf?«

»Sag bloß, und du warst also niemals richtig verliebt in deinen Ehemann oder wie?«, sagte Salma in diesem unschuldigen, pikierten Tonfall, bei dem sich ihre Augenbrauen zu einem gleichschenkligen Dreieck hoben.

»Doch«, sagte Joumana. »Aber in vernünftigem Maße. Er ist nicht das Wichtigste in meinem Leben, weil ich es so beschlossen habe. Und wenn man mir eine Wahl gelassen hätte, hätte ich nie geheiratet.«

»Aber du weißt doch genau, wie es alten Jungfern ergeht …«

»Sie sind alt, aber frei. Einsam, aber ohne Sorgen um Kinder und frei von ehelichen Stänkereien. Ich würde ihr Schicksal der Ehe um Längen vorziehen!«

Solch geheime Revolten spielten sich in diesen Harems ab! Es gab diese tiefgreifende Frustration! Und eine gewisse Stille, die manchmal, ganz plötzlich, einen bitteren Beigeschmack in unsere Runde brachte.

Nach Sohas Klage über die mangelnde Liebe ihres Ehemannes fing nun auch Salma an. Drei Wochen waren seit unserem letzten Treffen vergangen, da Joumana nach Riad zu Iqbals Eltern gereist war. Die schlechte Stimmung war nicht zu übersehen.

Bis dato hatte sich Salma nicht getraut, sich uns anzuvertrauen. Aber es reichte, es reichte wirklich. Seit Monaten hatte ihr Mann sie nicht mehr angerührt. Voilà! Wir hatten es gar nicht gemerkt, aber bei unseren Sexgesprächen hatte sich Salma in letzter Zeit tatsächlich zurückgehalten, aus dem einfachen Grund, dass sie keinen Sex mehr hatte!

»Ich habe genug! Mahmoud schläft nicht mehr mit mir, seit Walid zur Welt gekommen ist.«

»Wirklich! Und warum?«

»Da müsst ihr ihn schon selbst fragen!«

»Und du beschwerst dich nicht?«, wollte Farah empört wissen.

»Was soll ich ihm denn sagen? Bitte schlaf mit mir?«, sagte sie und errötete dabei.

»Wie lange ist es denn her, seit ihr das letzte Mal miteinander …«

»Bestimmt schon zwei Jahre.«

»Jetzt weiß ich auch, warum du immer so blass bist, *Habibti.*«

»Und so trocken wie eine verdorrte Pflanze.«

»Bestimmt bilden sich da unten schon Spinnennetze«, platzte Farah heraus, bremste sich jedoch beim Anblick ihrer unglücklichen Freundin.

»Vor sechs Monaten haben wir es versucht, aber er hat es nicht hinbekommen.«

Leise fügte sie hinzu:

»Er ist sehr zärtlich zu mir. Er tut alles, um mich glücklich zu machen, bis auf … das eine.«

»Er rührt dich also wirklich nicht an?«

»Er arrangiert es so, dass er später ins Bett geht als ich, er dreht sich um und schläft. Manchmal habe ich das Gefühl, dass er mich abstoßend findet.«

»Hast du denn mal versucht, seine Aufmerksamkeit auf dieses Problem zu lenken?«

»Am Anfang habe ich mich nicht getraut. Vor drei Monaten habe ich dann mit ihm darüber geredet. Ich habe gefragt, ob etwas nicht in Ordnung sei. Er verneinte. Zwei Wochen später fragte ich noch einmal nach. Er sagte, dass es ihn nicht wirklich interessiere, dass es vermutlich ein anatomisches Problem gäbe und dass eine Frau, die sich selbst respektiert, nicht mit ihrem Mann über diese Dinge sprechen würde …«

»Aber ihr habt doch zwei Kinder zusammen!«, sagte Farah noch immer amüsiert.

»Ich glaube, mehr als diese zwei Male haben wir auch nicht miteinander verbracht.«

»Man muss wissen, dass man im Alter manchmal ein bisschen die Lust verliert«, belehrte uns Soha.

»Es ist noch viel schlimmer! Also er …«

»Er was?«

Salma wurde rot und sagte:

»Er bekommt keine Erektion mehr.«

Selbst dann nicht, wenn du ganz eng neben ihm liegst, mit dem ganzen Körper?«, fragte Farah und ignorierte Salmas Scham. »Wenn du ganz nackt bist?«

»Ich kann mich doch nicht nackt vor meinem Ehemann zeigen!«

»Gott bewahre, das wäre *haram*, ein Fall für die Sittenwächter«, ironisierte Joumana. »Stellt euch das mal vor! Sie wird in der Hölle landen, wenn sie sich vor ihrem angetrauten Ehemann ihrer Abaja entledigt. Spinnst du oder was? Gott lässt uns doch bei unserem Ehemann freies Spiel. Wir dürfen sie sogar überall küssen und umgekehrt auch.«

»Das geht doch nicht! Allah wird mich verfluchen!«

»Wisst ihr was?«, rief Farah, die offenkundig schockiert war über den Grad an Unwissenheit ihrer Freundin, was Sex betraf. »Ich glaube, wir müssen mal so richtig die Sau raus lassen, ich schlage also Folgendes vor: Nächstes Mal gehen wir shoppen.«

»Shoppen?«

»Ganz genau. Was nützt dir denn das ganze Geld, wenn du es nicht dafür ausgibst, um deinem Mann zu gefallen, um ihn zu verführen und für immer an dein Bett zu fesseln?«, sagte Farah. »Du brauchst ein paar Fummel, die deine nackte Haut eher zur Schau stellen, als dass sie sie verdecken. Wir müssen deinem Mann Appetit machen. Du wirst schon sehen.«

Dessous und nackte Tatsachen

Bei einer Zwischenlandung in Paris kaufte ich an einem Zeitungskiosk eine Ausgabe von *Union*, die ich blitzschnell in meiner Tasche verschwinden ließ, damit mich niemand sah. Diese und ein paar andere, noch versautere Exemplare wollte ich Salma mitbringen. Auch eine *Têtu* befand sich in der Auslage, doch ich hielt mich zurück. Mir war aufgefallen, dass der heiße Hengst mit der athletischen Brustmuskulatur und den Rehaugen auf dem Cover Salmas Ehemann ein wenig ähnlich sah und konnte mir ein Lachen nicht verkneifen. Die Arme konnte sich wahrscheinlich gar nicht vorstellen, dass es Magazine gab, in denen Männer mit gestählten Körpern und riesenhaften Geschlechtsteilen in winzigen Slips posierten, die ihr bestes Stück kaum zu halten vermochten, und das alles, um andere Männer heiß zu machen.

Ohnehin wäre sie fast in Ohnmacht gefallen, als sie Fotos von Paaren in Aktion sah.

Sie bekam ihre Gefühle in den Griff, als wir uns fertig machten, um auszugehen. Ich zog die Abaja über die Gallabiyya, die Joumana mir geschenkt hatte, eine lange durchscheinende Robe mit reicher Verzierung, die saudische Frauen häufig während des Ramadan trugen. Nur Salma verdeckte ihr Gesicht mit dem *Khimar*.

Die zweite Woche des heiligen Monats brach an. Wie jedes Jahr zu dieser Zeit wurde Dschidda am Abend von unzähligen Lampions, Kerzen, Halbmonden und strahlenden Sternen erleuchtet. Die Psalmodien und der Ruf des Muezzins ertönen im gleichen Moment wie das Getöse der großen Limousinen und Jeeps. Der liebste Freizeitspaß ihrer männlichen Fahrer ist das unablässige Hupen. Es werden Festzelte aufgestellt, um die Armen zu speisen – hauptsächlich Pakistanis und Inder – oder fastende Pilger auf der Durchreise. Sobald das *Tarawih* gesprochen wurde, öffnen die Geschäfte und Menschenmengen drängen sich auf den Straßen. Vergnügungsparks und Einkaufszentren platzen aus allen Nähten.

In zwei separaten Autos fuhren wir in Richtung Steilküste, Farahs Sohn und Joumanas Chauffeur waren unsere Fahrer. Auch Joumanas Zwillinge durften zu diesem besonderen Anlass einmal mitkommen, sie würden sich mit ihrer Nanny im Atallah Happyland Vergnügungspark amüsieren.

Das Viertel war bekannt für seine Luxushotels und seine riesigen Einkaufspassagen, die in Sachen Prunk mit Alt-Dschidda und der Thalia-Street konkurrierten. Entlang der gesamten Promenade reihen sich Restaurants und Spielhallen aneinander, ein bisschen wie in Dubai, nur dass strengere moralische Regeln herrschen und die Mutawwas unaufhörlich Frauen ermahnen, ihre Schleier zurechtzurücken.

In der Herra Mall angekommen, nahmen wir sofort Kurs auf das Geschäft, in dem Soha zur Stammkundschaft gehörte. Anhand von Fotos von Modeln, die die Dessous über ihren Kleidern und Hosen trugen, wählten die Kundinnen ihre Favoriten aus. Selbst von Kopf bis Fuß verhüllt, planten sie, ihren Ehemann in winzigen Fummeln zu verführen, sobald sie zu Hause mit ihm allein waren. Vielleicht war auch das eine Art Rache. Eins ist jedenfalls sicher: Mit Damenunterwäsche wird ebenso viel Geld gemacht wie mit Abajas, und das mit dem zusätzlichen Kick, dass die meisten Dessousläden von Männern geführt werden.

In unserem Fall gehörte das Geschäft Fadi. Reiche saudische Frauen kauften seine Waren, die aus Paris und London kamen, oder aus Rom, der Hauptstadt der heißen Schlüpfer! Farah bat Fadi, uns die neuen Modelle zu zeigen. Möglichst ohne uns in die Augen zu sehen, öffnete er Kartons und packte die Waren aus. Er hatte einen libanesischen Akzent und eine sehr feminine Gestik. Und er überhäufte uns jedes Mal mit Begrüßungsfloskeln, mit *Hadher sitti*, sofort, Madame, und *Ahlin*, Willkommen, wenn er einen String glattstrich oder einen BH entfaltete.

Es war ein merkwürdiger Anblick, diese verschleierten Frauen, die Unterwäsche betasteten, die ihre intimsten Körperteile verdecken sollte, und das vor einem Mann. Als ob sie sich auf diese Weise vor ihm entblößten. Es gelang mir nicht, die einfache Funktion der Ware von dem zu trennen, was sie symbolisierte und welche Bilder sie hervorrief. Meinen Freundinnen schien das nichts auszumachen. Nur Joumana bemerkte mein Erstaunen und flüsterte mir zu:

»Es ist etwas unlogisch, dass diese Geschäfte von Männern geführt werden.«

Der Verkäufer schien sie gehört zu haben, ließ sich jedoch nichts anmerken.

»Wir nehmen diesen hier«, sagte Farah und zeigte auf einen mit Strass besetzten String. »Die Strapse nehmen wir auch mit, und das rote Negligé …«

Aus dem Augenwinkel beobachtete sie Salma, die später stolze Besitzerin dieser Klamotten werden würde. Diese ließ alles mit sich geschehen und hatte sogar ihre Größe verraten. Danach suchte sich jede der Frauen ein oder zwei Stücke für den eigenen Gebrauch aus.

Joumana wandte sich an mich:

»Und du, Leïla, willst du nichts?«

»Nein danke«, sagte ich. »Ich bin bestens ausgestattet.«

»Man merkt, dass du Single bist, Schätzchen. Hier ist etwas für deine Aussteuer, ein Geschenk, nimm!«, sagte Farah.

»Single zu sein, hält einen wohl nicht davon ab, sich Reizwäsche zu kaufen«, bemerkte Iqbal, als ich ihr nach unserer Rückkehr zu Joumana das Geschenk zeigte.

Alle machten große Augen. Eine junge Frau, die sich selbst respektierte, sprach nicht so. Sie schwang ihre Zöpfe auf den Rücken und verließ leichtfüßig das Zimmer.

Sobald wir uns mit türkischem Kaffee, der nach Kardamom duftete, gefüllten Datteln und *Muhallabia*, einer Art Reiscreme, hingesetzt hatten, kam ich noch einmal auf die ungewöhnliche Situation in den Dessousläden zu sprechen, die von Männern geführt wurden.

Salma war ganz meiner Meinung:

»Ich persönlich finde das auch unangenehm. Es wäre in der Tat sehr viel einfacher, wenn Frauen für den Verkauf der Ware zuständig wären.«

»Das ist doch völliger Quatsch!«, zischte Soha. »Das ist eine der wenigen Möglichkeiten, mal mit einem Mann zu sprechen. Geht es dir nicht auf den Senkel, tagein, tagaus nur von Frauen umzingelt zu sein? Der Kerl soll ruhig unsere Schlüpfer tätscheln und bestaunen, das macht sie nur noch wertvoller.«

»Genau, ein vom Blick eines Mannes durchtränkter Slip ist noch heißer«, fügte Farah hinzu.

Wir packten die Sachen aus und jede von uns bekam sofort Lust, sie irgendwo in einer versteckten Ecke anzuprobieren. Joumana protestierte und ordnete an, sie gemeinsam im Salon anzuziehen. Schließlich waren wir Frauen, wir teilten uns die Orte, das Schicksal und manchmal sogar denselben Ehemann. Warum sollten wir uns also nicht nackt sehen? Wir schlossen die Türen, um nicht von den Bediensteten überrascht zu werden, und zogen uns aus.

Es brauchte einiges an Überredungskunst, um Salma dazu zu bringen, mit uns vor dem Spiegel auf und ab zu laufen. Doch sie hatte keine Wahl. Farah schnauzte sie auf ihre altbekannte Art an:

»Wie ein störrischer Esel ist sie! Wenn du es nicht einmal fertigbringst, dich vor ein paar Frauen nackt zu zeigen, die Gott genau so geschaffen hat wie dich, wie willst du es dann vor deinem Ehemann tun? Jetzt zieh endlich deinen Rock aus und schmeiß dich in Schale!«

Ein paar Minuten später staksten wir alle in String und BH daher. Farah fummelte noch an ihren Strapsen herum:

»Diese dummen Westler hätten sich auch etwas Leichteres ausdenken können, um die Dinger zu befestigen!«

»Die können auch nichts für deine Unwissenheit, schließlich dürftest du so etwas in deinem Land eigentlich gar nicht tragen«, sagte Joumana.

»Und trotzdem müssen wir sie tragen«, sagte Soha.

»Das ist auch besser so«, bestätigte Farah. »Selbst bei fünfzig Grad Außentemperatur. Da stehen die Männer drauf. Ich frage mich, wie unsere Männer reagieren würden, wenn wir aufgrund der Hitze einen Dessousstreik veranstalten würden.«

»Dann würden sie eben nach Marokko gehen«, sagte ich und sorgte für herzhaftes Gelächter.

Wir stellten uns nebeneinander vor dem großen Spiegel auf, um uns selbst zu betrachten und zu beurteilen.

»Farah, du hast eine leichte Reiterhose, da solltest du dran arbeiten«, sagte ich.

»Willst du, dass ich aussehe wie so ein anorektisches Model? Ich weiß aus eigener Erfahrung, dass die Männer gut gepolsterte Frauen mögen. Du solltest übrigens darüber nachdenken, dir die Brüste machen zu lassen, straff sieht anders aus.«

»Sobald ich es mir leisten kann«, sagte ich einsichtig.

»Keine Sorge, wir geben dir einen Zuschuss«, offerierte Soha.

»Da bin ich dabei!«, rief Salma.

»Du, Dickerchen«, unterbrach sie Farah, »du solltest auf dein Gewicht aufpassen und … Was ist das?«

»Was denn?«, fragte Salma erschrocken.

»Sehe ich da etwa Haare unter deinem Schlüpfer sprießen? Nein! Das darf doch nicht wahr sein! Sag bloß, du rasierst dich da unten nicht!«

»…«

»Na jetzt wird mir einiges klar.«

»Was?«

In diesem Moment wollte Iqbal in den Salon kommen. Farah verjagte sie: Als Jungfrau durfte sie die verheirateten Frauen nicht nackt sehen, dies würde sie nur dazu verleiten sich auszumalen, was Männer und Frauen hinter verschlossenen Türen alles miteinander taten.

Als das junge Mädchen fort war, legte Farah Musik auf und begann zu tanzen.

Wir folgten ihr. Mit kreisenden Schultern und wirbelnden Haaren sahen wir wahrscheinlich aus wie Tänzerinnen im Crazy Horse. Uns fehlten nur noch die Federn auf dem Kopf.

Farah ging sogar so weit, sich ihres BHs zu entledigen und einen Striptease vorzuführen, wie sie ihn in Genf gesehen hatte. Sie strich lasziv um eine Marmorsäule. Joumana platzte fast der Schädel. Das war das erste Mal, dass ich meine Freundin rot werden sah.

Die praktische Prüfung

Nun mussten wir Salma nur noch erklären, wie sie den sexuellen Hunger ihres Mannes anregen konnte. Wir machten es ihr eine nach der anderen vor, wobei wir aus unserem eigenen Erfahrungsschatz schöpften oder darauf zurückgriffen, was wir im Fernsehen gesehen hatten. Ich dachte an das Wissen der Frauen in meiner Familie, vor allem an das von Nora, die in Sachen Sex ein wandelndes Lexikon war.

Joumana nahm ein Blatt Papier und notierte die Liste unserer Ratschläge, damit Salma auch ja nichts vergaß.

»Schick die Kinder über Nacht zu den Großeltern. Männer lassen sich nur wirklich gehen, wenn sie sich in der Rolle des ungebundenen Liebhabers sehen und nicht als Vater oder Ehemann.«

»Nimm ein langes heißes Bad, mit Schaum und Seife. Lass dich von einer Dienerin massieren. Danach lungerst du im Bademantel und mit einer Tasse Tee herum.«

»Nimm eine Creme mit anregendem Duft, nach dem Peeling natürlich. Die von Chanel ist himmlisch. Sie macht samtige, seidenweiche Haut, die die Männer süchtig macht.«

»Und vergiss nicht, dir kurz mit einem wohlriechenden Tuch über die Muschi zu streichen, mit Rosenwasser, das ist das Beste. Marokkanisches Geheimrezept.«

»Vergiss die Achseln nicht, es gibt Männer, die sich wegen schlechtem Geruch an dieser Stelle scheiden lassen.«

»Deck den Tisch makellos, hol das Porzellan raus, Kerzen und Kristallgläser, wie in einem Fünf-Sterne-Hotel!«

»Wenn Mahmoud kommt, ist alles fertig und du hast kein Kleid an, sondern einen Hauch von Kleid, man kann auch am Esstisch verführerisch sein.«

»Ein wenig Wein (Gott vergib uns!) kann auch nicht schaden.«

»Unsere Schränke sind voll davon«, gab Salma zu. »Mein Ehemann trinkt andauernd Wein. Er füllt ihn in Cola-Flaschen um und bewahrt diese dann in einem Schrank mit Vorhängeschloss auf.«

»Wenn Mahmoud Champagner vorschlägt, sagst du nicht nein.«

»Nicht zu viel reden, spiel ein bisschen mit ihm, ohne dass er es merkt. Sei sinnlich und geheimnisvoll. Und wenn du dich entschuldigst, um dich zurückzuziehen, streifst du ihn ganz sacht im Gehen. Mehr nicht. Dann wartest du, bis der Wolf dir nachläuft.«

»Tu so, als ob du halb eingeschlafen wärst, splitternackt!«

»Jetzt liegt es an dir, Salma. Jetzt liegt es an dir.«

Nur dass Salma eine Woche später mit Tränen in den Augen zu uns kam. Sie erzählte, ihr Mann habe sie im Negligé entdeckt, sie abschätzig gemustert und schließlich angepflaumt:

»Was soll dieser Aufzug? Und warum lächelst du so dämlich?«

Als er den mit Kerzenleuchtern und Champagner gedeckten Tisch sah, war er richtiggehend aggressiv geworden.

»Ich dachte, ich bin hier zu Hause und nicht in einem Puff!«

»Ich hätte auf der Stelle losheulen können«, erzählte sie. »Ich tat so, als hätte ich ihn nicht gehört, als hätte er einen Witz gemacht und würde gleich dazukommen. Doch dann sah ich, wie er die Kerzen ausblies, den Champagner ins Spülbecken leerte und ins Schlafzimmer ging. Als ich zu ihm kam, drehte er mir den Rücken zu und fing an zu schnarchen.«

»Anscheinend ist dein Mann immun gegen ein solches Vorgehen«, sagte Soha. »Da müssen wir uns wohl etwas anderes ausdenken.«

»Pornofilme«, schlug Farah vor. »Die bekommt man unter der Ladentheke.«

»Wenn ihr mich fragt, wird auch das Mahmoud nicht aus der Reserve locken. Wenn er sich schon bei ein paar Kerzen und Champagner in einen Puff versetzt fühlt, was wird er dann tun, wenn Salma ihm mit einem Porno kommt? Er wird denken, er sei im Swingerclub gelandet.«

»Und jetzt?«, schluchzte Salma.

»Wir müssen überprüfen, ob es nicht ein anatomisches Problem ist. Vielleicht ist er ja impotent. Da hilft Viagra.«

»Was ist das?«, fragte sie unschuldig.

»Das ist eine Wunderpille, die die Männer nehmen, um eine Latte zu bekommen. Jeder weiß, dass unsere alten Männer sie nehmen, um dem Alter ein Schnippchen zu schlagen.«

»Und wie soll ich an dieses Viagra rankommen?«

»Wir besorgen es in Kairo, da kostet es fast nichts«, rief Soha zu unserer Überraschung.

Wir alle machten große Augen. Ich half ihr aus der Bredouille.

»Auf gar keinen Fall! Das Viagra aus Kairo ist gefälscht.«

Natürlich nahmen sie nun bei mir Witterung auf.

»Und woher weißt du bitteschön, dass Viagra aus Kairo nicht echt ist?«

Ich beichtete ihnen, einmal welches für eine Nichte besorgt zu haben, deren Ehemann an Erektionsproblemen litt. Er war ihr allerdings damals nicht dankbar gewesen, sondern hatte damit gedroht, der *Al-Adl wal-Ihsan*-Partei beizutreten, obwohl sie sich keiner Schuld bewusst war.

»Also?«, fragte Salma erneut.

»Ich werde mich um einen Termin bei einem befreundeten Arzt in Paris bemühen und dir dort welches besorgen«, schlug ich vor.

»Hier«, sagte sie und hielt mir ein Bündel Geldscheine hin.

Ich nahm es an, da ich den Preis der kleinen blauen Pillen kannte, die sich die arabische Welt in aller Diskretion besorgt.

»Willst du nicht auch gleich ein paar Kondome dazu?«, lachte Farah.

»Was?!«

Ich glaube nicht, dass Salma jemals ein Kondom gesehen hat. Wie viele saudische Frauen findet auch sie, dass sich ihr Ehemann nichts überstülpen muss. Das Kondom sei ein Irrtum, und da außerehelicher Geschlechtsverkehr im Königreich ohnehin verboten sei, würde sich das Problem auch gar nicht stellen. Basta.

Salma hatte mich schließlich zur Verlobungsfeier ihrer Cousine Hind eingeladen. Es war das erste Mal, dass meine Freundinnen sich dazu entschlossen, mich zu »präsentieren«. Wir gingen mit Soha und Farah, Joumana hatte abgesagt.

Die Festlichkeiten ähnelten der *Melka* bei uns, alles war genau wie in Marokko: *Youyous* und Henna, eine Braut, deren Goldschmuck ihrem Körpergewicht entsprach, unbeweglich wie eine Statue und ebenso still – nur dass diese Feier ohne einen Hauch von Mann auskam. Ich wurde Zeugin des schier endlosen Prunks, mit dem sich das Königreich selbst überhäufte, diesem Überfluss an Schmuck, eleganten Designerroben und aufwendigen, mit echten Diamanten gespickten Frisuren. Wenn all diese wundervollen Outfits nicht dazu gedacht waren, den Männern zu gefallen, wozu denn dann? Um die anderen Frauen zu beeindrucken? Es lag durchaus etwas Verruchtes in ihrem Hüftschwung, in ihren trägen Gesten und ihrem einladenden Lächeln. Diese Blicke zwischen Menschen desselben Geschlechts schienen mir kein Ausdruck von Rivalität zu sein. Sie sollten auch nicht dazu dienen, den eigenen Reichtum zur Schau zu stellen. Vielmehr waren es sehnsüchtige Blicke, aus denen die lustvolle Erinnerung an die Männer aufblitzte, bevor sie ein Wimpernschlag wieder verscheuchte. Ja, man könnte sagen, dass dieser Blick den der Männer ersetzte oder sogar zu ihm wurde.

Während Salma geistesabwesend dasaß, den Kopf auf eine Hand gestützt, kam Soha in merkwürdigem Watschelgang zu uns. Offensichtlich fiel es ihr auch schwer zu tanzen. Eine Stunde später kehrten wir in Joumanas Palast zurück. Als wir ihr die Feierlichkeiten bis ins kleinste Detail beschrieben, fragte Farah Soha schließlich, ob etwas bei ihr nicht in Ordnung sei.

Diese gestand:

»Ich habe mir das Hinterteil machen lassen.«

»Man kann sich einen neuen Hintern machen lassen?«, fragte Joumana erstaunt.

»Klar! Sie tun dir auf jeder Seite ein Kissen rein und du verlässt die Klinik mit den Kurven einer Afrikanerin.«

Salma reagierte nicht und ihr Schweigen, ihre offensichtliche Niedergeschlagenheit, gab uns plötzlich zu denken. Wir hatten es versäumt, uns nach ihrer »Angelegenheit« zu erkundigen. Nun hörten wir aufmerksam zu.

Als erstes seufzte sie mit vor Scham gesenkten Augen. Mahmoud hatte ihr die Packung Viagra vor die Füße geworfen. In den fünfzehn Jahren ihrer Ehe hatte er sich noch nie so rüpelhaft benommen. Nun schluchzte sie:

»Er hat gesagt: ›Glaubst du, ich bin impotent oder was? Und wer hat dir überhaupt diese Tabletten des Teufels besorgt? Mit dir muss man wirklich geduldig sein. Ich sollte dich zu deinen Eltern zurückschicken!‹«

Joumana versuchte sie zu beruhigen.

»Wenn unsere Männer mit uns schlafen, vergessen sie dabei die sanften Worte und das Vorspiel. Und wenn sie uns mal etwas Nettes sagen, vergessen sie danach, es uns zu besorgen. So ist das eben.«

»Viele Frauen interessiert weder das eine noch das andere«, sagte ich. »Sie sind einfach nur froh, einen Ehemann zu haben und sind glücklich, wenn sie nicht noch zwei oder drei Nebenfrauen an der Backe haben. Also beschweren sie sich nicht.«

»Das sollten sie aber!«, rief Soha empört.

»Eben«, zischte Salma. »Vielleicht findet Mahmoud eine andere Frau anziehend. Bei seinem Geld und seinem Namen würde ihm jede Familie in Dschidda ihre Tochter versprechen.«

Sie schluchzte noch heftiger, all die unterdrückte Verzweiflung brach nun aus ihr heraus.

Die Marokkanerin in mir erwachte.

»Vielleicht haben sie deinen Mahmoud verhext.«

»Aber wer und warum?«, fragte sie unter Tränen.

»Neidische Frauen, Rivalinnen, Schwiegermütter …«

»Vielleicht«, seufzte Salma. »Ich habe tatsächlich Angst, dass jemand etwas gegen mich im Schilde führt. Zum Beispiel eine zweite Ehefrau für Mahmoud. Eher würde ich mich umbringen als das zu ertragen.«

»Erzähl keinen Unsinn«, sagte Soha, der jede Erwähnung einer Zweitfrau missfiel. »Du bist jung und schön, an so etwas wird er nicht denken.«

»Mich würde es nicht wundern«, sagte Joumana unbarmherzig. »Das ist doch gang und gäbe bei uns!«

Farah machte sich über sie lustig.

»Sieh an, die Pedantin! Du hast schon bei den Machthabern um das Recht Auto zu fahren und das Recht bei Wahlen zu kandidieren gebeten. Dann kannst du dich jetzt ja an einen Antrag zur Abschaffung der Polygamie machen! Das versammelte Königreich wird dich als Verrückte öffentlich hinrichten lassen! Okay, es gibt vielleicht keine Autos im Koran, da kannst du gerne auf deinem Recht auf eine Spritztour beharren. Aber die Mehrfachhochzeit ist ohne Wenn und Aber in der heiligen Schrift festgehalten, also pass auf, was du sagst.«

»Wir müssen eine Lösung finden«, warf Soha ein und sah mich an. »Leïla, könntest du nicht …«

Ich hatte es nicht anders gewollt. Und ich war wie geschaffen für eine solche Aufgabe. In den Augen dieser Frauen brummte Marokko regelrecht vor *Fqihs* und *Naggafas* und ihren todsicheren Rezepten.

Ich versuchte dennoch, meinen Kopf aus dieser Schlinge zu ziehen.

»Ist ein solches Vorgehen nicht *haram?*«

»Genau, der Koran warnt vor den Machenschaften der Magie«, sagte Joumana, die die heilige Schrift sehr genau kennen musste, um ihren Freundinnen widersprechen und ihre feministischen Diskurse weiterführen zu können.

»Ich habe gehört, dass ihr in Marokko die besten Hellseher und Heiler habt«, erklärte Soha. »Du könntest dich für Salma bei ihnen erkundigen.«

»Ich würde alles dafür geben, meine Liebe. Erkundige dich und ich werde gehorchen«, sagte Salma und entledigte sich ihres Perlencolliers, um es in meinen Schoß zu legen.

Ich versprach, mit meiner Cousine Nora darüber zu reden. Sie kennt sich mit Wunderheilern, die mürrische Ehemänner und rebellische Liebhaber zähmen und weise Hausfrauen in dumme Gänse verwandeln, besser aus als ich. Nora würde die Herausforderung annehmen. Das Ansehen unseres Königreiches hing davon ab. Und Salmas Zukunft auch.

Amulette und Aphrodisiaka

Einfach war es nicht. Ich musste mich an die Megären unseres Viertels wenden – Nora wies mir den Weg – denen ich eine Kufiya und ein Foto von Mahmoud gab, die Salma mir mitgegeben hatte. Die einzige Voraussetzung, um jemanden mit einem Zauber zu belegen oder ihn davon zu befreien, um sein Schicksal zu weissagen oder ihm den richtigen Trank zusammenzubrauen, war ein Gegenstand, der ihm gehörte.

Meine Cousine Nora hatte vorgeschlagen, der von ihr auserwählten Zaubertruppe, die aus zwei uralten ehemaligen Putzfrauen bestand, ein Visum für Arabien und die Hälfte der Pilgerfahrtskosten anzubieten. Sie suchten in allen Winkeln unserer Vorstadt, dann in nahe gelegenen anderen Vorstädten, bevor ihre Suche sie an die südöstliche Landesgrenze, nicht weit von Mauretanien, führte. Sie hatten eine bekannte *Sahhara* aufgetrieben, eine gewisse Zineb, von der behauptet wurde, sie sei mit einem Wesen aus dem Jenseits verheiratet, der Quelle ihrer Heilmittel und Formeln, die jedem Übel gewachsen waren. Angeblich hatte sie schon die Größen des Landes unter ihrem bescheidenen Dach empfangen, selbst der Name Jacques Chirac fiel.

Nora, die sich um die finanzielle Entschädigung des reisenden Trios kümmerte, drückte einem Kollegen von Royal Air Maroc ein Paket für mich in die Hand, in dem sich zwei Amulette befanden, von denen eines mit weißem Pulver gefüllt war. Er hatte es tief in seinem Rollkoffer vergraben und gehofft, dass der Zoll es nicht mit Drogen verwechseln würde. Außerdem befanden sich in dem Paket ein kleiner Beutel mit Körnern und eine handgeschriebene Bedienungsanleitung: »Täglich als Getränk zu reichen. Hierzu die schwarzen Körner bei Sonnenaufgang auf einem Kohleofen kochen. Restliches Pulver aus dem Amulett hinzufügen und das leere Amulett unter das Kopfkissen des Ehemannes legen.«

Der Erlös der Perlenkette reichte bei weitem für die Bezahlung. Nora gab mir sogar noch ein Bündel Geldscheine zurück, als ich einen Monat später zu Hause in Casa war. Doch sie verlangte, dass nur ihr allein die Reise nach Arabien bezahlt würde, sie würde vor Scham im Boden versinken, wenn sie dort mit zwei analphabetischen Schleuh-Berberinnen im Schlepptau ankommen würde ... Sie wollte gerne meine Freundinnen kennenlernen und ein paar Dinge kaufen. Die ehrbaren Möglichkeiten, sich über das Grab des Propheten zu beugen und die Kaaba zu umrunden, erwähnte sie nicht. Die weltlichen Angelegenheiten gingen vor.

Vor dem Abschied drückte ich meiner Mutter das Bündel Scheine in die Hand – Ali wird sie dir in einer Wechselstube in Dirhams umtauschen –, ich verteilte Kopftücher an meine Nichten und Cousinen, die bei diesen Anlässen in einer solchen Vielzahl kamen, wie sie Haare auf dem Kopf hatten, und die so anhänglich waren wie Schmusekätzchen, auch wenn sie hinter meinem Rücken die Stirn runzelten und Andeutungen über die Art, wie ich mein Geld verdiente, machten. Ich gab ihnen Räucherstäbchen mit arabischem Moschus für meine alten Tanten und ließ für Großmutter einige Fläschchen Zamzam zurück, das ihr Gesundheit und Segen bringen sollte.

Als ich an diesem Tag meiner ältesten Schwester das goldene Armband gab, um das sie mich gebeten hatte, fiel mir ihre traurige Miene auf. Später sprach ich unsere Mutter darauf an.

»Deine Schwester ist mit ihrem Latein am Ende.«

»Warum?«

Sie zögerte.

»Aber Maman, ich bin erwachsen, du kannst mir alles erzählen!« Ich war sicher, dass sie mich ins Vertrauen ziehen würde, nicht wegen meines Alter – als Single spielt dein Alter keine Rolle, du hast keinen Zugang zu Sexgesprächen –, sondern aufgrund des Geldes, das ich nun für die Familie nach Hause brachte. Dies brachte mir einen neuen Platz in der Hierarchie ein, den ich weder durch meinen Beziehungsstatus noch durch mein Geburtsdatum hätte erreichen können.

»Jetzt kommen schon die Nachbarinnen an, um darüber zu reden. Sie sagen mir: ›Öffne die Augen, diese arme Sana! Sobald sie das Haus verlässt, treibt ihr Mann es mit einer anderen.‹«

Durch meinen frisch erworbenen Doktortitel in Sachen Frauenangelegenheiten fühlte ich mich dazu berufen, einen Beitrag zur Lösung dieses Problems beizusteuern.

»Sie müsste ihre Taktik ändern, ihm drohen …«

»Das hat sie doch schon längst. Sie hat ihn offen damit konfrontiert, und weißt du, wie er reagiert hat? Geschlagen hat er sie. Also hat sie ihn geohrfeigt. Du siehst also, dass deine Schwester gerade die Hölle durchmacht. Selbst ihre beiden Kleinen bekommen Schläge ab, wenn sie ihrer Maman helfen wollen.«

Ich küsste meine Mutter zum Abschied, als Sana völlig außer Atem zurückkam. Sie hielt mir ein goldenes Namensarmband hin.

»Das habe ich in der Tasche meines Mannes gefunden. Ich möchte, dass du es verkaufst, und auch das Armband, das du mir eben geschenkt hast. Ich brauche Geld, um die Schulausbildung meiner Kinder zu finanzieren.«

Zurück bei meinen Freundinnen in Dschidda hatte noch nichts den Liebes-Turbo von Mahmoud angeschmissen, und während wir darauf warteten, dass die magische Wirkung einsetzte, mussten wir eine schnellere Notlösung finden, zumal Salmas Ehemann nun getrennte Schlafzimmer wollte. Für seine Ehefrau bedeutete dies die schlimmste Erniedrigung überhaupt. Nicht nur würde diese Maßnahme ihr Sexleben ein für alle Mal beenden; wenn die Familie etwas bemerkte, würden sie daraus folgern, dass Salma bereits »fertig« war. Eine alte Fregatte, die auf den Tod wartete.

»Mahmoud sieht von Tag zu Tag niedergeschlagener aus. Er kommt mit hängendem Kopf nach Hause und schläft sofort ein, wenn er die Kleinen geküsst und mir einen Kuss auf die Stirn gegeben hat, obwohl er doch in der Blüte des Lebens steht.«

Ich schlug Salma ein Aphrodisiakum vor. Und eines Tages kam ich aus Marokko mit einem Koffer voller Cremes, Pillen, Körnern und allen möglichen Libido-Lieferanten wieder, die selbst Joumana ihrem Ehemann unterjubeln wollte.

Vor den Augen meiner Freundinnen präsentierte ich sämtliches Wissen meines Landes in Sachen Sex, als handle es sich um ein Gesundheitszeugnis oder die guten Referenzen eines Kandidaten beim Bewerbungsgespräch.

Wir saßen um das Köfferchen herum, aus dem ich nun nach und nach jedes Mittelchen holte und sie über die Bestandteile und die Anwendung informierte. Mit ihnen ließ sich jedes noch so müde Gemächt wecken, das hatte mir Nora geschworen. Ich zeigte ihnen *Lamsakhen* (basierend auf der Rinde von Muskatnüssen), *Ashanouje* (Schwarzkümmel) in Form von Honig, Ingwer, vorzugsweise mit einem Igel zu kochen, *Sellou*, eine mit Mandeln und Sesam gefüllte Torte, und nicht zu vergessen sind Kümmel und Pfeffer, die man großzügig auf die Mahlzeit streuen sollte.

Ich beobachtete die Neugier der Frauen, ihren Wunsch, ihrer Freundin und auch ihren eigenen Zweierbeziehungen auf die Sprünge zu helfen. Doch wenn ihnen auch daran lag, den Appetit ihrer Ehemänner zu schüren, so dachte keine von ihnen an den eigenen Hunger. Mal abgesehen von Farah. Und so fragte ich mich an jenem Tag, ob meine Freundinnen jenseits von ihren Fantasien ihre eigenen Wünsche kannten, ihre eigene Lust.

Jungfernhäutchen und Anstandswauwaus

Während es bei mir karrieretechnisch wunderbar lief und eine Beförderung auch mehr Lohn mit sich brachte, brauten sich dunkle Wolken am Horizont meiner arabischen Freundinnen zusammen. Nach Salmas ungewollter Flaute im Bett und Sohas bewusster Sex-Verweigerung, mit der sie künftige Liebeserklärungen erzwingen wollte, kam es nun noch dicker.

Farah verärgerte uns zunehmend mit ihrem Jean aus dem Netz, als das Drama schließlich seinen Lauf nahm. Sie musste ihre Pläne für ein Treffen auf Korsika unverzüglich aufgeben, da Iqbal ihr die schlimmste Überraschung ihres Lebens bescherte – die uns selbstverständlich alle betraf.

»Eine wahre Katastrophe«, murmelte Farah an jenem Tag, als sie, geführt von dem Dienstmädchen Aya, Joumanas Haus betrat.

Zum ersten Mal las ich in Farahs Gesicht eine tiefe Beunruhigung, entgleiste Mimik und einen fiebrigen Blick.

»Iqbal«, sagte sie, nachdem das Dienstmädchen sich entfernt hatte.

Ich dachte an das junge Mädchen, sie hatte in den letzten Monaten äußerst fröhlich gewirkt, wie ein Vögelchen hatte sie gezwitschert, sich in jedem der großen Spiegel im Salon ausgiebig bewundert, sie hatte schmatzende Küsse an uns verteilt, bevor ihre Lippen wieder an ihrem Handy klebten. So sah Liebe aus.

Salma, Soha und ich verloren kein Wort darüber, als wäre Iqbals Geheimnis einzig und allein ihrer Tante Joumana und ihrer angeheirateten Cousine Farah vorbehalten. Die starke Solidarität der Saudierinnen untereinander schien sich einzig in ihrer Schwäche gegenüber den Männern zu spiegeln.

»Was ist denn los?«

»Hat es jemand herausbekommen?«

»Sie hat das Unwiderrufliche begangen.«

Um jeden Preis mussten wir den Skandal vertuschen und so schnell wie möglich reagieren. Wir mussten diskret und effizient handeln. Eben wie Frauen! Am wichtigsten war es, Iqbal das Schlimmste zu ersparen.

Ich ließ mich an den folgenden zwei Tagen bei der Arbeit vertreten, um bei meinen Freundinnen sein zu können. Farah ließ Iqbal bei der ägyptischen Ärztin Katy vorstellig werden, die versprochen hatte, das Geheimnis für sich zu behalten. »Selbstverständlich«, hatte diese Dame geschworen, nicht umsonst habe sie Nawal Sadaoui gelesen, die berühmteste Feministin ihres Landes.

Wenn es nach ihr ginge, hatte Katy geknurrt, sollte man diese Membran von vornherein bei der Geburt eines jeden Mädchens zerstören. Das würde reichen, um der arabischen Welt viele Miseren zu ersparen, vermutlich sogar, um Kriege zu verhindern! Pf!

Sie sagte dies, während ihre Hände zwischen Iqbals Schenkeln laborierten und aus Iqbals Augen ein wahrer Fluss an Tränen strömte.

Die militante Ader der Medizinerin versiegte, als es um die Bezahlung ging. Sie verlangte viertausend Rial, um eine falsche Einweisung auszustellen. Schließlich musste sie sich eine wirklich schwerwiegende Krankheit ausdenken, die es nötig machte, die »Patientin« im Ausland zu behandeln. »Kein Nachbarland besitzt ein Mittel gegen dieses Übel. Einzig in Europa gibt es das nötige Wissen und die Technik, um ihm beizukommen«, schrieb sie auf das Rezept für die männlichen Vormunde des jungen Mädchens.

Sie verschwieg ihnen natürlich, dass Europa die erste Adresse war, um ein Jungfernhäutchen straffrei wieder zusammenzunähen. Man hätte sie und ihre Patientin für diesen Komplott gegen Allah und die Regeln des Staates ins Gefängnis geworfen.

»Nur dass Allah nie ein Wort über das Jungfernhäutchen verloren hat«, rief Joumana, als Farah uns von der Sprechstunde erzählte.

Die ewig moralisierende Salma tadelte sogleich:

»Es handelt sich trotzdem um einen Verstoß gegen unsere Traditionen.«

»Die gleichen Traditionen sorgen dafür, dass dein Mann dich nicht mehr anrührt, ohne dass du etwas dagegen tun kannst!«

Joumana merkte sofort, dass sie ihre Freundin verletzt hatte und schloss sie in die Arme.

»Tut mir leid, Liebes, das wollte ich nicht. Aber diese Macho-Gesetze treiben uns doch in den Wahnsinn.«

Ich riet ihnen, das junge Mädchen nach Paris zu schicken und setzte alle Hebel in Bewegung, um ihr einen Termin bei einem früheren Klassenkameraden zu besorgen, der sich nun mit einer Privatklinik im 16. Arrondissement der französischen Hauptstadt als Chirurg niedergelassen hatte.

Farah betrachtete es als ihre Pflicht, das Mädchen zu begleiten. Schließlich war sie für den Lauf der Dinge verantwortlich. Dabei stellte sich nur ein Problem: der männliche Begleiter. Iqbal durfte nur mit einem männlichen Verwandten reisen, und die drei Brüder der Kleinen studierten in Großbritannien oder in Beirut. Blieb nur ihr Vater übrig, ein Diplomat im Ruhestand, der die Stadt gut kannte und viel für Pariser Nächte übrig hatte. Als Junggeselle war er gerne nach Lutetia gekommen, nach Saint-Germain. Dieses junge Viertel zog er den pompösen Champs-Élysées vor, auf denen es vor Arabern nur so wimmelte.

Der Vater war so in Sorge um seine einzige Tochter, die nun an einem »unbekannten Übel« litt, dass er sofort am nächsten Tag von Riad aufbrach. Er schloss das stille blasse Mädchen in die Arme und entschied, noch in der nächsten Woche nach Frankreich zu reisen.

Dieses Gesetz, das Frauen das Reisen nur in männlicher Begleitung erlaubte, machte mich besonders wütend. Als wären Frauen niedere Wesen oder nicht ganz richtig im Kopf. Bis jetzt hatte ich mich immer zurückgehalten, ich hatte meinen Ärger heruntergeschluckt, denn ich wusste, dass, wenn es hart auf hart kommt, die Saudierinnen nichts auf ihr Land und ihre Bräuche kommen lassen. So sehr sie imstande sind, sich selbst über ihr Land zu beklagen, so sehr missfällt es ihnen, Kritik von anderen zu hören, ganz besonders, wenn es um die heilige Schrift geht.

Von daher hätte ich an jenem Tag nicht den Fehler begehen sollen, zu sagen:

»Die internationalen Organisationen sind gegen diese Praxis.«

Was hab ich euch gesagt? Die Saudis glauben ohnehin, dass ebendiese Organisationen ausschließlich den jüdisch-christlichen, arroganten und eifersüchtigen Westen repräsentieren. Meine Freundinnen überschlugen sich förmlich vor lauter Anschuldigungen.

Soha: »Mit welchem Recht mischen die sich in unsere religiösen Bräuche ein?«

Salma: »Meine Würde schöpfe ich nicht aus der Unterwerfung unter das Diktat des Auslands, sondern aus dem Respekt für meinen Souverän und mein Land.«

Farah (in einer Mischung aus Spott und Ernst): »Schließlich schützt es uns vor der Sünde.«

Salma: »Was beweist, dass wir sie von Natur aus anziehen.«

Farah: »Sagen wir lieber, dass wir von Natur aus unsere saudische Identität verteidigen.«

Soha: »Gewisse Praktiken sind eben die Pfeiler unserer Kultur.«

Joumana: »Ich lehne es ab, mir von außen sagen zu lassen, was ich zu tun oder zu lassen habe. Die Reformen müssen von innen kommen.«

Und Farah (zu meinem großen Erstaunen): »Wir haben es nicht nötig, auf internationale Konventionen zurückzugreifen, weil in unserer Religion bereits alles festgelegt ist. Der Islam hat unsere Rechte im Koran festgehalten, woanders brauchen wir sie nicht zu suchen.«

An dieser Stelle vielleicht ein Tusch?

Erst zwei Wochen später kam ich wieder in den Genuss von Joumanas feministischen Anwandlungen und ihrer Entschlossenheit, für die Forderungen der westlichen Frauenrechtlerinnen einzustehen. Und lernte eine neue Lektion in Sachen Saudis und Widersprüche.

Da Farah und Iqbal bereits nach Paris abgereist waren, sah ich Joumana entweder allein oder mit Salma und Soha. Zwischen ihnen schien mir der Kontrast besonders eklatant. Joumana auf der einen Seite, mit ihren avantgardistischen Ideen und dem Traum, ihr Land zu verändern, und all das, obwohl sie mit einem fortschrittlichen Ehemann und einer gleichgesinnten Schwiegermutter gesegnet war. Und Salma auf der anderen Seite, von Tabus und Frust gezeichnet, die nicht einmal im Traum an einen Aufstand dachte, obwohl sie in einem lieblosen, unbefriedigenden Alltag gefangen war. Kein Wunder, dass es zwischen den beiden Frauen viele Unstimmigkeiten gab.

Joumana: »Was sind wir denn schon in den Augen anderer Nationen? Frauen ohne Körper und ohne Kopf. Objekte. Selbst Tiere können sich freier bewegen als wir.«

Salma: »Du weißt ganz genau, dass wir als freie Frauen nur das machen würden, wonach uns gerade der Sinn steht. Guck dir die Frauen im Westen an. Sie haben keinen Respekt vor der Familie, kümmern sich nicht um ihre Kinder und springen mit jedem Dahergelaufenen in die Kiste.«

Joumana: »Da irrst du dich gewaltig, meine Liebe, das sind doch bloß die Vorurteile unserer Männer, die du nachplapperst. Sie lassen dich in dem Glauben, die westlichen Frauen seien fies und vom richtigen Weg abgekommen, obwohl sie genauso verantwortungsbewusst sind wie du und ich, sie kümmern sich um ihre Familie und ihre Kinder und arbeiten genauso hart wie die Männer!«

Salma: »Sehr richtig, sie sind dazu gezwungen, ihr Leben selbst zu meistern, wo für uns der Islam bereits gesorgt hat und uns die Männer zur Seite gestellt hat, damit sie uns versorgen.«

Joumana: »Aber wer sagt denn, dass ich versorgt werden will?«

Salma: »Das sagst du jetzt, Schätzchen, aber es gefällt dir sehr gut, Bedienstete zu haben und Schmuck und Freizeit.«

Joumana: »Nein, ich langweile mich zu Tode. Es gibt so viele Berufe, die ich gern erlernt hätte, ich wäre gerne Ärztin oder Pilotin oder Anwältin, oder weißt du was, ich würde sogar in einem Café kellnern.«

Salma: »Ich denke trotzdem, dass es weise ist, uns im Haus zu behalten. Hier kann uns niemand angreifen oder uns unserer Würde berauben.«

Joumana: »Soll ich dir mal was sagen? Unsere Männer, die machen sich aus Angst vor den Frauen in die Hose, das ist alles. Denn beginnend mit dem Tag, an dem wir gleichgestellt wären, hätten sie niemanden mehr, den sie herumkommandieren könnten. Sie würden die Leere und die Dummheit erkennen, in der sie leben und uns leben lassen. Für sie sind wir nichts als ein Loch, das ist die Wahrheit. Sie verstecken unsere Körper, unser Leben, eigentlich könnten sie uns auch gleich lebendig begraben.«

Salma: »Hör auf mit deiner Gotteslästerung, du weißt genau, dass der Islam dazu da ist, solchen Praktiken ein Ende zu setzen.«

Joumana: »Aber unsere Männer haben sich einiges einfallen lassen, was einer Beerdigung nicht unähnlich ist!«

Ich hörte schweigend zu, denn meine Meinung hätte nur wie eine uneingeschränkte Bestätigung Joumanas Worte geklungen, deren Argumentation ich befürwortete. Doch ich würde nicht noch einmal den Fehler begehen, mich als Oberlehrer aufzuspielen. Wie lautet das muslimische Sprichwort? »Der Gläubige lässt sich nicht zweimal im selben Nest stechen.«

Prostituierte aller Länder …

Leider war in meinem Arbeitsplan kein Aufenthalt in Paris vorgesehen. Sonst hätte ich Farah und Iqbal einen Besuch abstatten können. So konnte ich nur meinen befreundeten Arzt anrufen, um mich nach ihnen zu erkundigen. Offensichtlich war alles gutgegangen. Noch am gleichen Abend flog ich von Dschidda nach Damaskus.

In der syrischen Hauptstadt sah ich die leichtbekleidetsten Mädchen der ganzen Welt, und sie waren … Maghrebinerinnen! Fouad und ich hatten gemeinsam im Flugzeug gearbeitet und logierten nun im Méridien, einem erstklassigen Hotel, in dem die Mächtigen der ganzen Welt abstiegen: Politiker, aufstrebende Finanzmanager, Journalisten ersten Ranges.

Vor dem Diner warfen wir einen Blick in die Bar, die links vom Eingang lag. Es waren nur Männer anwesend und es stank nach Zigarrenqualm. Ich wollte kehrtmachen.

»Komm«, sagte Fouad, »du kannst doch wohl ein Gläschen mit mir trinken.«

»Eigentlich müssten die Syrer mit geschlossenen Augen durch die Welt gehen«, sagte ich, als ich mir meinen Weg durch ein Dutzend Prostituierte bahnte, die auf Kundschaft warteten.

»Solange es keine Syrerinnen sind, ist denen das glaube ich egal.«

»Und wenn es doch Syrerinnen wären?«

»In dieser Region existiert noch der Ehrenkodex, meine Gazelle.«

In diesem Moment wandten sich zwei der Prostituierten, die ganz in unserer Nähe saßen, an Fouad.

»Ah, ihr seid Marokkaner! Ich auch! Ich heiße Sofia.«

»Ich bin Myriam«, sagte ihre Nachbarin kokett. »Ich komme aus Algerien, aber ich gehe auch als Marokkanerin durch.«

Und ohne auf eine Einladung zu warten, gesellten sich die beiden zu uns.

Ich war hin- und hergerissen zwischen dem maghrebinischen Bund zwischen mir und diesen beiden Mädchen und dem Entsetzen, mit zwei wandelnden Skandalen zu sprechen.

Sie waren angezogen wie Zwillinge, mit einem Hauch von Rock, unter dem ihre Schlüpfer hervorblitzten und einem einfachen BH. Ihre mit blonden Strähnen durchzogenen Haare fielen auf ihre nackten Rücken. Sie waren vielleicht zwanzig Jahre alt, höchstens.

Sofia beachtete mich nicht und drehte sich zu Fouad, der noch immer seine Uniform trug.

»Also, *Hbibi*, hast du nicht Lust auf eine heiße Nacht wie daheim?«

»Nein Schätzchen, wenn ich arbeite, amüsiere ich mich nicht.«

»Komm schon, ich mach dir einen guten Preis, weil du aus der Heimat kommst.«

»Hör auf, mich anzumachen und erzähl uns lieber, wie um Himmels willen du hier gelandet bist.«

»Mein Gott, aus demselben Grund, aus dem alle Mädchen hier stehen. Wir verdienen unseren Lebensunterhalt. Wir hatten weniger Glück als du.«

»Und wissen deine Eltern Bescheid?«

»Natürlich nicht, du Idiot! Ich habe ihnen erzählt, dass ich Reisebegleiterin bin.«

»Und wie viele Reisen begleitest du pro Jahr?«

»Drei oder vier.«

»Normalerweise bezahlt man für eine Reise. Du dagegen bringst Geld von der Reise mit nach Hause, richtig?«

»Sieh an, die Kleine ist aufgetaut!«, sagte Myriam und lachte so laut, dass es durch die gesamte Bar hallte, ohne dass sie jemand beachtete.

»Sie ist *zouina*,sehr hübsch deine Kollegin. Wie heißt du?«, fragte Sofia.

»Das interessiert jetzt nicht. Sag uns lieber, warum du nicht zu Hause dein Geld verdienst.«

»Da unten lohnt es sich nicht, mein Hase, hier hingegen fangen die *Machriqi* bei Marokkanerinnen derartig an zu sabbern, dass sie einen ordentlichen Teil ihrer Kohle bei uns lassen. Außerdem ist Syrien das einzige Land, in das wir ohne Visum einreisen können. Voilà!«

»Und lässt man euch hier in Ruhe?«

»Bei dieser Art von Arbeit ist es denen ganz recht, wenn die Arbeitskräfte aus dem Ausland kommen! Die Ärsche der Syrerinnen sind nicht zu bezahlen!«

Plötzlich verdunkelte sich das Gesicht ihrer Nachbarin und sie seufzte:

»Ohne das Geld, das Myriam, Soraya, Firouz und Ghizaine, die da drüben, verdienen, wären unsere Eltern schon längst verhungert …«

Sofort dachte ich an das Leben, das Joumana und ihre Freundinnen führten.

»Dabei sind wir noch gut dran, schließlich sind wir am Leben …«

Sofia unterbrach sich mitten im Satz. Ein großer Typ

mit Schnurrbart hatte die Bar betreten. Sie näherte sich ihm und umschlang seine Taille.

Auch Myriam erhob sich.

»Und du, warum tust du so als wärst du Marokkanerin?«, fragte Fouad.

»Jeder weiß doch, dass Nutten marokkanisch sind. Das ist wie ein Naturgesetz oder so.«

»Diese Flittchen!«, fluchte mein Kollege. »Ruinieren einfach unseren guten Ruf!«

Zwei Wochen später war ich wieder bei meinen Freundinnen in Dschidda, bei Farah diesmal, und erfuhr die Details ihres Aufenthalts in Paris.

Sie hatte zwei Suiten reserviert. Am ersten Morgen wurde Iqbals Vater von einer Frau in engen Jeans, knappem Hemdchen und wippendem Haar überrascht, die seine Tochter begleitete – Farah hatte sich in eine Pariserin verwandelt.

Die Augen des Vaters glühten vor Verlangen, doch er wandte sie sogleich ab.

»Ihm war förmlich anzusehen, wie er hin- und hergerissen zwischen der Angst um seine Tochter und der Anziehungskraft seiner unverhüllten Cousine war. Ich selbst hatte jedenfalls überhaupt keine Lust auf ihn. Schließlich fahre ich nicht ins Ausland, um dort mit einem Cousin zu schlafen, das wäre ja noch schöner! Nein danke …«

Farah erzählte, dass die OP nicht lange gedauert hatte. Mein Landsmann selbst hatte die junge Iqbal wieder zusammengenäht. Zurück im Hotel konnte Farah die frohe Botschaft verkünden: Die ägyptische Ärztin hatte eine Fehldiagnose gestellt. Iqbal gab sich besonders charmant und wirkte sofort kerngesund. Ihr Vater dankte Gott und schwor sich, etwas an eine französisch-islamische Organisation zu spenden, für eine Moschee beispielsweise, doch er vergaß sein Versprechen nach zwei feucht-fröhlichen Abendessen.

Ihnen blieb noch eine freie Woche in Paris, in der sich Farah nach allen Regeln der Kunst amüsieren wollte. Sie ließ Iqbal Zeit, um sich von dem Schock zu erholen, besuchte die libanesischen Restaurants auf den Champs-Élysées, schwärmte vom koscheren Essen des »Dieppe«, machte es sich mit einer Zigarette im Mund in den Boutiquen der Avenue Montaigne bequem, ließ sich einen Kaffee an ihren kleinen Bistrotisch servieren, und dann defilierten vor ihr, und nur vor ihr, die Mannequins des Hauses. Schließlich war es nicht leicht, die Haute-Couture-Kleider auszusuchen, die sie mit nach Hause zu nehmen gedachte.

Ich war zum ersten Mal bei Farah. Auch sie lebte an der Steilküste in einer überladenen Behausung wie ein Boudoir, jedoch um einiges kleiner als Joumanas Palast. Der Brauch will, dass man den Reisenden zu seiner Rückkehr beglückwünscht, und so begaben wir uns wie ein Empfangskomitee zu ihr. Das Wiedersehen war herzlich und amüsant. Neben einem Tisch mit Gourmetprodukten von Fauchon und ganzen Blöcken von Gänseleberpastete, die unseren Hunger auf das Abendland befriedigen sollten, bekam jede von uns ein persönliches Geschenk. Joumana bekam einen ganzen Stapel französischer Zeitschriften, Soha und ich ein Parfum. Als wir Salmas Geschenk sahen, brachen wir in überraschte Schreie und Gelächter aus.

Sie öffnete das Paket und fand darin ein männliches Geschlecht in schönster Erektion.

»Ein Dildo!«, rief Joumana. »Aber wie hast du den durch die Kontrolle bekommen? Hattest du nicht Angst, dass sie dich durchsuchen?«

»Schon, aber da hätten sie schon meinen Körper abtasten müssen«, antwortete Farah mit einem breiten Lächeln.

»Soll das heißen …«

»Jawohl Mädchen, er steckte da, wo er hingehört, und ich kann euch sagen: Nicht schlecht!«

Salma wusste nicht recht, was sie mit dem Geschenk anfangen sollte und wie sie darüber denken sollte. Wir ignorierten ihr Schamgefühl und wandten uns wieder Farah zu, die nun von Iqbals Operation erzählte und natürlich auch von ihrem nächtlichen Treffen mit Jean.

»Ich glaub's nicht! Du hast ihn wirklich getroffen?«

»Ich habe ihn angerufen und gesagt, dass ich in Paris bin. Noch am gleichen Abend hat er an meine Tür geklopft. Er hatte einen Blumenstrauß in der einen und eine Flasche Champagner in der anderen Hand.«

»Wie sah er aus?«

»Schön wie der Teufel.«

»Und dann?«

An diesem Punkt entzog sie sich wie üblich.

»Als verheiratete Frau hätte ich all das jedenfalls nicht haben können. Als Single jedoch habe ich alle Vorteile der Welt: Freiheit, Spaß und Diskretion.«

Dann wandte sie sich mir zu, um weiteren Fragen zu entgehen.

»Sag mal, Leïla, Paris ist eine arabische Stadt geworden, oder? Jetzt gehen die Maghrebinerinnen schon auf den Champs-Élysées anschaffen!«

Ich wusste nicht, ob ich über diese Bemerkung wütend werden oder lachen sollte. Sie hatte ja Recht: Die Frauen, die von den Franzosen »Beurettes« getauft worden sind, bieten sich gerade an den Orten an, an denen am meisten geprasst wird, genau wie in Damaskus, ich habe es mit eigenen Augen gesehen. In null Komma nichts schnappen sie sich deinen Begleiter, lassen ihn den Glauben an würdige Nachfahrinnen magischer Harems vergessen, lassen sich die Dollars ins Dekolleté stecken und setzen sich möglichst betagten Arabern auf den Schoß, um sie besser ausnehmen zu können, während ihnen der Wein über den Bauchnabel rinnt.

»Und wenn sie mit ihnen ins Bett gehen, ist es noch aufregender, weil sie ein bisschen Arabisch sprechen, so scheint es.«

»Warum?«, fragte Soha erstaunt.

»Ist doch normal, eine Araberin zu besteigen verdoppelt ihre Lust, weil es doppelt verboten ist.«

Ich berief mich selbstverständlich wieder einmal auf die Berichte meines algerischen Liebhabers.

»Und wenn sie es nun mit einer Ungläubigen trieben?«, fragte Soha.

»Das zählt in ihren Augen nicht. Außerdem, sind die arabischen Prostituierten nicht auch Ungläubige?«

»Und was halten ihre legitimen Ehefrauen davon?«, erkundigte sich Joumana mit ihrem ironischen Lächeln.

»Sie schließen die Augen«, antwortete Farah. »Die Muslime denken, dass die Europäerinnen keine Gefahr darstellen. Von ihnen muss niemand befürchten, dass sie sich einnisten oder gar heiraten wollen. Man kann sich unter diesen Häretikerinnen so einiges vorstellen, aber sicherlich keine treusorgende Hausfrau und Mutter. Das ist übrigens auch der Grund dafür, dass sie, selbst wenn sie einen unserer Männer heiraten, nicht erben dürfen.«

»Das Ausmaß deiner Idiotie überrascht selbst mich manchmal!«, rief Joumana. »Wenn ein Mann seine Frau betrügt, dann betrügt er sie, dafür gibt es keine dummen Ausreden.«

»Du hast Recht«, sagte Farah bereitwillig. »Ein Arsch ist ein Arsch. Egal ob es der eines Arabers oder der einer Frau aus dem Westen ist. Er bleibt das Corpus Delicti.«

»Seht ihr denn nicht die Falle, in die wir tappen sollen?«, sagte Joumana eindringlich. »Unsere Männer wollen uns glauben machen, dass es eine gewisse Art von Untreue gibt, die vor Gottes Augen nicht als Untreue zählt, nur weil die Ausländerinnen, mit denen sie uns betrügen, nicht unserer Religion angehören. Das ist falsch!«

»Ja, aber …«, begann Salma.

»Ich weiß schon, was du mir entgegnen wirst! Für dich sind die Männer uns überlegen«, fiel ihr Soha ins Wort. »Deshalb dürfen sie machen, was sie wollen.«

»Das habe ich mir nicht ausgedacht, das steht im Koran«, verteidigte sich Salma.

»Falsch! Im Koran steht, dass Männer den Frauen ›in dem, was sie haben‹ überlegen sind. Das ist eine ökonomische, nicht aber ontologische Überlegenheit«, dozierte Joumana.

»Was heißt ›nicht ontologisch‹?«, fragte Salma.

»Das es nichts mit dem Sein der Frau, oder ihrer Seele, oder ihrer Intelligenz zu tun hat, sondern mit Geld«, antwortete Joumana.

»Mädchen, wenn ihr so gütig wärt …«, schnurrte Farah. Dieser Satz der sympathischsten Witwe dieses Planeten beendete für gewöhnlich unsere Treffen, ihre amourösen Pläne dienten uns als Schlusspunkt.

Das perfekte Gemächt

Wir vergaßen Iqbals Unglück und Salmas Frust, und so waren unsere gemeinsamen Nachmittage erneut von Lachen und Scherzen erfüllt. Wir blätterten durch die Zeitschriften mit nackten Frauen und ineinander verschlungenen Paaren, die ich auf eigenes Risiko im Koffer ins Land schmuggelte. Wir hörten CDs von Oum Kalsoum und Fayrouz und sahen uns auf Rotana Videoclips von Haïfa Wahbi, Amrou Dhiab, Elissa und Nancy Ajram an.

Die unglaublichsten, manchmal tragischen Schicksalswenden einiger Starlets, die aus dem Maghreb ins Land der Pharaonen gekommen waren, um berühmt zu werden, erzählten uns vom Künstlermilieu Kairos und den gefährlichen Beziehungssträngen, die dort geknüpft wurden. Soha zitterte vor Angst um ihren Mann. Wenn er nun aus Zufall eines dieser Sternchen kennenlernte … Farah machte sich über sie lustig, ein Teppichhändler sei nun wirklich der Letzte, der sich für die Gesangskunst interessiere, geschweige denn, dass er sein gesamtes Vermögen verprassen würde, um so einer Möchtegern-Diva zu gefallen.

Alles fing an mit einer Bemerkung von Soha. Sie hatte sich eine vaginale Entzündung eingefangen und es stand außer Frage, mit solch einer furchtbaren Sache zum Arzt zu gehen.

»Wenn der Urin aus meiner Vagina kommt, tut es schrecklich weh.«

Ich korrigierte:

»Du meinst aus deiner Harnröhre.«

»Was?« Soha guckte erstaunt. »Es gibt nur ein Loch, die Vagina, aus der alle Schweinereien rauskommen.«

»Zum Beispiel die Regel«, bekräftigte Salma.

»Und was macht dann eine Jungfrau? Wenn die Vagina noch geschlossen ist, wo soll dann das Blut rauskommen?«

»Erklär es uns, o du Marokkanerin, die du sicherlich einen Anatomiekurs für Frauen gemacht hast«, stichelte Joumana.

Ich verstand, dass selbst sie, die sich mit ihrem Wissen über den Kampf der Frauen brüstete, keine Ahnung von ihrer eigenen Beschaffenheit hatte.

»Sagen wir einfach, dass es keinerlei Bildung erfordert, den eigenen Körper anzusehen«, erwiderte ich.

»Du untersuchst also deinen eigenen Körper?«, fragte Farah.

»Ja, manchmal. Aber das heißt nicht, dass ich mir selbst stundenlang zwischen die Beine glotze.«

Sie fand selbst die Lösung: »Du legst einfach einen Spiegel drunter und guckst.«

Das wenige, das ich noch aus meiner Schulzeit wusste, reichte meinen Freundinnen nicht aus, und ich stellte fest, dass ich selbst auch nicht so viel schlauer war als sie. Ich wagte zu bemerken, dass sich die Männer zwar für den weiblichen Körper interessierten, ihn jedoch durch seine ständige Verhüllung kaum kannten.

»Aber warum sprechen wir Araber denn andauernd von Sex, wenn niemand Ahnung davon hat?«

»Ganz genau deshalb, denke ich, wir reden so viel darüber, weil wir als Kinder nicht aufgeklärt wurden, das ist das gemeinsame Schicksal aller Muslime weltweit.«

»Außerdem ist es *haram*, in der Öffentlichkeit über Sex zu reden«, sagte Salma. »Wir begehen jedes Mal eine Sünde, wenn wir diesen Pfad einschlagen.«

»Da irrst du dich. Selbst im Fernsehen wird jetzt darüber berichtet.«

»Vielleicht, aber nur ein Imam hat das Recht, dieses Thema anzuschneiden, und wir sind keine Imams«, insistierte Salma in einem neuerlichen Anflug von Puritanismus.

»Genau, weil deine Imams nämlich ausgewiesene Wissenschaftler und Sexologen sind! Du weißt ganz genau, dass sie nur über so etwas reden, um dir armer Frau vorzuschreiben, wie oft du dich da unten waschen und reinigen musst, was du nicht darfst und was passiert, wenn du dich deinem Ehemann verweigerst und so weiter. Nennst du das vielleicht Sexualkunde? Wenn ihr mich fragt, predigen sie einfach nur Abstinenz und verbreiten eine Riesenpanik vor Sex.«

Joumana beendete die Diskussion mit folgenden Worten: »Wisst ihr, was wir nächstes Mal machen? Ich lade einfach meine Cousine Houssa ein, die ist Ärztin im Krankenhaus für Frauen. Sie wird uns unwissenden Gänsen eine gehörige Nachhilfestunde erteilen, wenn wir schon immer über Lust und Verlangen reden, ohne überhaupt zu wissen, welche Wege dorthin führen. Ach ja, die Lust. Vielleicht sollten wir mal damit anfangen, über jenen Körperteil zu reden, der sie uns verschaffen soll. Fangen wir mit der Größe an.«

Wir ließen uns auf das Spiel ein.

Salma (plötzlich ohne religiöse Skrupel): »Er kann klein oder groß sein …«

Soha: »Zwischen zehn und fünfundzwanzig Zentimetern.«

Farah: »Zehn? Das ist als Werkzeug zu klein, der rutscht ja schon raus, wenn du mal niest!«

Ich: »Die Eichel kann rund oder spitz sein, glatt oder rau.«

Farah: »Er hat zwei Eier, manchmal auch drei.«

Soha: »Wie bitte, drei? Ein Auswuchs?«

Joumana: »Viel wichtiger ist doch, ob der Auswuchs für mehr Fruchtbarkeit sorgt.«

Farah (lacht): »Oder ob er dadurch besser an eure Pforte klopft, ungebetene Gäste sind immer die Lustigsten.«

Soha: »Ich persönlich habe ja eher von Männern gehört, die nur eins haben.«

Salma: »Das hindert sie aber nicht daran, Liebe zu machen und Kinder zu haben …«

Ich: »Wenn ein Tier die Arbeit von zweien erledigt, muss es am Ende des Tages ganz schön ausgelaugt sein, nehme ich an.«

Farah: »Und wenn es einmal streikt: Kein Ersatz, Schätzchen.«

Joumana: »Ich glaube nicht, dass sich unsere Lust auf die Größe des Schwanzes beschränkt. Der Mann muss gut aussehen, das ist alles, finde ich.«

»Und jetzt die Brust.«

Soha (zieht eine Schnute): »Jetzt schon? Das war aber ein reichlich kurzer Exkurs zum Thema Piepmatz.«

Joumana: »Wir kommen nochmal drauf zurück. Mir scheint, dass die Männer es nicht sonderlich gerne mögen, wenn wir über ihre Brust reden.«

Salma: »Mahmoud redet ja noch nicht mal über meine! Geschweige denn, dass er sie anrührt.«

Soha: »Und die Ohren, der Rücken, die Beine? Fällt dir was dazu ein, Leïla?«

Ich: »Nein, mein Beruf erlaubt mir nur eine einzige Variante, um die Männer zu untersuchen: soft, schnell und im Stehen.«

»Erwischt!«, rief Soha. »Jetzt ist es raus, sie treibt's in der Kabine.«

Ich entschied mich für ein Ablenkungsmanöver:

»Beschreibt mir einen richtig heißen Kerl.«

Soha: »Der von Salma!«

Joumana: »Groß, helle Augen, mit tollen Haaren.«

Farah: »Dunkel, männlich und mit ordentlich was auf den Rippen.«

Die Beschreibungen der männlichen Attribute, die meine Freundinnen parat hatten, waren spärlich und ungenau. Ich persönlich hätte den Gesichtsausdruck erwähnt, den Geruch der Haut, die Form der Lippen, den geheimnisvollen Blick, während meine Freundinnen nicht über das allgemeine Äußere hinausgingen, über die Größe oder die Augenfarbe. Ich schloss daraus, dass die Trennung von den Männern und das damit einhergehende Verbot, sie auch nur anzusehen, sie dazu zwang, sich nur vage zu äußern und bei den Konturen zu bleiben, als würde ein Kurzsichtiger eine Landschaft beschreiben. Meine Frage hätte in jeder europäischen Zeitschrift eine wahrhaftige Flut von Antworten hervorgebracht! Mit Ausnahme von Farah wären die Araberinnen wohl überrascht davon, welch ausgefeilte Kriterien sich dort finden ließen, beispielsweise die Faszination, die von hässlichen Männern ausgehen kann, von Männern mit einem gewissen Makel oder schlechten Manieren. Doch genau an diesem Punkt wurde das Gespräch plötzlich konkreter.

Farah: »Und wie mögt ihr es im Bett?«

Joumana: »Drängend und geduldig zugleich.«

Soha: »Respektvoll und poetisch in dem Sinne, dass er mir liebevolle Worte sagt.«

Salma: »Mit einem, der noch nie eine andere hatte, ich wäre seine Erste.«

Farah: »Na, da wärt ihr ja ein schönes Pärchen, zwei Jungfrauen aus dem Bilderbuch!«

Ich: »Mit einem, der auch aufs Vorspiel steht. Nicht so ein Kerl, der sich auf mich wirft wie auf ein Stück rohes Fleisch.«

Soha: »Also wenn du auf so einen Jackpot stößt, musst du ihn mir unbedingt ausleihen!«

Ich: »Und jetzt: worauf steht ihr, Knopf oder Manschette?«

Salma: »Was meinst du damit?«

Ich: »Soll er dir die Muschi küssen oder nicht?«

Joumana: »Da würde ich nicht nein sagen. Wer ist schon so dumm, eine solche Hommage an seine Knospe abzulehnen?«

Ich: »Und eure Lieblingspositionen?«

Farah: »Hauptsache nicht die Missionarsstellung.«

Ich: »Die 69, wie die Franzosen sagen?«

Soha: »Das habe ich mal im Fernsehen gesehen, aber Akrobatik liegt mir nicht. Wir haben nicht so viele Turnhallen hier im Königreich.«

Ich: »Und in der Badewanne?«

Farah: »Badewasser trägt meiner Meinung nach nicht unbedingt zur Steigerung der Lust bei. Ich hätte eher im Meer gesagt, aber das ist leider unmöglich.«

Joumana: »Und auf einem Tisch?«

Soha: »Da würde man sich doch fühlen wie eine Sekretärin und sofort denken, dass dein Mann dich auf der Arbeit betrügt.«

Ich: »Und von hinten?«
Farah: »In der Hündchenstellung?«
Soha: »Was denn sonst?«
Salma: »Nun, es gibt auch noch die Hintertür …«
Farah: »Du meinst Analverkehr?«

»Das war in der Zeit, als mein Mann noch mit mir geschlafen hat«, verriet Salma zur großen allgemeinen Verblüffung.

Worte, Wolken und Wunder

In der folgenden Woche hielt ich mich vorübergehend in Beirut auf, und spätestens dort wurde ich über das weibliche Geschlecht aufgeklärt. Ich nutzte eine Nacht der Zwischenlandung, um einen gewissen Tony wiederzusehen, der mir seine Adresse auf einem Flug von Riad nach Damaskus zugesteckt hatte.

Lassen Sie mich zuerst sagen, dass man einen Abend in Beirut erlebt haben muss, um etwas über das leichte Leben zu wissen. Ganz besonders, wenn er von einem der großen Hotels organisiert wird und es einzig und allein darum geht, die Atmosphäre von *Tausendundeine Nacht* zu erwecken. Dort laufen nur die Reichsten der Reichen auf, Millionenerben, Nichten und Neffen von Hariri, Stars und Sternchen aus dem Fernsehen. Und jedes Mal ist es eine wahre Modenschau mit Roben der namhaftesten Designer und atemberaubenden Schmuckstücken.

Einziger Wermutstropfen: Die libanesische Traumfabrik hat ein Faible für Serien, nicht für Unikate. Die Frauen sehen alle gleich aus: Brust-OP, Nasen-OP, Fettabsaugung. Wer eine von ihnen gesehen hat, braucht sich nicht die Mühe machen, eine weitere zu suchen.

Mir wurde klar, dass das »Land der Zedern« das Land der Äußerlichkeiten schlechthin ist. Es ist absolut notwendig, Zeichen des eigenen Reichtums zur Schau zu tragen, sonst ist man nichts als ein frisierter Hund, wie die Franzosen sagen. Ich kenne eine Marokkanerin, die an der amerikanischen Universität arbeitete und deren Chauffeur sich weigerte, sie zu fahren, weil er befürchtete, sein Dienstwagen würde niemanden beeindrucken. Und ich erinnere mich an die unangenehme Geschichte einer algerischen Diplomatin, der man ihre schlichte Kleidung zum Vorwurf machte, da offenbar von ihr erwartet wurde, in String und Strapsen Politik zu machen, sonst wäre sie nicht willkommen. Hier haben selbst Friseurinnen einen Chauffeur und die Möchtegern-Starlets tun es den Ministergattinnen gleich und lassen sich eine Visagistin nach Hause kommen, um im eigenen Badezimmer geschminkt und frisiert zu werden.

Kurz gesagt handelt es sich um eine Gesellschaft, in der jeder auf Gedeih und Verderb den Reichen markiert, während das Land immer an der Schwelle zum Krieg steht und von den Devisen zehrt, die seine Emigranten in die Heimat zurückschicken.

Dort lernte ich also Marcelle kennen, eine Christin, die mich zu einer Abendveranstaltung einlud, zu der auch ein Star erscheinen sollte, dessen Namen sie mir vorenthielt: eine Überraschung. Ich sah die Gäste auflaufen, unter denen auch einige TV-Sternchen waren, denen auf jeder Party die Türen offen stehen und denen es Spaß macht, die elegantesten Abende und Wohltätigkeitsgalas aufzumischen, und die Betten danach natürlich auch! Plötzlich fand ich mich an einem Tisch mit Haïfa Wahbi wieder – Überraschung! –, allerdings sah sie fürchterlich operiert aus, wie eine Plastikpuppe. Sofort dachte ich an Soha und ihre neidische Bewunderung für die libanesische Sängerin, so dass ich Rache für meine Freundin nahm und diese Königin der Arschbacken kaum eines Blickes würdigte.

An diesem Abend in Beirut flirtete ich in einem Hotelzimmer mit Blick auf die Küste ausgiebig mit Tony. Die Nacht senkte sich langsam über die umliegenden Berge und darüber tanzte der Mond unter Wolkenschleiern. Ich ließ mich von dem sanften und zuvorkommenden Libanesen liebkosen, ganz wie es sich meine arabischen Freundinnen erträumten. Als ich vor ihm alle Hüllen fallen ließ, leuchtete sein Gesicht auf, als stünde vor seinen Augen das achte Weltwunder:

»Mein Gott, du bist rasiert. Wie schön du bist! Ich würde sofort zum Islam konvertieren, wenn dann alle Frauen ein *Ouss* wie du hätten!«

Und so erfuhr ich, dass sich die christlichen Libanesinnen nicht unbedingt die Scham rasieren und kam in den Genuss der Dankbarkeit eines Nachfahren der Phönizier. Am nächsten Morgen ließ mir mein Liebhaber vor dem Abschied ein Kästchen zukommen, in das er einen wunderschönen rubinbesetzten Ring gesteckt hatte.

Ouss bei den Libanesen und den Ägyptern, *Zabour* bei den Tunesiern, *Taboun* bei den Marokkanern: Die Worte für das weibliche Geschlecht variieren von einem arabischen Land zum anderen und wir machten uns einen Spaß daraus, sie um die Wette aufzuzählen, wir kringelten uns vor Lachen, und wenn die Männer uns belauscht hätten, so hätten sie uns ganz sicher für verrückt erklärt.

Das literarische Arabisch bietet einige Dutzend Substantive für das Geschlecht, meine Freundinnen wussten sogar, dass der tunesische Dichter Nefzaoui einmal von einem »duftenden Garten« gesprochen hatte, ohne dass sie jemals etwas von ihm gelesen hatten. Ich ließ verlauten, und hierbei stützte ich mich auf mein an der Universität von Casa erlangtes Wissen, dass es sechsundsechzig

Ausdrücke für die Liebe gab. Wir zählten um die zehn auf: *hubb*, *hawa*, *ichq* … bevor uns Farah in der ihr eigenen Art unterbrach:

»Wir reden hier nicht von platonischer Liebe, nicht schummeln, Mädels!«

»Hört mal, wie sagt man eigentlich Orgasmus auf Arabisch?«, fragte Joumana.

»Die Franzosen sprechen auch vom ›kleinen Tod‹, wenn ich mich recht erinnere«, fügte ich hinzu.

»Ich kenne nur einen Tod, den großen, und der wird mich ins Grab bringen, ohne dass ich den kleinen kennengelernt habe.«

Salma beherrschte die Kunst, ihre tiefe Verzweiflung in schöne Worte zu verpacken.

Und so kam es, dass ich nach Viagra, magischen Amuletten und einer Reihe Aphrodisiaka von meiner nächsten Reise das arabische Wort für Orgasmus ins Land schmuggeln sollte.

Inzwischen mussten wir einsehen, dass die Liebespraktiken zwar überall identisch, die Worte dafür jedoch nicht in allen Sprachen gleichermaßen zur Verfügung standen. Orgasmus, kleiner Tod, siebter Himmel, all das, was in anderen Ländern zuhauf benannt wurde, fand man in unseren Wörterbüchern nicht. Umso mehr war es unser Wille, dem Arabischen ein Wort für unseren Genuss zu entlocken. Ich wettete, dass es mir gelingen würde.

Eine Umfrage unter meinen zweisprachigen Freunden führte zu nichts, so dass ich mich an meine maghrebinischen Kollegen wandte, bevor ich auch Nora mit ins Boot holte und ihr auftrug, sich unter den Cracks ihrer Uni umzuhören. Natürlich lockte ich, wie immer, mit reichlicher Belohnung. Wenn ich ihr weiterhin so eifrig Lohn für ihre Mühen versprach, würde ich ihr bald das gesamte saudische Königreich schulden!

Wir waren noch immer in unser Gespräch über das Liebesvokabular vertieft, als sich Joumanas Schwiegermutter zu uns gesellte. Es überraschte mich nicht, dass sie bereits von unserem Thema Wind bekommen hatte.

»Es gab eine Zeit, da waren die Araber die größten Poeten in Sachen Sex. Heute sind sie diesbezüglich so verklemmt, dass die ganze Welt an ihrer Manneskraft zweifelt! Und wisst ihr was?«, fügte sie hinzu. »Früher sprachen sie sogar in Predigten über Sex. Eine Frau konnte sich beschweren, wenn auf ihre Lust keine Rücksicht genommen wurde. Und wenn ein Ehemann sie zu ungewollten Praktiken zwang, dann ging sie vor den Kadi und warf ihm ihre Pantoffeln verkehrt herum vor die Füße, um wortlos zu zeigen, dass man ihr gegen ihren Willen Analverkehr aufgezwungen hatte.«

Ein solches Wort aus dem Mund der alten Dame ließ uns die Luft anhalten. Sie lächelte, bevor sie mit den Worten schloss:

»Der Tag, an dem es euch gelingt, die Männer wie Sexobjekte zu betrachten, wird der Tag sein, an dem ihr endlich an euch selbst denkt.«

Dann erhob sie sich und ging zum Gebet.

Joumanas Ehemann war in den Palast beordert worden. Unsere Freundin erzählte es uns, sobald das Dienstmädchen uns den Rücken zugewendet hatte.

»Das muss unter uns bleiben.«

»Vor deinem Personal kannst du eh nichts geheim halten, die wissen alles, Schätzchen.«

»Geborene Spione!«, bekräftigte Soha, die vor ihrem Dienstmädchen aus Eritrea auf der Hut war, seit sie es verdächtigte, ihrem Mann schöne Augen zu machen.

»Sei nicht ungerecht gegenüber deinem Personal«, erwiderte Farah. »Du hast dir so viel Mühe gegeben, die hässlichsten Bewerberinnen der ganzen Welt für deinen Haushalt zu finden, von ihnen hast du keine Zwietracht zu befürchten.«

Mir schwante eine neuerliche Endlosdiskussion über die Haushaltshilfen und so fragte ich Joumana schnell:

»Und warum muss er da hin?«

Anscheinend hätte ich den Grund kennen müssen, denn nun sahen mich alle schräg an. Doch noch kannte ich nicht alle Gepflogenheiten des Königreiches, so dass Soha sich dazu herabließ, mir zu erklären:

»Letzte Woche hatte Joumana sich den Frauen angeschlossen, die für die Fahrerlaubnis für Frauen demonstrierten. Und Abdallah bekommt jetzt die Quittung dafür.«

Plötzlich erinnerte ich mich, dass wir uns erst kürzlich über die Dummheit der Männer unterhalten hatten. Joumana, die uns für einen Moment verlassen hatte, war auf einmal mit ihrem Laptop unter dem Arm aufgetaucht und hatte uns beschimpft:

»Hört auf mit eurem idiotischen Geplapper, merkt ihr denn nicht, dass sich überall sonst die Frauen emanzipieren? Helft mir lieber, das hier Korrektur zu lesen.«

Wir hatten ihr nicht allzu viel Beachtung geschenkt, auch sie selbst hatte nicht insistiert und so hatten wir das Gespräch weitergeführt. Sie hatte an den Slogans für die Demo gefeilt.

Noch am gleichen Tag erklärte Salma, die Gefallen an dem Dessousgeschäft gefunden hatte, sie wolle einen Brief an die Machthaber verfassen, in dem sie darum bat, dass die männlichen Verkäufer durch Verkäuferinnen ersetzt würden.

Was für eine Ironie! Während Joumana dafür auf die Straße ging, dass die Männerangelegenheiten endlich auch den Frauen zugänglich wären, engagierte sich Salma dafür, dass einmal mehr die Männer aus der Welt der Frauen entfernt werden sollten. So wählte jede ihren eigenen Kampf!

Wie so häufig erregte auch Farah unsere Aufmerksamkeit. Sie erzählte von ihrem gestrigen Abend, den sie an einem dieser Privatstrände verbracht hatte, dessen Mauern bis ins Wasser reichten, damit die Frauen ungesehen baden konnten. Als sie sich zum Sonnenbaden hingelegt hatte, waren ihre sämtlichen Cousinen und Nichten über sie hergezogen und hatten sie wie eine Verrückte behandelt.

»Dunkle Haut hat noch nie einer Frau geholfen zu gefallen. Wie können Sie die Ihre so leichtsinnig verschandeln, die so wunderbar weiß wie die Milch einer

Kamelstute ist?«, hatte ihr eine Frau zugeflüstert, die Farah ein oder zwei Mal in Begleitung ihrer Nichten gesehen hatte.

Farah hatte sich also mit der Unbekannten auf eine lange Diskussion über die Vorliebe der saudischen Männer für weiße Haut eingelassen. Selbstverständlich ging es bald um Schönheit, Lust und natürlich Sex. Farah, die von sich glaubte, bereits alles zu diesem Thema zu wissen, war dennoch erstaunt, als die junge Frau ihr gestand, dass sie mit Vorliebe verheiratete Männer verführte.

Zu diesem Zweck war es ihr bereits gelungen, in so ziemlich alle Haushalte in Dschidda vorzustoßen. Ihr Ziel, ihr größter Genuss war es, so viele Paare wie möglich in diesem Königreich durch eine Scheidung zu entzweien. Einfach so. Um zu provozieren. Die Frauen, aber auch die Männer. Und auch, um sich gegen ihr eigenes Schicksal zur Wehr zu setzen, das sie zur Waise gemacht hatte. Man muss dazu sagen, erklärte Farah, dass sie verteufelt schön war: Große schwarze Mandelaugen, in denen eine satanische Wut zu funkeln schien, ein Schmollmund und natürlich schöne Lippen – nicht aufgespritzt, damit kenne ich mich aus! – mit perfekten Konturen. Im Bikini kam ihr gazellenhafter Körper zur Geltung, ihre majestätischen Hüften und der Hügel zwischen ihren Schenkeln, der auf ein appetitliches, großzügiges Geschlecht hindeutete. Kurz gesagt: eine Huri wie aus dem Paradies. Deren erklärte Aufgabe es war, alle ehelichen Verbindungen zu zerstören, so wie manche Raubvögel die Nester anderer Vögel plündern.

»Und was bringt es ihr, so etwas zu tun?«, fragte Soha missbilligend.

»Die Genugtuung, zu verführen und mit Geschenken überhäuft zu werden.«

»Und treibt sie es dann auch wirklich mit ihnen?«, hakte ich nach.

»Das hat sie nicht gesagt. Aber ich werde sie fragen, sobald ich sie wiedersehe.«

Ich betrachtete unsere fröhliche Witwe und dachte, dass sie die grüne Lunge der Fantasie meiner Freundinnen war, die so sehr damit beschäftigt waren, für ihre Rechte zu kämpfen oder ihren Ehemann zurück zu gewinnen. Für sie war bereits ein Ausflug in die Mall ein Abenteuer, während andere noch nicht einmal etwas dabei fanden, in Sexshops einkaufen zu gehen. Farah gab nichts auf einen guten Ruf und nichts konnte ihre Entschlossenheit schmälern, die Abkehr von der Norm als normal und die Grenzüberschreitung als notwendigen Bestandteil der Tugend zu betrachten. Ein gefährlicher, aber unausweichlicher Schritt: Durch die ständige Isolation der Frauen forderten die Männer genau dieses Verhalten heraus. Wie sagt Joumana so schön? Das Leben eines Opfers lohnt sich schon allein deshalb, weil es seinem Henker Arbeit macht. Die Männer müssen einfach nur aufhören, uns in Richtung Abgrund zu schubsen.

Nach zweimonatiger Abwesenheit, in der ich unaufhörlich arbeitete, kehrte ich zu Joumana zurück. Als Soha mich umarmte, rief sie:

»Du hast die größte Neuigkeit des Jahres verpasst.«

»Deine Haushaltshilfe treibt's mit deinem Mann.« Mir war klar, dass mein Scherz ihren Humor nicht traf, doch Soha störte sich nicht daran.

»Farah hat uns eingeladen.«

»Zu einem Abendessen?«

»Genau, mit viel Fleisch!«

Und meine drei Freundinnen brachen in schallendes

Gelächter aus. Joumana erklärte, dass Farah sich nicht mehr damit zufriedengab, von ihren Flirtkünsten zu erzählen. Sie hatte ihre Freundinnen zu einer Liveshow eingeladen.

Zunächst wollten die anderen nichts davon hören und lehnten ab. Salma hatte enorme Skrupel, vor allem zweifelte sie daran, dass sich ein sicherer Ort finden ließ. Soha fürchtete ganz einfach, dass sie beim Anblick eines fremden Stechers den eigenen Ehemann noch unzureichender finden würde, der ohnehin schon keine sanften Worte über die Lippen bekam und Zärtlichkeit vermissen ließ. Joumana hatte moralische Einwände und erwähnte die Privatsphäre. Doch die Verlockung war am Ende zu groß und so hatten die drei Ehefrauen eingewilligt. Farah erklärte, dass ihr Sohn den Tag am Strand verbringen würde und ihr Liebhaber als Frau verkleidet zu ihr kommen würde. »Ich bekoche ihn, er besteigt mich, und ihr guckt zu.«

Am späten Nachmittag des großen Tages, als das Thermometer fast 50°C anzeigte, hatten sie sich an dem verabredeten Ort eingefunden, einem Maschrabiya-Balkon, von dem aus es möglich war, zu sehen, ohne gesehen zu werden. Sie entledigten sich ihrer Abajas und zitterten vor Aufregung am ganzen Körper.

Eine ganze Stunde lang beobachteten sie die Szene, wurden abwechselnd rot und kreidebleich, rieben sich die Augen, kniffen sich in die Schenkel, wurden feucht, und das alles, ohne ein verräterisches Wort zu verlieren.

»Das war besser als Kino, glaub es mir!«, sagte Soha.

»Und das Beste, Leïla: Farahs Liebhaber kommt aus Marokko, genau wie du!«

Sofort dachte ich: Fouad. Doch mein Kollege und ich flogen seit einigen Wochen fast durchgängig zusammen und Marokkaner gab es in Arabien wie Sand am Meer.

»Nicht Fouad«, sagte Soha in diesem Moment.

Das sagte allerdings bereits genug über die geheimen Wünsche meiner Freundinnen. Ich fragte:

»War mein Landsmann wenigstens gut im Bett?«

»Gut, sehr gut sogar!«, antworteten sie im Chor.

Umso besser, dachte ich. Da die Performance unserer Männer mir ebenso wichtig für den Ruf meines Landes erschien wie unsere Fähigkeit, Hotels zu bauen oder zum historischen Gedankengut beizutragen, war der Nationalstolz wohl hiermit gesichert.

Darüberhinaus schien mir Farahs Liebhaber nicht zu der Sorte Mann zu gehören, die ich aus meiner Zeit an der Uni kannte, in der mein einziger Liebhaber aus dem eigenen Land unglücklicherweise ein ebenso kümmerliches Gemächt hatte wie sein IQ erbärmlich war. Kein Wunder, dass ich mich woanders umschauen musste …

Nachdem meine Freundinnen also erfahren hatten, wie sich die Marokkaner in Sachen Frauen anstellen, war es nun an der Zeit herauszufinden, wie sich die Marokkanerinnen in Sachen Sex schlugen. Ich verwies sie auf das Buch *Au-délà de la pudeur* von Soumaya Gouessous. Viele Männer hatten es schnell gekauft, als sie hörten, dass es von Sex handelte. Doch sie wurden schnell enttäuscht. Die Armen!

Statt pikanter Geschichten hatten sie soziologische Studien über die Praktiken und Tabus ertragen müssen, die unsere Ehen so einengend machten.

Mit der gleichen Vorstellung im Kopf wie die marokkanischen Leser fragte Farah, die ohnehin nur die Hälfte meiner Ausführungen mitbekommen hatte:

»Und spricht sie auch von der Spitze der Lust, diese Soumaya?«

»Genau, wir hatten mit Orgien und Partnertausch gerechnet«, rief Soha nun ihrerseits. »Das ist doch üblich bei euch, oder? Eine meiner Dienerinnen, nein, nicht die aus Eritrea, sie kommt gebürtig aus Marrakesch, jedenfalls hat sie mir erzählt, dass sie einmal für eine sehr reiche Familie gearbeitet hat. Jede Woche bekam sie mit, wie ein Dutzend hochangesehener Paare zu Besuch kam. Nur dass anschließend aus den Zimmern ein solches Stöhnen tönte, dass man meinen konnte, man sei im Bordell gelandet. Tatsächlich tauschen die Männer beim Abendessen die Autoschlüssel untereinander, und jeder fährt dann mit der dazugehörigen Frau nach Hause, um es mit ihr zu treiben. Ist das wahr?«

»Keine Ahnung. Ich gehöre nicht zur Oberschicht, ich habe keinen Mann, kein Auto, und Partnertausch bleibt für mich ein rein theoretisches Szenario.«

»Und Drogen?«, fragte Joumana. »Es heißt auch, Marokko sei das Land des Haschisch.«

Im Stillen dachte ich, dass ihre Vorurteile über mein Land in keinster Weise weniger geworden waren.

»Ich habe schon mal an einem Joint gezogen um den Geschmack kennenzulernen, aber auch da stehe ich einfach nicht drauf. Wobei, eine kleine Wasserpfeife vor der Liebe, ausgestreckt wie eine Odaliske auf einem Sofa, mit dem Mann zu meine Füßen bevor er höher gleitet, da sage ich nicht nein!«

Kaum hatte ich geantwortet, bereute ich es bereits. Anstatt ihre hartnäckigen Klischees über mein Land auszuräumen, verstärkte ich sie noch, um meinen Gastgeberinnen nicht zu missfallen.

Als ich Fouad die Geschichte von Farah und ihren heimlichen Zuschauerinnen erzählte, rief er:

»Der Kerl muss verrückt gewesen sein, so etwas zu machen.«

»Warum?«

Er antwortete nicht. Ich provozierte ihn.

»Weißt du, was ich tun werde?«

»Was?«

»Ich werde meinen Freundinnen vorschlagen, dich mitzubringen. Ich leihe dir eine meiner Abajas und du begleitest mich. So wirst du weder gesehen noch erkannt.«

»Du willst mich wirklich ins Verderben stürzen!«

»Ich garantiere dir, dass du heil und unversehrt zurückkommst.«

»Wenn ich dich richtig verstehe, schlägst du ohne mit der Wimper zu zucken vor, dass ich die Libido deiner nymphomanischen Freundinnen befriedigen soll.«

»Nein, ich verspreche dir, es wird ihnen reichen, dich zu sehen. Du machst dir keine Vorstellung davon, dass es für sie bereits eine Art Orgasmus ist, mit einem Mann zu reden und in seiner Gegenwart zu sein, der nicht ihr Vater oder ihr Ehemann ist. Sag mal, wie sagt man eigentlich Orgasmus auf Arabisch?«

»Es ist unglaublich, dass es tatsächlich Frauen geben soll, die sich damit zufriedengeben, wenn ein Mann auch nur vor ihnen sitzt. Wenn ich daran denke, dass meine Mutter uns andauernd angeschrien hat, dass sie die Männer nicht mehr sehen kann, die ihrer Meinung nach das Landschaftsbild verschandeln und den Horizont verdecken! Hiermit lehne ich deinen Vorschlag ab.«

»Auch wenn du reichlich belohnt wirst?«

»Du beleidigst mich!«

Meine Cousine auf Pilgerfahrt

Ich wartete auf die Zeit der *Omra*, der kleinen Pilgerfahrt, bevor ich meine Cousine anrief, damit sie sich bereitmachte. Ich schickte ihr ein Ticket für sich und eins für ihren Bruder Imad, da das arabische Königreich eine Einreise nur in Begleitung des *Mahram* erlaubte.

»Da wird immer behauptet, Frauen würden doppelt so viel ausgeben wie die Männer. Selbst schuld. Sie müssten uns einfach nur alleine reisen lassen!«, sagte Joumana.

Nora hatte mich angefleht, ihr einen Platz in der ersten Klasse zu reservieren und ihren Bruder ans andere Ende der Maschine zu verfrachten. Ein Anruf bei meinem Kollegen vom Bodenpersonal am Flughafen von Casa genügte, er tat mir den Gefallen. Ich wusste genau, was Nora im Schilde führte.

Meine Cousine hatte beschlossen, am Tag ihres Abflugs den Jackpot zu knacken. Sie würde geschminkt wie eine Braut in der Businessclass thronen, inmitten von streng dreinblickenden Männern mit zitternden Bärten, während ihr Bruder in der Economyclass Trübsal blasen konnte.

Ich hatte denselben Kollegen darum gebeten, das junge Mädchen neben einem besonders »respektablen« Passagier zu platzieren, was nichts anderes heißen sollte als stinkreich, alles Weitere würde Nora selbst besorgen, die richtige Technik dafür hatte ich ihr bereits verraten.

Nora pendelte zwischen ihrem Platz und dem stillen Örtchen, strich sich auf dem Gang ihr figurbetontes Kleid glatt, bewegte sich mit wiegendem Schritt und dank des schlechten Wetters und einiger Luftlöcher landete sie jedes Mal auf dem Schoß ihres Sitznachbarn, bevor sie sich in Entschuldigungen auflöste. Am Ende hatte sie den Saudi in ein Gespräch verwickelt, sie brachte ihn mit marokkanischen Witzen zum Lachen und strich sich tausendfach nonchalant und lasziv durch die Haare. Bei Einbruch der Nacht erloschen die Lichter. Meine Cousine klappte ihren Sitz nach hinten, deckte sich zu und tat so, als würde sie einschlafen. Sie hatte den Kopf in Richtung ihres Sitznachbarn gedreht und ihre Haare fielen ihm bereits auf die Schulter. Der Mann gab ebenfalls vor einzuschlafen.

Als ich sie einige Stunden später am Flughafen abholte, beobachtete ich, wie sie einem Mann verstohlen die Hand schüttelte und ihm auf diese Weise einen Zettel zukommen ließ.

»Dummchen! Hier schüttelt man einem Mann nicht die Hand.«

»Warum nicht? Soll ich vielleicht seinen Zipfel schütteln!«, flüsterte sie mir ins Ohr.

Sie hatte die Leichtigkeit meines Heimatlandes mit im Gepäck.

Wir brachten Imad in sein Hotelzimmer unweit meines Appartements und waren eine halbe Stunde später bereits auf dem Weg zu Joumanas Palast, wo meine Cousine schon ungeduldig erwartet wurde. Während wir fuhren, fragte ich sie in einem Marokkanisch, das der Fahrer nie und nimmer verstehen würde:

»Und, hat ein Fisch angebissen?«

»Ich wusste nicht, dass Flugreisen zur Sünde anstiften«, antwortete Nora lakonisch.

»Was soll das heißen?«

»Ich wollte ihn einfach nur anmachen, aber es ist etwas Unvorhergesehenes passiert. Als die Lichter ausgingen, habe ich die Hand meines Nachbarn unter der Decke gespürt.«

»Und hast du um Hilfe geschrien?«

Sie beugte sich zu mir und flüsterte ganz nah an meinem Ohr:

»Du wirst lachen, aber ich war so aufgeregt, dass ich es einfach geschehen ließ. Meine Hand glitt auch unter seine Decke. Sein Ding war hart wie ein Stock. Wir hielten beide die Augen geschlossen und bewegten unsere Hände, ohne dass es jemand bemerkte. Es war völlig irreal, ich holte diesem mir gänzlich unbekannten Mann einen runter. Plötzlich spürte ich, dass sein Samen auf meine Hand spritzte und öffnete für einen Moment die Augen: Die Decke hatte einen Fleck bekommen. Er zog seine Hand zurück, so dass ich sie energisch wieder zurückholen musste. Moment! Ins Hammam zu gehen ist einfacher, als es zu verlassen, Herzchen. Ich bin gekommen. Es war unglaublich. Gott weiß, dass ich es gewöhnt bin, inkognito zu reisen. Aber etwas so Verbotenes, zwischen Himmel und Erde mit einem Fremden, in einer Maschine, die den Raum zerteilt und scheinbar nie ihr Ziel erreicht – ich habe alle Skrupel über Bord geworfen. So eine Sünde über den Wolken, man könnte meinen, dort gebe es keinen Gott.«

Der Chauffeur, der dieses letzte Wort aufschnappte, murmelte friedlich: »Gott ist groß!«

Man mag es vielleicht nicht glauben, doch kaum da sich Joumanas Schwiegermutter zurückgezogen hatte, spulte meine Cousine haargenau den gleichen Bericht noch einmal ohne jegliche Zurückhaltung vor meinen Freundinnen ab, als wären sie alte Bekannte. Und je begieriger sie ihr zuhörten, desto mehr schmückte Nora aus, desto mehr Details wollten sie hören, bis Nora schließlich die Spermatropfen auf ihrem Handrücken beschrieb. Die Frauen lachten in einer Mischung aus Scham und Begeisterung, die sowohl ihre eigene Frustration als auch ihre ungeheure Neugier verriet.

Sie waren auf eine seltene Perle gestoßen: Meine Cousine übertraf mich um ein Vielfaches, sie sprudelte vor Fantasie und machte vor nichts halt, sie berichtete von ihren Abenteuern, ohne rot zu werden.

Auf die Frage, ob sie eines Tages heiraten wolle, antwortete Nora ohne zu zögern:

»Ja klar! Sobald ich einen reichen Araber vom Golf treffe.«

Plötzlich zeichnete sich auf den Gesichtern meiner Freundinnen ein mir wohlbekanntes, ironisches Lächeln ab, und zum ersten Mal begriff ich, dass eine ausländische Frau noch so sympathisch, beneidenswert und sogar wohlerzogen sein konnte, in ihren Augen blieb sie den Söhnen ihrer eigenen Sippen unwürdig.

Salma formulierte es folgendermaßen:

»Ich habe gehört, dass die maghrebinischen Mütter ihre Mädchen auf der Pilgerfahrt begleiten … aber am Ende ohne sie zurückkehren.«

»Und warum?«, fragte Nora ganz naiv.

»Weil sie sie hier arbeiten lassen …«

»Wenn sie mit ihrer Tochter eingereist sind, wird schon alleine die Polizei dafür sorgen, dass sie sie auch wieder mitnehmen.«

»Oh, weißt du«, sagte Joumana, »jeder Grenzbeamte ist bestechlich.«

Eine unangenehme Stille legte sich über die Gruppe.

Während ich arbeitete, fuhr Nora jeden Tag zu Joumana. Geblendet von so viel Prunk, verlief sie sich im Palast der Saudi, sie nahm den Männereingang, alberte mit den Bediensteten herum, ließ ganz aus Versehen ihr Kopftuch fallen, musterte die Männer, die Vitrinen, die Bäume und die Coladosen mit den gleichen, gierigen Augen. Draußen war sie verrückt nach Shopping und bei meiner Rückkehr musste ich auf der Stelle sämtliche Klamottenläden Dschiddas mit ihr abklappern, und natürlich die noblen Aushängeschilder im Nordwesten der Stadt, Tahlia, Prince Sultan, Kingroad und natürlich Rawda Street, wo sich das gesamte Königreich mit Luxusgütern aus der ganzen Welt eindeckte.

Schließlich machten wir uns mit Joumanas gesamter Familie auf die Reise nach Mekka. So wurde uns das Privileg zuteil, in einem prunkvollen Gebäude ganz in der Nähe der Kaaba zu residieren. Das heißt, wir konnten über unseren Landsmännern und -frauen thronen, die sich nebenan zu zehnt in ein Zimmer quetschten, wenn sie nicht sogar auf der Straße zelteten und sich von der Masse überrennen ließen.

Menschen aller Sprachen, Nationalitäten und Hautfarben drehten ihre Runden im gleichen weißen Gewand, dem *Ihram*, das aus zwei Tüchern bestand, die man um Hüfte und Schultern wickelte, und die alle Pilger als Zeichen des gemeinsamen Glaubens anlegten, egal, ob arm oder reich, krank oder gesund, glücklich oder unglücklich. Diese Demonstration einer Menschheit ohne Ungleichheit, die dem Ritual nach den Kern der Existenz bildet, musste selbst die Gläubigsten unter den Gläubigen bewegen.

Es war sicherlich dieser größtmöglichen Würde und

der unglaublichen Hingebung geschuldet, dass über weit unschönere Dinge hinweggesehen wurde, beispielsweise die von Müll übersäten Straßen und die bitteren Kämpfe um wenige Zentimeter mehr Platz in unendlicher Drängelei. Die Welt hätte noch im gleichen Moment untergehen können, die Pilger hätte es nicht gekümmert, sie waren im Haus Allahs, alles andere zählte nicht mehr. Sie konnten betteln, kriechen, sich überrennen lassen, einzig »Sein Antlitz« war wichtig, sie würden auf der Stelle dort sterben, auf Seinem Boden, das größte aller Geschenke. So viele alte Menschen kommen hierher, um zur übermäßigen Freude ihrer Familie in der Heimat genau hier die letzte Ruhe zu finden! Die Seele nach Arabien zurückkehren lassen, das heißt, den kürzesten Weg ins Paradies zu nehmen.

Jedenfalls betrachtete ich meine Cousine, ihren geistesabwesenden Blick, ihren ernsten Ausdruck und ihre feuchten Augen.

»Ich verbiete dir, hier ins Gras zu beißen«, flüsterte ich ihr zu, während sie die Kaaba umrundete.

Sie antwortete nicht mit ihrem üblichen Lachen, das uns in jedem Fall böse Blicke eingebracht hätte. Ich fuhr fort mit meiner Warnung:

»Ich muss dich in meinem Land wissen, wo ich mich an dich erinnern kann. Ohne Grabstein kann man sich nicht wirklich erinnern.«

Mit feindseligem Gesichtsausdruck entfernte sie sich von mir.

Gott vergib mir, aber ich kam nicht drum herum, das Flirtverhalten der anwesenden Männer und Frauen zu bemerken, das, so meine Freundinnen, auf der Pilgerfahrt gang und gäbe war. Die Frauen, ganz in weiß, mit gesenktem Blick, der sich plötzlich auf einen hübschen Pakistani erhob. Diese Gläubigen, deren Augen sich plötzlich auf eine unbedeckte Haarlocke richteten. Die Hände, die sich berührten und Nachrichten austauschten.

Zu meiner größten Verwunderung zeigte Nora selbst kein bisschen Interesse an diesen Vorgängen und war empört über meine Beobachtungen.

Die Frauen aus dem Maghreb gaben ein Vermögen für Schmuck, Stoffe und *Galabias* aller Arten aus. Dieses Phänomen hat sich laut meiner früheren Kollegen in den letzten Jahren übrigens noch verstärkt: Seit dem zweiten Golfkrieg und dem kometenhaften Aufstieg arabischer Ketten stehen Rom oder Istanbul nicht mehr auf Platz eins der beliebtesten Shopping-Städten der Maghrebinerinnen. Wenn Saudi-Arabien also gerade nicht ihren Glauben bekräftigt, leert es ihre Konten.

Noch einmal suchte ich an diesem Tag in der Menge nach Nora. Ich fand sie aufrecht stehend und wie versteinert in der Al-Haram al-Sharif Moschee.

Zurück bei Joumanas Familie weigerte sie sich, draußen ein paar Besorgungen zu machen.

Flirten mit Kopftuch

Die Entscheidung Frankreichs, das Kopftuch aus dem Schulbetrieb zu verbannen, sorgte für Diskussionen bei Joumana. Selbstverständlich verfolgten wir auf Al-Jazira, wie das Feuer gegen das Votum der Franzosen eröffnet wurde. Die Kommentare schwankten zwischen Entrüstung und Verständnis, wobei erstere überwog:

Soha: »Die Franzosen verstehen uns einfach nicht. Für sie steht das Kopftuch für die Unterwerfung der Frau.«

Farah: »Aber so ist es eben nicht! Sieh mich an, ohne meine Abaja könnte ich nicht das tun, was ich tue und mein Leben leben. Das Kopftuch hilft mir dabei, mich nicht zu unterwerfen.«

Joumana: »Aber wenn du die Wahl hättest, würdest du trotzdem lieber unverhüllt vor die Tür gehen, oder?«

Farah: »Wenn mir etwas anderes meine Anonymität garantieren würde schon.«

Joumana: »Die Freiheit, meine Liebe!«

Soha: »Vergesst nicht, dass das Kopftuch Teil unserer Identität ist.«

Joumana: »Deine Identität sind doch ganz andere Dinge.«

Salma: »Ich persönlich glaube, dass den Franzosen das Kopftuch völlig egal ist, sie haben einfach etwas gegen den Islam, das ist alles. Sie sind neidisch auf unseren Glauben, weil in ihrem Land nur noch Ungläubige rumlaufen.«

Soha: »Aber merkwürdig ist es doch trotzdem. Während die Muslimas hier nur einen Wunsch haben, nämlich das Hidschab abzulegen, gönnen sie sich dort den Luxus, dafür zu kämpfen. Das ist doch umgekehrte Welt. Offenbar gibt es sogar Frauen, die den Niqab dazu nutzen, um in den Malls in Dschidda zu klauen oder sogar, um sich zu prostituieren.«

Nora (die bisher geschwiegen hatte): »Es gibt auch solche, die Sünde und Überzeugung mischen. Das Kopftuch schützt sie nicht vor der Sünde, aber ihr Glaube ist ehrlich. Ich habe zum Beispiel eine Freundin, die heimlich mit einem Freund schläft. Jedes Mal, wenn sie in der Kiste sind, bettelt sie: ›Mach was du willst, zieh mir alles aus, nur nicht mein Kopftuch, ich bitte dich!‹ Stellt euch das mal vor, splitternackt aber mit Kopftuch!«

Dies waren, glaube ich, Noras letzte unanständige Worte vor ihrer plötzlichen und unheimlichen Verwandlung.

Soha bat uns, die Diskussionen um das Kopftuchverbot in Frankreich zu beenden, die ihr lächerlich erschienen, und uns wieder ihrem Fall zuzuwenden. Es sah so aus: Es hatte keinen Sinn mehr, alle Geschütze aufzufahren um ihrem Ehemann zu gefallen und ihm zärtliche Worte zu entlocken, das war verlorene Liebesmüh. Sie hatte genug davon, ihn zu umgarnen. Wenn sie so weitermachen würde, würde sie irgendwann die Achtung vor sich selbst verlieren. Sie hatte sich also entschlossen zu schmollen. Sie suchte nach Möglichkeiten ihn kleinzukriegen. Omar musste erst den Weg zu ihrem Herzen finden, bevor er ihre Muschi besuchen durfte.

»Ich muss im Bett streiken, aber wie?«

»Sag einfach, du hast Migräne«, gab Joumana zurück.

»Oder deine Tage«, fügte ich hinzu.

»Ich kannte mal eine Schiitin, die ihren Ehemann vergraulen wollte, also sagte sie ihm jedes Mal, wenn er sich ihr näherte: ›Ich glaube, ich habe Aids.‹«, amüsierte sich Farah.

»Und dann? Hat er Reißaus genommen?«

»Nein, ganz im Gegenteil! Er setzte sich in den Kopf, seine Angetraute habe irgendetwas Westliches an sich und fiel noch gieriger über sie her, da er sie für erfahrener als andere hielt!«

»Wenn du im Bett nicht streiken kannst, dann streik doch in der Küche«, sagte Salma, um sich an einer Diskussion zu beteiligen, die für sie schon theoretisch unvorstellbar war.

»Als würde ich selbst hinterm Herd stehen! Das macht doch das Personal!«

»Du könntest androhen, wieder in dein Elternhaus zurückzukehren.«

»Dafür würden sich meine Verwandten rächen.«

»Nimm dir einen Liebhaber«, provozierte Farah.

»Ein bisschen mehr Ernst, wenn ich bitten darf, *habibti!*«

»Vielleicht sollten wir ein bisschen rausgehen und frische Luft schnappen?«, schlug Joumana vor, um die Atmosphäre aufzulockern. »Außerdem haben wir Nora versprochen, ihr bis zu ihrer Rückkehr jede einzelne Mall in Dschidda zu zeigen.«

»Gute Idee«, sagte Farah. »Dann können wir auch gleich unsere Wette einlösen. Ein Tagesausflug für Nora, ein Flirtausflug für uns alle, mit Extrapreis für diejenige, die die meisten heimlichen Zwinkereien einheimst und natürlich auch für die Glückliche, die die meisten Telefonnummern abstaubt.«

Ein Chauffeur setzte uns mitten in der Stadt ab, wie

immer begleitet von Farahs Sohn, der stur, geistesabwesend und zugegebenermaßen etwas feminin vor uns herlief, und uns völlig unbeachtet unseren Angelegenheiten nachgehen ließ. Bedeckt von unserem *Khimar*, der nur unsere Augen frei ließ, schlenderten wir durch die Alleen, gaben vor, die Schaufenster anzusehen, während wir in Wahrheit die Männer unter die Lupe nahmen.

Ich weiß weder, ob die Saudis einen speziellen Radar für die Begierde einer Frau haben, noch wie diese trotz des Niqab nach außen dringen kann, doch während wir liefen, umgab uns fortwährend die Aura einer geheimen Verschwörung, ruhte eine ganz bestimmte Art von Sprache auf unseren Augenlidern, sie mischte sich in die langsamen Schritte meiner Freundinnen, die auch ich mir längst angewöhnt hatte. Ein aufmerksamer Beobachter hätte in jeder unserer Gesten eine ködernde List entdeckt, in jedem Wimpernschlag eine Einladung, ein Bitten, eine sanfte Aufforderung. Ich schloss daraus, dass die saudische Stadt eine Art verzweigtes Gewebe ist, in dem sich verbotene, unterdrückte und im Zaum gehaltene Liebschaften ineinander ranken und manchmal sogar entgegen aller Grenzen zum Höhepunkt getrieben werden. Und genau aus diesem Zustand der verbotenen Begierde, der unaufhörlich zur Übertretung herausfordert, entsteht das, was die westliche Welt unter dem geheimnisvollen Orient versteht.

Während ich meinen Gedanken nachhing, trat ein zwei Meter großer Mann auf einen Zipfel meiner Abaja und ging ohne ein Wort der Entschuldigung weiter seines Weges. Wie es der Brauch verlangt, vermied ich es, mich umzudrehen, doch als ich mich bückte, um den Abdruck seiner Schuhsohle abzuklopfen, entdeckte ich ein gefaltetes Stück Papier und hob es auf. Es war eine Telefonnummer.

Im selben Moment drehte ich mich zu meinen Freundinnen und sah, wie sich Joumana und Farah ebenfalls bückten, um etwas vom Boden aufzuheben. Das Ganze erinnerte mich an die Zeit der Weinlese bei meinem Onkel, als ich noch klein war, und ich musste lachen. Doch o Schreck: Sofort eilte ein Mann herbei. Mein Herz begann zu rasen aus Angst, er habe etwas von unseren Manövern mitbekommen. Doch ohne mich anzusehen, rief er in meine Richtung:

»Ein wenig mehr Anstand, Madame. Auf der Straße wird nicht gelacht!«

Der Wettkampf ging in einem Familienrestaurant weiter, in dem meine Freundinnen abwechselnd zur Toilette gingen, um auf ihrem Weg einen Schnurrbart in Versuchung zu bringen. Mir persönlich hatte die Begegnung mit dem *Mutawwa* den Spaß an der Sache verdorben. Farah flüsterte dem ägyptischen Kellner einige Worte zu. Ihre Methode hatte sie uns ja bereits verraten. Sie schrieb eine falsche Nummer auf und bat den Kellner, sie diskret in die Tasche eines Mannes zu stecken, der mit seiner Frau in einer Ecke saß.

Nora blieb unbeteiligt als befände sie sich in einem schlechten Film über die Verdorbenheit saudischer Frauen. Plötzlich jedoch beugte sie sich zu mir:

»Leïla, Leïla, guck mal da. Das ist der Dekan meiner Fakultät!«

Sie zeigte auf den Mann, der soeben Farahs kleine Nachricht erhalten hatte.

»Komisch«, sagte Nora, »die Frau mit dem Kopftuch neben ihm ist nicht seine Frau.«

»Komm, wir gehen ihm guten Tag sagen, da freut er sich bestimmt«, scherzte ich.

Sie verschluckte sich fast an ihrer *Kebssa*.

»Nein danke. Dafür würde ich an der Uni büßen.«

Ich besänftigte ihr Erstaunen, als ich ihr erklärte, dass viele unserer Landsmänner heimliche Geliebte und Zweitfrauen in den Golfstaaten hatten, von denen niemand wusste. Die gefürchtetste Form dieser Heirat war die *Urfi*-Ehe: zwei diskrete Zeugen und ein paar Koranverse reichten, um die Falle zuschnappen zu lassen. Die Geliebte lebt in dem Eindruck, eine legitime Ehefrau geworden zu sein, ohne dass diese Heirat jemals in ihrem Land publik gemacht wird.

Von der Gefahr, auf eine Saudi reinzufallen

Nora hatte sich komplett verändert. Ständig sprach sie von ihrem Vorsatz »zu Gott zurückzukehren« und für ihre begangenen Sünden zu büßen. Seit sie sich über das Grab des Propheten gebeugt hatte, war sie wie neugeboren, wie sie sagte. Außerdem erzählte sie uns, dass ihr am Vorabend der Pilgerfahrt ein ganz in weiß gekleideter Mann erschienen war, der Bote selbst, Allahs Heil und Segen auf ihn, hatte ihr die Hände auf beide Wangen gelegt und Wort für Wort gesagt:

»Nun da du zu mir gekommen bist, wirst du mich als neuer Mensch verlassen. Tu Buße und das Paradies wird dir offenstehen.«

Nora weinte, als sie uns ihren Traum erzählte, und auch meinen Freundinnen standen Tränen in den Augen. Nach diesem Gefühlsausbruch jedoch gelang es ihnen kaum noch, ihre Enttäuschung zu verbergen, und sie verhielten sich meiner Cousine gegenüber zunehmend reservierter. Ich hatte sogar den Eindruck, dass sie anfingen, sie mit einer Art Mitleid oder gar Missgunst zu behandeln.

All meine Versuche, Nora aufzurütteln und sie wieder dazu zu bringen, eines ihrer Abenteuer zum Besten zu geben, schlugen fehl, sie wehrte ab und sagte, es gelänge ihr in diesem Land der Reinheit kaum noch, sich an ihre früheren Sünden zu erinnern. Hier war Gott näher als an jedem anderen Ort der Welt, sicherlich würde er den Rosenkranz ihrer Dummheiten aus der Vergangenheit hören. Seit ihrem Traum jedenfalls war ein Großteil ihrer Erinnerung wie ausgelöscht.

»Sie macht sich über uns lustig!«, urteilte Farah, die es bereits bereute, Nora mit Geschenken überhäuft zu haben.

»Wir brauchen keine Nachhilfestunden in Sachen Religion, die stehen uns bis hier, wir brauchen Luft zum atmen! Leïla, ich bitte dich, bring deine Cousine zur Besinnung, wir wollen uns wieder amüsieren!«

Doch ich hatte bereits eine Lösung gefunden, um die Geister meiner Freundinnen wieder zu wecken, deren Gesichtszüge sich durch Noras Anwandlungen verfinsterten. Ich weihte sie ein und ohne einen Funken Schuldgefühle sagten sie zu.

Fouad allerdings sträubte sich gehörig:

»Ich hab's dir doch schon einmal gesagt, die sind verrückt, deine Saudierinnen!«

Ich legte mich ins Zeug:

»Komm schon, du wirst doch wohl keine Angst vor einer Handvoll Frauen haben. Sie bieten dir an, dich zu bezahlen, um in den Genuss zu kommen, dich zu betrachten. Du kannst nicht ablehnen!«

»Sag deinen Freundinnen, dass ich kein Affe aus dem Zoo bin. Wenn sie einen Marokkaner angaffen wollen, sollen sie nach Marokko fliegen.«

Als ich nicht abließ, gestand er:

»Pass auf, ich will nicht mein Leben aufs Spiel setzen. Ich habe mich informiert und ich bin sicher nicht so blöd zu riskieren, dass sie mich am Ende aufknüpfen oder mich in der Wüste den Aasgeiern überlassen.«

»Wie kommst du denn auf so was?«

»Glaub mir, es gibt kein Entkommen. Diese angeblich so unschuldigen, harmlosen Frauen sind in Wirklichkeit das fleischgewordene Böse!«

Aus seinem Mund hörte ich auch eine Geschichte, die unter seinen männlichen Kollegen die Runde machte, nämlich die eines Tunesiers, der von fünf Saudierinnen aus wohlhabenden Familien gekidnappt und missbraucht worden war.

Sie hatten ihn gezwungen, mit ihnen zu schlafen und ihn geknebelt und mit verbundenen Augen in einem Geheimversteck gefangen gehalten. Wann immer sie wollten, musste er ihnen zu Diensten sein und sich all ihren Launen unterwerfen.

»Und weißt du, wie diese ausgehungerten Hyänen es ihm gedankt haben? Sie haben ihn mitten über der Wüste aus ihrem Helikopter geworfen. Seitdem wollen die maghrebinischen Stewards nichts mehr von Saudierinnen wissen.«

Als ich diese Geschichte überlieferte, gab Farah zu, davon gehört zu haben, warf aber sofort ein, dass manche Menschen eine allzu blühende Fantasie hätten.

Soha betonte noch einmal die lauteren Absichten ihrer Gruppe. Sie wollten meinen marokkanischen Freund lediglich aus sicherem Abstand betrachten, sie wollten ihn noch nicht einmal berühren, sondern sich einmal unverhüllt in Anwesenheit eines fremden Mannes befinden, seine Gesten beobachten, seinen Worten lauschen. Es würde für sie wie eine Begegnung mit dem ersten Mann überhaupt sein, mit Adam höchstselbst, möge Gott ihn segnen!

Nach diesen Worten trennten sich unsere Wege. Das Projekt versetzte meine Freundinnen in Aufregung, für sie hatte es etwas von purer Überlebenskunst, sie brauchten solch heimliche Vorhaben, um sich lebendig zu fühlen.

Wir warteten bis Nora, die schon darauf brannte, nach Mekka zurückzukehren, samt Bruder abgereist war, um unseren Plan in die Tat umzusetzen. Wie üblich war es Farah, die alles einfädelte.

Sie hatte mir eine Abaja aus Seide in die Tasche gestopft, die sie eigens zu diesem Anlass gekauft hatte, sowie beige Damenschuhe mit niedrigem Absatz. Die waren eine echte Herausforderung gewesen, denn Damenschuhe in Größe 44 findet man nicht jeden Tag. Selbstverständlich packte sie mir auch die dazu passende Tasche, Handschuhe und Sonnenbrille ein.

Ich traf Fouad in einem Hotelzimmer in Beirut, in dem er herumtigerte und nicht wusste, ob er lachen oder wütend werden sollte.

»Wenn mich meine Mutter so sehen würde!«, murrte er.

»Es gibt Menschen, die gutes Geld dafür bezahlen, sich wie eine Frau anziehen zu dürfen. Du weißt doch sicher, dass so etwas das süße Geheimnis mancher Männer ist.«

»Sag doch gleich Homosexuelle! Allah schütze mich.«

»Aber es ist doch zu einem guten Zweck. Erstens wirst du diese Frauen glücklich machen. Zweitens ist es nicht mit dem geringsten Aufwand für dich verbunden. Und drittens bezahlen sie dich gut.«

Am Ende war es natürlich dieses letzte Argument gewesen, das Fouad überzeugt hatte. Die Damen schlugen 2000 Dollar für eine halbe Stunde seiner männlichen Anwesenheit vor.

»Selbst Staranwälte bekommen nicht so viel für ein brillantes Plädoyer.«

»Du freches Stück! Du stiftest mich zur Sünde an und führst mich in Versuchung. Gott strafe dich!«

»Solange du nicht mit mir als Person sündigen willst, bist du gerettet.«

Er blieb mit amüsierter und überraschter Miene vor mir stehen. Scheinbar hatte meine Antwort irgendetwas in ihm angestachelt. Er näherte sich der Bettkante, auf der ich saß.

»Sag mal, was hast du eigentlich nackt in meinem Hotelzimmer zu suchen?«

»Ich bin doch nicht nackt!«

»In den Augen eines Muslims schon. Von daher kann ich mir alles erlauben. Ich kann zum Beispiel hier dieses Fleckchen Haut streicheln …«

Seine Hände näherten sich mir.

»Verboten! Wir sind hier, um einen Deal zu vereinbaren, nicht um rumzumachen. Außerdem hast du keine Chance, ich habe mich letzte Woche verlobt.«

»Nein! Du veräppelst mich. Und wer ist der glückliche Bräutigam?«

»Kennst du nicht. Er ist kein Marokkaner.«

Er wusste, dass ich log, doch da ich ernst blieb, ließ er mich unbeschadet gehen.

An diesem Tag wurde der Palast noch mehr gebohnert als sonst. Der Duft von Benzoe erfüllte die Flure und die Bediensteten waren tadellos gekleidet, ohne zu wissen warum. Fouad und ich liefen Seite an Seite in unseren Abajas, Fouad war grabesstill. Außer Frage, sich durch eine männliche Stimme unter dem Niqab zu verraten. Wenn er in seiner Abaja stolperte, wies ich ihn mit gesenkter Stimme zurecht. Ich konnte ihn sogar ärgern, ohne dass er sich wehren konnte.

»Du wärst die perfekte Frau. Schöne Silhouette, ein stolzer und trotzdem unterwürfiger Gang. Du bist mit dem falschen Geschlecht auf die Welt gekommen, mein Lieber.«

Wenn er gekonnt hätte, hätte er mich beleidigt. Wenn ich allerdings schon einmal einen Mann in völliger Passivität und Wehrlosigkeit erwischte, wollte ich ihn wenigstens spüren lassen, in was für einer Lage sich viele Frauen befanden.

»Wenn man die Männer verhüllen und sie zur Stille verdammen würde, ginge es der Welt besser, denke ich.«

Ich spürte wie seine Geduld zu Ende ging. Sein Ärger zeigte sich in seinen Schritten, die plötzlich größer als meine waren.

»Was ist denn los? Fragst du dich etwa, was die Frauen tun würden, wenn sich die Männer verhüllen müssten? Ganz einfach. Sie würden die Dinge genauso gut regeln wie ihr, nur auf ehrliche Art. Achtung! Du musst genauso gehemmt laufen wie wir Frauen, okay? Sonst kannst du dich auf was gefasst machen.«

Ich wusste, dass ich genauso viel riskierte wie er, doch ich machte mir keine Sorgen. Sicherlich konnten wir für diese Missetat gesteinigt werden … Zumindest würde man uns auspeitschen, bevor man uns des Landes verwies …

Als Fouad schließlich ohne Schleier und hinter verschlossenen Türen im Salon saß, so dass die Bediensteten nicht dazwischenfunken konnten, wirkte er auf den ersten Blick wie ein Pascha und meine Freundinnen servierten ihm abwechselnd Kaffee und Kuchen. Er hielt den Blick gesenkt.

Anfangs traute sich niemand zu sprechen. Meine Freundinnen wirkten verkrampft und beschämt. Diese

Szene, die in jedem anderen Land der Welt an Normalität nicht zu übertreffen wäre, wirkte an diesem Ort wie der schlimmste Regelbruch überhaupt. Diese Frauen waren die Gegenwart von Vater, Bruder oder Ehemann gewohnt, diesen fremden Mann jedoch sahen sie an wie ein Wesen von einem anderen Stern. Man kann das ganze natürlich auch anders sehen. Einen Mann zu sehen und von ihm gesehen zu werden, war eine eindrucksvolle Erfahrung, die größte aller Überraschungen, und es brauchte so wenig, um die Saudierinnen glücklich zu machen und sich daran zu erfreuen.

Was mich eigentlich viel mehr überraschte, war Fouads Benehmen. Inmitten dieser Frauen verwandelte sich der Gockel der Lüfte, dieser waschechte Alaoui, intelligent und schön, Ehemann und erfahrener Schürzenjäger zugleich, in ein scheues kleines Tier. Seine Schüchternheit spiegelte sich in der überwältigten Stille meiner Freundinnen und dem Echo ihrer innersten Träume.

Dieser Zustand äußerster Überwältigung zog sich über die gesamte Zeit des Treffens und so beschränkte sich das Gespräch auf einige Komplimente.

Ich erinnerte mich noch lange an dieses Bild. Es hatte eine Art auf das Nötigste reduzierte Sprache gegeben wie in einem Stummfilm: kurze Atemstöße, große Augen, gehemmte Worte, die Faszination eines Urzustands, die Ruhe vor dem Sturm, das archaische Aufeinandertreffen von Mann und Frau.

Fouad und ich verließen Joumanas Haus in unseren Abajas ohne ein Wort zu wechseln. Wir sprachen nie mehr darüber. Und es blieb bei diesem einen Treffen.

Eine Woche später begleitete ich meine Cousine zum Flughafen, ihr Visum war abgelaufen. Meine Freundinnen hatten bereits genug von ihr und waren mehr als bereit für den Abschied. Sie winkte ihnen mit offensichtlicher Trauer auf Wiedersehen, allerdings war nicht zu erkennen, ob sie traurig über die Abreise war oder ob es sich einfach um den sittsamen Gesichtsausdruck ihres Sinneswandels handelte.

Beim Check-in bestand sie darauf, neben ihrem Bruder Imad zu sitzen.

Zwischen Glauben und Vernunft

Zwei Wochen lang blieb Salma der Gruppe mit der Begründung fern, sie sei gerade sehr beschäftigt. Als sie schließlich wiederauftauchte, erzählte sie, dass sie einer Freundin hatte beistehen müssen. Doch am Ende hatte sie ein großes Drama nicht verhindern können und war noch immer äußerst niedergeschlagen.

Der Ehemann dieser Frau hatte ein indisches Dienstmädchen dazu gezwungen, mit ihm zu schlafen. Das junge Mädchen, das zu Beginn dieser Sache gerade einmal siebzehn war, hatte sich über Jahre seinen Forderungen unterworfen. Eines Tages hielt sie es nicht mehr aus und vertraute sich ihrer Herrin an. Hakima, das war der Name der Ehefrau, die die Sache eigentlich für sich behalten sollte, hatte sich unglücklicherweise ihrer Schwiegermutter anvertraut.

»Die ihrem Sohn hoffentlich ordentlich den Marsch geblasen hat«, bemerkte ich.

»Das hätte Hakima zunächst einmal selbst tun sollen«, meinte Soha.

»Das hätte sie, sicherlich. Doch als sie erst einmal geredet hatte, geriet ihr das Ruder aus der Hand. Anstatt den Vergewaltiger zu bestrafen, erklärte die Schwiegermutter Hakima den Krieg«, fuhr Salma fort.

»Das ist doch nicht möglich!«

»Die Familie ihres Mannes dichtete ihr eine psychische Krankheit an und ließ sie einweisen.«

»Und das Dienstmädchen?«

»Wurde in eine Hütte gesperrt.«

»Die Armen!«

Zu diesem Zeitpunkt war ich zwar noch weit von meiner militanten Ader entfernt, doch es gab Momente, in denen ich mir nichts sehnlicher wünschte, als gegen die haltlose Ungerechtigkeit, unter der so viele meiner Geschlechtsgenossinnen litten, in den Krieg zu ziehen. Ich wollte die kleine Inderin aus ihrem Verlies befreien, ihren Vergewaltiger ins Gefängnis stecken und seine Schwiegermutter gleich für Mittäterschaft drankriegen, ich wollte all diesen jungen Frauen zu Hilfe kommen, denen man ihr Recht auf Gegenwehr, auf Gerechtigkeit, auf ihr eigenes Leben verweigerte.

Tja! Zu diesem Zeitpunkt bemühte ich mich noch wie meine Mutter um Eintracht und Friedfertigkeit, und so sagte ich mir, dass ich nicht Zorro, keine Rächerin der Entrechteten war. Der Beruf der Anwältin gehörte zu meinen begrabenen Träumen. Schließlich verdankte ich den Saudis meinen Lebensunterhalt und es stand mir nicht zu, über ihr Land zu urteilen.

Die Stimme des Muezzin erklang, und die Frauen erhoben sich, um ihren Pflichten nachzukommen.

»Los, komm mit, du Ungläubige!«

»Ich kann nicht beten.«

»Wir bringen es dir bei.«

»Nächstes Mal, *Inschallah!*«

Es war immer dasselbe. Ich lehnte es ab, mit ihnen zu beten, sie erhoben sich und ich sah ihnen zu. Doch ich fragte mich: Was bringen ihnen ihre Gebete, wenn sie keinen Finger rühren, um dem Leid, das sie umgibt, ein Ende zu machen? Wozu dieses rigide Ritual, als wäre Gott ein knickriger Buchhalter, dabei war ich mir sicher, dass Allah es hundertmal lieber gesehen hätte, dass sie den Schwachen zu Hilfe eilten. Warum diese Hingabe und Konstanz in der Ausübung einer Religion, von der sie gewisse Auslegungen infrage stellten und kritisierten? Auch auf die Gefahr hin, dass ich mich wiederhole: Ich persönlich bete nicht.

Joumana setzte sich neben mich und flüsterte, als habe sie meine Gedanken gelesen:

»Unsere Kniebeugen werden uns nicht retten. Und wir wissen auch, dass die Männer die Religiosität der Frauen noch nie ernst genommen haben. In ihren Augen mangelt es uns an Vernunft und Glauben. Und unsere Praktiken tun sie als körperliche Ertüchtigung ab.«

Ich gestand:

»Allah möge mir verzeihen. Ich habe in Arabien das volle Ausmaß der Ungerechtigkeit gegenüber Frauen kennengelernt. Eine fromme Gläubige hat dieses Land nicht aus mir gemacht.«

Nur Iqbal und Joumana interessierten sich für die Frage nach ihren Lebensbedingungen. Doch das junge Mädchen verbrachte viel Zeit in der Uni und ich sah sie selten. Ich hatte allerdings mitbekommen, dass sie sich durch ihr erfahrenes Unglück sehr verändert hatte. Innerhalb von wenigen Monaten war über das ehemals verliebte Mädchen ein für ihr Alter ungewöhnlicher Ernst gekommen. Die Reise und das damit verbundene Schicksal hatten sie reifen lassen und gleichzeitig befreit. Vor allem jedoch hatten sie dafür gesorgt, dass sie nichts mehr mit Männern zu tun haben wollte. Jedes Mal, wenn wir auf Letztere zu sprechen kamen, machte sie auf dem Absatz kehrt.

Eines Tages kam sie mit einem Piercing in der Nase nach Hause. Dann trug sie plötzlich ein Punk-Shirt unter ihrer Abaja und eröffnete uns ihre Idee, im Untergrund eine Rockband für Frauen zu gründen. Auch sie hatte nun aufgehört zu beten. Ihren Nachbarn erwähnte sie mit keiner Silbe mehr, als hätte er sich nach ihrer Entjungferung in Luft aufgelöst.

Sie hatte sich Joumana weiter genähert, lauschte ihren Diskursen, bewunderte ihre Anflüge von Rebellion und wurde jedes Mal rot, wenn ihre Tante über die Männer herzog, die sie impotent oder schwachsinnig nannte.

Iqbal hatte das Surfen im Internet gegen das Lesen von Zeitschriften und Büchern eingetauscht und bekam nie genug von Frauenzeitschriften, die sich mit den Lebensbedingungen von Frauen in der ganzen Welt beschäftigten und bat jeden, ihr von einer Reise neue Bücher zu diesem Thema mitzubringen.

»Du wirst noch genauso pedantisch und langweilig wie deine Tante!«, grummelte Farah.

Beim letzten Mal erzählte sie uns, sie habe sich in eine Übersetzung von Freud vertieft. Farah, die gerade irgendwelche Schweinereien zum Besten geben wollte, bat sie:

»Kannst du uns bitte allein lassen?«

Iqbal wusste genau, dass eine solche Aufforderung bedeutete, dass wir ein Sexgespräch unter Frauen führen wollten, das außerhalb ihrer Hörweite stattfinden sollte. Sie entfernte sich und sagte im Gehen verächtlich:

»Klar, ich gehe, aber ihr seid Heuchlerinnen! Ich weiß genau, wozu Sex führt. Ihr solltet lieber von anderen Dingen reden und eure Zeit damit verbringen, ein Mittel zu finden, um euer Leben zu verbessern, anstatt wie Sklavinnen zu leben und über einen angeblichen Genuss zu schwatzen, den ihr nur vom Hörensagen kennt!«

Verwirrt sahen wir einander an. Jeder von uns war bewusst, dass das junge Mädchen unseren wunden Punkt getroffen hatte. Selbst Farah war unangenehm berührt. Sie schwieg wie wir, anstatt wie üblich zu tratschen.

Um die anderen abzulenken, bediente ich mich wieder einmal einer Geschichte von Nora, die natürlich aus der Zeit vor ihrem Besuch in Mekka stammte:

»Apropos DNA …«, begann ich.

Dankbare, ermutigende Gesichter wandten sich mir zu.

»Ein Kollege von Noras taxifahrendem Liebhaber wurde von einer hochschwangeren Frau herangewunken, die sich vor Schmerzen krümmte. Sie bat ihn, sie ins nächstgelegene Krankenhaus zu bringen. Sie heulte, dass sie kurz vor der Entbindung stünde. Vor dem Krankenhaus gab sie vor, nicht laufen zu können und bat den Fahrer um Hilfe. Er gehorchte und begleitete sie bis zum Kreißsaal. Als die Krankenschwestern sie nach ihrem Ehemann fragten, zeigte sie auf den Taxifahrer, der gerade wieder hinters Steuer verschwinden wollte. Er wehrte sich natürlich und stritt alles ab, doch niemand glaubte ihm und er wurde für den nächsten Tag zur Polizei beordert.«

»Aber ihr seid ja verrückt! Ich kenne diese Frau überhaupt nicht«, protestierte er. »Ich bin verheiratet und habe vier Kinder!«

»Und er sagte natürlich die Wahrheit, er war tatsächlich verheiratet und Vater von vier Bälgern. Das Gericht veranlasste also einen Gentest, um die Vaterschaft zu beweisen. Und dann: Überraschung! Der Test belegte, dass er nicht nur nicht Vater des Babys, sondern obendrein auch noch unfruchtbar war!«

»Das kann doch nicht wahr sein!«, rief Salma und klopfte sich auf die Schenkel. »Und von wem waren seine Kinder?«

»Es heißt, dass seine untreue Ehefrau jedes Mal mit dem Nachbarn ins Bett ging, wenn ihr Mann zur Arbeit fuhr.«

Hochzeitsnächte

Die Folgen von Iqbals Vorwurf ließen nicht lange auf sich warten. Die Geschichte des Taxifahrers war kaum verklungen, da seufzte Salma:

»Soweit ich mich erinnern kann, kenne ich Genuss und Vergnügen im Bett wirklich nur vom Hörensagen!«

»Noch nicht einmal in deiner Hochzeitsnacht?«, fragte ich.

»Machst du Witze?«, rief Farah, die meine Frage offenbar empörte.

»Und wenn nun jede von uns einmal von ihrer *Lilat Dokhla* erzählt?«

»Es tut mir leid, aber ich muss gehen. Ich habe einen Flug um sechs Uhr morgens und muss bei Tagesanbruch aufstehen.«

»O nein, bleib doch!«, protestierten alle drei.

»Aber ich kann noch nicht mal von meiner Hochzeitsnacht erzählen, ich bin doch gar nicht verheiratet!«

»Das macht nichts! Du erzählst einfach von der deiner Schwester Sana«, schlug Soha vor.

Und so blieb ich und hörte zu.

Als erstes öffnete Soha das Tor der Vertraulichkeiten.

»Omar und ich hatten uns, ganz gegen den Brauch und unter dem Risiko einer Bestrafung, ein paar mal heimlich getroffen und ein paar Küsse ausgetauscht. Er brannte darauf zu entdecken, was unter meiner Abaja versteckt lag, so viel war sicher. Sicher war auch, dass er noch Jungfrau war: Als ich mich meiner Kleider entledigte, senkte er den Blick. Ich wollte aber nicht, dass er das Spektakel verpasst, also nahm ich seinen Kopf und drehte ihn wieder zu mir. Ich schob meinen mit Spitze besetzten Fummel auseinander und öffnete langsam, schüchtern und verspielt meine Korsage. Tatsächlich hatte ich einige Wochen vor meiner Hochzeit von einer Freundin ein Video ausgeliehen, das zeigte, wie man seinen Ehemann verführte, ohne dass dieser es merkte. Als nun mein letztes Kleidungsstück auf den Boden fiel, kippte Omar einfach um! Er fiel in Ohnmacht, ich schwör's euch! Ich rief seine Mutter und sie diagnostizierte eine weitverbreitete Krankheit: ein Mann, der zum ersten Mal den nackten Körper einer Frau sieht. Man sollte sie »arabisches Jungfrauen-Syndrom« nennen! Das ist ein größerer Schock, als den Mond zu betreten oder dem Teufel höchstpersönlich zu begegnen, scherzte seine Mutter. Sie gab ihm etwas zu trinken und setzte ihn aufs Bett, bevor sie ging.

Ich hätte mich ja gerne weiter entblättert, doch ich hatte Angst, dass er noch einmal das Bewusstsein verlieren würde, außerdem gab es Wichtigeres zu tun, wir mussten schließlich beweisen, dass auch ich noch Jungfrau war. Ich ging also ins Badezimmer, zog mich wieder aus und warf mir nur einen Bademantel über. Diesen zog ich erst aus, als ich auf dem Bett lag. Omar hatte sich wieder gefangen und warf mir einen dankbaren Blick zu. Nachdem er das Licht ausgeschaltet hatte, erwachte zaghaft seine Männlichkeit. Seine zitternden Hände wanderten über meinen Körper und ich spürte, dass es ihm nun gutging, als er in totaler Dunkelheit weitertastete. Aber bis zu meinen Brüsten ist er nicht gekommen! Von meiner Muschi ganz zu schweigen. Dann sagte ich plötzlich: »Komm!«

Ich weiß nicht, ob es meine Stimme war, die ihn erregte. Ich spürte sein Glied hilflos herumstochern, ohne zu wissen wohin, deshalb half ich mit meiner Hand nach. Danach ging alles so schnell und er stieß so fest zu, dass ich einen furchtbaren Schmerz spürte und nun meinerseits in Ohnmacht fiel. Ich muss dazu sagen, dass mein Omar mit der Zeit dazugelernt hat! Aber der Ablauf ist noch immer derselbe: Er löscht das Licht, penetriert mich und schläft ein. Lasst mich euch eins sagen: Keiner von uns beiden fällt dabei noch in Ohnmacht!«

Als nächstes war Joumana dran. Sie sprach sonst selten über ihr Privatleben. Ihr Kampf schien sie weit davon zu entfernen, und außerdem war sie der Meinung, dass die Araber zu viel Zeit mit ihren Sexgesprächen verschwendeten. Ich war oft der gleichen Meinung. Während der Rest der Welt neues Wissen dazugewann, andere Denkarten, medizinischen Fortschritt, ein glücklicheres Leben, verloren wir uns in Diskussionen über Männer und Frauen, die wir immer neu arrangierten, komponierten und wieder verwarfen. Auf diese Art verschwendeten wir die Energie, die im Westen dazu genutzt wurde, in gesellschaftlichen Fortschritt zu investieren.

»Mein Mann war bereits in der Welt herumgekommen und hatte Erfahrung mit Frauen, ich glaube, genau deshalb fühlte ich mich auch zu ihm hingezogen. Als seine Eltern, die dem gleichen Familienstammbaum entsprungen sind wie die meinen, gekommen sind, um um meine Hand zu bitten, bestand ich darauf, ein Foto von ihm zu sehen und setzte alles daran, dass er auch eines von mir bekam. Insofern waren wir in jener Nacht wenigstens schon ein bisschen miteinander vertraut. Er gab mir einen Kuss auf die Stirn und verschwand zur Waschung im Badezimmer. Dann kam er wieder zum Gebet. Ich stellte mich hinter ihn und betete ebenfalls. Er richtete einige

Danksagungen an Gott, bevor er mich zum Bett führte und mir gebot, mich zu setzen. Er bat mich darum, mich auszuziehen und fing an, mein Gesicht und meinen Hals zu streicheln. Ich ließ ihn gewähren, war eher neugierig als bewegt. Ich spürte sein Drängen, doch gleichzeitig strahlte er Ruhe aus. Er behandelte meinen Körper wie sein Eigentum, er hätte nicht einmal im Traum daran gedacht, dass ich vielleicht nicht einverstanden sein könnte. Als ich nackt war, rief er: ›Ma chaa-allah!‹, dann nahm er mich und trug mich aufs Bett, wie in einem ägyptischen Film. Irgendwie hatte ich das Gefühl, meiner Hochzeitsnacht aus weiter Ferne beizuwohnen.

Er legte mir ein Kissen unter den Hintern und nahm mich. Eine Art Feuer wütete in meinem Unterleib. Darauf folgten unglaubliche Schmerzen, jedes Mal, wenn er versuchte, ihn reinzustecken. Ich bat ihn die ganze Zeit, ein wenig zu warten, doch er sagte nur, dass es besser wäre, es schnell hinter sich zu bringen, und dass ich gleich nichts mehr spüren würde. Scheinbar war mein Jungfernhäutchen genauso widerstandsfähig wie mein Gehirn gegen Befehle der Unterwerfung, denn es dauerte über eine Stunde. Ich kam mir vor wie in einem Raubtierkampf, bloß dass es nicht darum ging zu töten. Obwohl, genau genommen ist es tatsächlich ein Kampf, dessen Ausgang, ganz egal, mit was für einem Mann du es aufnimmst, bereits im Vorhinein entschieden ist.

Tja meine Lieben, ich hätte euch gerne zu Tränen gerührt, aber es wäre eine Lüge zu behaupten, dass meine Hochzeitsnacht die schönste Nacht meines Lebens war!«

Farah, deren furchtbare Vergangenheit wir bereits kannten, fiel es sichtlich schwer darüber zu sprechen, doch nach Joumanas ehrlichen Worten begann auch sie zu erzählen.

»Wie ihr euch sicherlich vorstellen könnt, war es ein absoluter Alptraum. Kaum dass er gesagt hatte: ›Segne sie für mich und segne mich für sie‹, da stürzte er sich schon auf mich und wollte mich sofort ausziehen. Ich wollte ins Nebenzimmer flüchten, doch er hielt mich fest. Zu der Zeit wusste ich noch nicht einmal, wie das Geschlecht einer Frau beschaffen war und dass Gott sie versiegelt hatte. Er drängte mich weiter ins Zimmer und schubste mich gewaltsam aufs Bett. Mit zwei kurzen Bewegungen riss er mir die Kleider vom Leib und warf sich auf mich. Ich schrie, er hielt mir mit der einen Hand den Mund zu und mit der anderen hob er seinen *Thobe*. Er bewegte sich immer schneller und sah aus wie ein Wilder. Ich schrie, doch es interessierte ihn nicht, dass er mir Schmerzen zufügte, ihm ging es nur darum, seinen Hunger zu stillen. Ich verlor das Bewusstsein. Als ich aufwachte, sah ich das Blut zwischen meinen Beinen und übergab mich. Ich sagte mir: ›Wenn man so Liebe macht, tja, dann verzichte ich in Zukunft darauf.‹«

Nun war Salma an der Reihe, und ihr war anzusehen, dass sie fest entschlossen war, von ihrem eigenen Schicksal zu berichten.

»Meine Eltern haben Mahmoud für mich ausgesucht. Er hatte seine Mutter zu uns geschickt, damit sie um meine Hand anhielt, die ihn mir zumindest ein wenig beschrieb. Sie betonte, dass sie keinerlei Bedingungen stelle und es schien so, als wolle sie ihren Sohn um jeden Preis verheiraten.

An dem entscheidenden Abend sah ich ihn zum ersten Mal von Angesicht zu Angesicht. Er legte eine Hand auf mein Haupt und sprach die Sure: ›Derjenige unter euch, der eine Frau erwirbt oder einen Diener oder ein Vieh, der lege seine Hand auf ihr Haupt und spreche: O Allah, ich bitte dich um ihre Gefälligkeit und ihre Veranlagung zum Guten, und dass du mich schützest vor ihrer Boshaftigkeit und ihrer Neigung zum Schlechten.‹

Wenn ich jetzt darüber nachdenke, fällt mir auf, dass Mahmoud schon damals nicht sehr begierig war. Ich beobachtete ihn, als er sich auszog, er war ruhig, fast geistesabwesend. Er kam zu mir und zog mich sofort aus. Er sah mich kaum an und löschte das Licht. Zunächst spürte ich gar nichts, außer dass seine eine Hand über meinen Körper wanderte, während seine andere Hand woanders war. Es dauerte sehr lange. Dann legte er sich auf mich und ich ließ ihn gewähren, doch ich hatte große Angst, dass es wehtun würde. Eine Stunde verging, ohne dass ich die »Männlichkeit« spürte, von der mir meine Freundinnen so viel erzählt hatten und die mich entjungfern sollte. Ich fragte mich, ob er überhaupt ein Ding hatte, mit dem er das fertigbrächte. Immer wieder versuchte er es, ich hielt die Augen geschlossen, und dann kam plötzlich der Moment, in dem ich spürte, dass er sein Geschlecht in der Hand hielt und ihn reinsteckte. Danach ging alles ganz schnell. Ich blutete sofort und er rollte sich, offensichtlich erschöpft, auf den Rücken.«

Nachdem Salma zu Ende erzählt hatte, fragten wir natürlich sofort nach Neuigkeiten von ihrem appetitlosen Ehemann.

»Da gibt es nichts Neues zu erzählen«, klagte sie. »Ich fahre übrigens bald mit ihm in den Libanon.«

»Vielleicht weckt die Reise seine Lust.«

»Dein Wort in Gottes Ohr!«

Zum Schluss wandte sich Farah mir zu. Ich war bereits überzeugt davon, dass es die Liebe nicht gab. Sie bestand nur aus Codes und Regeln und Pflichten, Punkt.

Wie sollte man denn lieben, ohne das Gesicht des anderen zu sehen, es zu genießen, zu streicheln?

»Wir wissen ja, dass du noch keine Hochzeitsnacht hattest, aber erzähl uns doch bitte, wie sich das in Marokko abspielt.«

Ich antwortete:

»Ziemlich genauso wie hier, vielleicht mit ein paar winzigen Unterschieden.«

Soha bohrte weiter.

»Hast du das von deiner Schwester?«

Natürlich.

»Sanas Verlobter hat nicht gebetet, glaube ich. Doch er war glücklich, es nun endlich mit der Frau zu tun, die er bisher nur im Gebüsch und ein oder zwei Mal in der Küche in den Armen gehalten hatte, wenn er sie allein erwischte. In der Hochzeitsnacht bekam sie einen Kaftan aus Seide und auf einem kleinen niedrigen Tisch wurden Mandeln und Gebäck gereicht, um die Fruchtbarkeit ihres Mannes anzuregen. Aus Angst vor bösem Zauber gegen das frisch vermählte Pärchen brachte meine Mutter ihre Tochter in ihr neues Heim und verlangte, dass einige Räucherstäbchen angezündet würden. Vor der Ankunft des Verlobten half sie meiner Schwester sich auszuziehen und riet ihr, ein weißes Tuch unter sich zu legen, um das Blut zu empfangen und es mit einem Kissen unter dem Po auf dem Boden zu tun, das wäre einfacher als im Bett. Seit Beginn der Hochzeitsvorbereitungen hatte Sana immer nur gehorcht. Man hatte ihr auch nahegelegt, so wenig wie möglich zu reden, was zum Charme der Braut beitragen und ihren guten Ruf bestätigen sollte. Dann küsste meine Mutter sie und ging unter Tränen. Sie hörte, wie ihre künftige Familie unter Gesang an die Tür klopfte und als sie blutete, legte ihr Ehemann Geld auf ihren Bauch. Meine Mutter präsentierte das Laken, indem sie es an einer Mauer aufhängte, so dass unser gesamtes Viertel die Spitzenleistung ihres Schwiegersohnes und natürlich die Jungfräulichkeit ihrer Tochter bewundern konnte. Anschließend drapierte sie es auf einem Tablett und ich selbst trug es durch die Nachbarschaft, um Geld zu sammeln, das für gut einen Monat unseren Lebensunterhalt sicherte.«

Meine Freundinnen waren sichtlich enttäuscht, dass ich lediglich von den Ritualen erzählte, statt die intimen Details zu enthüllen.

»Aber das Beste kommt erst noch«, sagte ich schnell.

»Was denn?«

»Zwanzig Tage nach ihrer jungfräulichen Hochzeitsnacht war Sana bereits im dritten Monat schwanger.«

»Aber das ist unmöglich!«, rief Soha.

»Doch, das kann passieren. Manchmal schaffen es einige Spermien durch die Membran zu dringen. Sana war also durch einfaches Rumgemache schon vor ihrer Hochzeitsnacht schwanger geworden.«

»Und was habt ihr gemacht?«

»Wir haben die Schwangerschaft vertuscht und nach der Geburt behauptet, das Kind wäre ein Frühchen.«

Farah griff mich bei den Schultern.

»Pass bloß auf, dass es dir nicht genauso geht wie deiner Schwester, meine Süße.«

Salmas andere Nacht

Per Telefon verfolgten wir Salmas Nacht in Beirut. Vor ihrem Abflug hatten wir ihr eingebläut, dass diese Reise, die ihr alltägliches Leben in Dschidda unterbrach, dazu dienen würde, sich ihres exzessiven Schamgefühls zu entledigen und ihren Ehemann zurückzugewinnen. Reisen, das bedeutet Veränderung, Träume verwirklichen, fernab des Alltags und der bekannten Umgebung. Man bewegt sich plötzlich in Räumen, in denen im Gegensatz zu Dschidda einfach alles den Stempel Hallal trägt. Der Ort göttlicher Tugend, das ist Arabien. Sobald man jedoch anderen Boden betritt, kann man ruhig einmal über die Stränge schlagen, ohne dass man gleich seine Option auf ein schönes Leben im Jenseits verliert. Allah hätte dies so formuliert: »Respektiert mein Revier, beschmutzt es nicht, wahrt in ihm den Anschein bedingungsloser Gläubigkeit. Überall sonst könnt ihr machen, was ihr wollt.«

Die Telefonrechnung dieses Abends muss Joumana ein Vermögen gekostet haben, denn wir verbrachten zwei Stunden damit, Salma abwechselnd mit Tipps für ihren sexuellen Siegeszug auszustatten, von ihrer Aufmachung über die Gestik bis hin zum Duft ihres Parfums.

Sie wartete in ihrem Hotelzimmer auf Mahmouds Rückkehr, während wir ihr sagten, was zu tun sei, fast so, als würde sie wenig später in die Schlacht ziehen:

»Zieh alle Register.«

»Aber meine beiden Jungs ...«

»Hängen dir die beiden Schlingel immer noch am Rockzipfel! Schick sie auf eine Tour durch das Hotel, schaff sie dir vom Hals.«

»Aber wenn sie sich verlaufen!«

»Gib dem Rezeptionisten Geld, damit er auf sie aufpasst.«

Farah schaltete sich ein:

»Zieh die roten Dessous an, die wir neulich bei Fadi gekauft haben. Rot macht die Männer immer scharf. Und vergiss die Strapse nicht!«

»Mach deine Haut mit Öl seidenweich, lass dein Haar offen und trage die Pumps!«

»Ich laufe doch nicht in Unterwäsche auf hohen Hacken herum!«

»Natürlich, das ist total sexy. Außerdem ist es ja nicht so, als würdest du auf der Straße rumlaufen, du bist in einem Hotelzimmer. Du wirst schon sehen, das ist gut für deine Haltung, betont deine Kurven, und dein Ehemann wird glauben, dass er es mit Claudia Schiffer treibt.«

»Ihr macht euch doch über mich lustig«, seufzte sie halb überzeugt. »Ihr wisst genau, wie er reagieren wird.« (An dieser Stelle seufzte sie noch einmal.) »Er kommt, ich muss auflegen.«

»Du musst ihn anschmachten und dich lasziv bewegen!«, sagte Farah schnell.

»Das ist doch alles *haram!* Ich sehe aus wie eine …«

»Genau das soll dein Ehemann auch denken, du Idiotin!«

»Keine Sorge, Liebes. Gott billigt jede Aufmachung, jedes Verhalten und die Worte aller Frauen, wenn sie dazu dienen, ihren angetrauten Ehemann zu befriedigen.«

Sie rief noch einmal zurück.

»Er kommt, ich habe Angst!«

»Nur Mut! Und vergiss nicht, im Bett: sanft wie eine Gazelle und wild wie eine Löwin. Die Männer lieben schüchterne Frauen, die ficken wie eine Wildkatze.«

Ich weiß nicht, wie dieser Satz über meine Lippen kam, und sofort drehten sich die überraschten Gesichter meiner Freundinnen zu mir.

»Bravo, du Luder!«

Wochenlang hörten wir nichts von Salma. Sie ging nicht ans Telefon. Dabei war sie längst aus Beirut zurückgekehrt. Soha war besonders ungeduldig, denn Salma sollte ihr die Adresse eines Chirurgen besorgen, der zurzeit das Land der Zedern in Aufruhr versetzte. Joumana entschied schließlich, ihr in Begleitung ihres Ehemannes einen Besuch abzustatten. Sie fand Salma im Bett vor.

Während Abdallah im Salon mit Mahmoud sprach, fragte Joumana Salma nach dem Grund für ihre Funkstille. Doch diese verweigerte jegliche Erklärung. Sie ließ ihre Tränen sprechen. Joumana weinte mit ihr. Nach ihrer Rückkehr und nachdem sie mit Abdallah geschlafen hatte – es ist gemeinhin bekannt, dass nur Sex oder Alkohol die Zungen der Männer lockern –, vertraute dieser ihr die erstaunlichen Neuigkeiten an:

»Jeder weiß doch, dass Mahmoud …«

»Dass Mahmoud was?«

»Dass er nicht auf Frauen steht.«

Soha und Farah waren entsetzt über Joumanas Bericht.

Doch Joumana schien ein wenig Verständnis zu haben:

»Unsere Traditionen fordern doch durch die Trennung der Geschlechter die Homosexualität geradezu heraus.«

»Das stimmt«, sagte Farah. »Wie sollen denn die jungen Männer leben, ohne dass sie jemals eine Frau berühren oder nur ihr Gesicht sehen. Es ist doch verständlich, dass sie ein wenig Liebe brauchen, und das geht eben nur unter Männern.«

»Es wird behauptet, dass sich diese Anwandlungen legen, sobald sie erst verheiratet sind. Obwohl es bei Mahmoud scheinbar anders ist …«, sagte Soha.

»Richtige Homos wie im Westen sind selten«, bestätigte Joumana. »Hier sind sie es aus der Not heraus oder aus Langeweile, aber sie würden es niemals an die große Glocke hängen.«

»Stell dir mal vor, dein Ehemann würde sich auch als Schwuler outen!«, provozierte Farah Soha.

»Gott strafe dich für deine wahnsinnigen Ideen! Ich weiß ganz genau, wie sehr Omar die Frauen liebt!«

Ein traumhafter Trauschein

Ich persönlich überreichte Fouad sein Geschenk. Meine Freundinnen hatten es in einen schönen Umschlag gesteckt und mit einem Seidenband geschmückt.

»Dein armer Landsmann soll schließlich mit dem Vögeln nicht warten müssen, bis er wieder zu Hause ist«, sagte Farah mit ihrem gewohnt losen Mundwerk.

Sie holte aus dem Umschlag ein offizielles Papier.

»Sag ihm, dass ein solches Dokument Gold wert ist. Jedes Mal, wenn er eine Gazelle besucht, muss er es bei sich tragen. Wenn er von der Sittenpolizei überrascht wird und sie seine Verbindung zu der Dame anzweifeln, kann er hier ihren Namen eintragen. Damit ist sie dann offiziell seine Zweitfrau, mit Stempel und allem Drum und Dran.«

Tatsächlich handelte es sich um ein Dokument, das unverheirateten Paaren Schutz bot, wenn sie von der Sittenpolizei in flagranti erwischt wurden. In so einem Fall hätte man sie eigentlich wegen Prostitution und öffentlichem Ärgernis angeklagt, was ihnen Arrest oder gar die öffentliche Enthauptung eingebracht hätte. Und das würde man wohl noch nicht einmal seinem ärgsten Feind wünschen.

Als Ehemann war bereits Fouads Name in wunderbar schnörkeliger Schrift angegeben, das Feld für die Ehefrau war frei und konnte jedes Mal einen anderen Namen tragen. Joumana hatte den Wisch mit Hilfe ihres Ehemannes besorgt.

In dem Umschlag befand sich darüber hinaus eine Liste mit Orten, an denen sich Fouad ungestört mit seiner Dulzinea aufhalten konnte: Parkplätze, Einkaufszentren, Parks und Familienrestaurants. Sie war natürlich von Farah erstellt worden.

Fouad nahm den Umschlag dankbar entgegen, gedachte jedoch nicht, von ihm Gebrauch zu machen. Er erzählte mir, dass es noch einen anderen Trauschein gebe, der eine sexuelle Beziehung unter bestimmten Umständen erlaubte, eine Art legale Prostitution. Diese Art von Heirat nannte sich *Mut'a* und wurde von vielen Schiiten praktiziert. Sie erlaubte den *Niqah*, also den Koitus, für einige Stunden oder ein ganzes Leben, solange man die islamischen Regeln befolgte.

»Das ist sehr liebenswürdig von deinen Freundinnen, aber statt sich um mein Liebesleben zu kümmern, sollten sie lieber ihre eigenen Ehemänner im Blick behalten.«

»Was soll das heißen?«

»Mein Freund Abderrahman, der Pilot, hat mir erzählt, was seine saudischen Landsmänner im Ausland so treiben. In Ländern wie Indien oder Pakistan bezahlen sie einen Kadi, der ihnen dann einen Trauschein für eine ›Stundenehe‹ ausstellt: Man stellt die jungen Frauen in einer Reihe auf, er hebt ihre Burka, inspiziert ihre Haare, sagt via Übersetzer ein paar Worte und macht den Sack zu. Für diese angeblich ach so tugendvolle Praxis klopfen sie sich dann auch noch auf die Schulter, und auch wenn die Kunden das natürlich nicht hören wollen, handelt es sich dabei um nichts anderes als Prostitution – und wir Marokkaner nennen die Saudis Wahhabiten!«

Und dennoch: Ganz im Gegensatz zu seinen Worten zögerte Fouad keine Sekunde, sich trotz aller Risiken des Freifahrtscheins meiner Freundinnen zu bedienen. Nun wagte er es sogar, junge saudische Frauen oder Maghrebinerinnen anzubaggern, denen er mit seinem magischen Dokument die Angst nahm. Er bewegte sich unter den Menschen wie einer von ihnen, in einem wallenden weißen Gewand und mit einem luxuriösen Turban ausgestattet. Die Frau lief ihm bis zum Restaurant, einem öffentlichen Platz oder zum Strand hinterher, und er ging sogar so weit, dass er sie nach Hause begleitete. Ich drohte, seiner Ehefrau alles zu berichten, doch er lachte nur:

»Ich weiß genau, dass du das nie tun würdest. Aber ist es nicht seltsam, dass man sich in Arabien mehr amüsiert als zu Hause?«, fragte er mich eines Tages.

Laut Fouad waren die saudischen Frauen durch die vielen alltäglichen Frustrationen absolut sexbesessen. Sie »denken nur an das Eine«. Sofort fiel mir Salma ein. Und ganz plötzlich kam ich auf eine Idee, wie man ihrem Frust eventuell beikommen könnte. Gott vergib mir! Mein marokkanischer Genosse konnte der Saudi die Ehre erweisen, sie zu beglücken, um ihr Geschlecht nicht verstauben zu lassen, wie Farah sagte.

Kaum hatte ich Salmas Namen ausgesprochen, da erzählte Fouad, dass er ihren Ehemann häufig auf dem Linienflug Dschidda–Beirut sah. Ich hatte ihm Mahmoud einmal gezeigt, als wir zusammen arbeiteten.

»Immer gut gekleidet, mit einem Lächeln, vor allem für die Jungs«, sagte Fouad, und dann fügte er zu meiner Überraschung hinzu: »Erst dachte ich, der wäre total konservativ.«

»Und dann?«

»Dann habe ich gemerkt, dass er ein warmer Bruder ist! Ich habe ihn in einem Londoner Club erwischt. (Meine Augen wurden immer größer.) Letzten Monat war das erst. In so einem Schuppen voller nackter Mädels und bartloser Jünglinge. Einen von denen hat er dann in eine dunkle Ecke mitgenommen.«

Zitternd vor Wut rügte ich meinen Landsmann:

»Dir reichen wohl weder deine Frau noch deine *Misayr!* Jetzt musst du dich auch noch in den übelsten Etablissements rumtreiben. Gott soll dich an den Augenlidern aufhängen, oder am besten noch an etwas anderem!«

Und so verwarf ich meine Idee, ihn zu Salma zu schicken.

Vom Schwindel mit dem Niqab

An jenem Nachmittag trug ich ein weites Kleid und ein einfaches Kopftuch. Wir waren auf dem Basar, wo von gebrannten oder echten CDs über Pelzmäntel einfach alles feilgeboten wurde. Die Obsession für dieses Kleidungsstück in einem Land, in dem die Temperaturen so gut wie nie unter 30°C sanken, schien mir fast außerirdisch, während wir an Edelsteinen und Markenartikeln vorbeiliefen.

Kaum hatten wir eine kleine Seitengasse betreten, da ertönte der Ruf zum Gebet. Die Händler ließen in Windeseile die Gitter herunter und liefen zur Moschee. Tatsächlich muss alles stehen und liegen gelassen werden, sobald der Muezzin ruft. Die Männer machten einen Schlenker um uns, sobald sie sich näherten. Farah zischte unter ihrem Schleier:

»Man müsste sie absichtlich berühren, dann müssten sie sich wieder reinwaschen, viel Spaß mit der Wasserrechnung.«

»Einfacher wäre es natürlich, wenn sie Frauen auf der Straße verbieten würden, wenn der Muezzin ruft«, grummelte Joumana.

»Kommt, wir gehen in diesen Laden.«

Wir mussten unter dem sich bereits senkenden Gitter hertauchen. Einige Sekunden später waren wir eingeschlossen. Doch diese Praktik ist unter saudischen Frauen bekannt, auch in Begleitung ihres Ehemanns: Um dem

Gebet zu entgehen, lässt man sich lieber in einem Laden einschließen.

Als wir wieder frei waren, wimmelte es auf der Straße bereits vor Menschen. Gerade wollten wir weitergehen, als ein Mann mir den Weg versperrte:

»Ihr Kopftuch ist verrutscht, bedecken Sie Ihre Stirn.«

Ich wusste nicht, was ich tun oder sagen sollte. Auch meine Freundinnen blieben stumm, ihnen war es verboten, in der Öffentlichkeit mit einem Mann zu sprechen oder auch nur ihre Stimme erklingen zu lassen. Sie blieben lediglich stehen, während ich fast mein gesamtes Gesicht mit dem Schleier bedeckte.

An jenem Tag begriff ich, wie sehr der Niqab einem Gefängnis glich. Er kam mir plötzlich nicht mehr vor wie ein Stück Schutz, wie ein tugendhaftes Versteck. Nein, es handelte sich nicht um ein harmloses Stück Stoff. Der Niqab symbolisierte die absolute Herrschaft des Mannes und die grenzenlose Macht selbst des Dümmsten unter ihnen, uns herumzukommandieren.

Ich war in ebendiese Gedanken vertieft, die eine Hand am Kopftuch, damit es nur ja nicht wieder verrutschte, als ich eine leise Stimme hinter Farah hörte:

»Umm Rachid! Umm Rachid!«

Zu Hause nutzte Joumana die Gelegenheit, um ihrer Nichte Iqbal eine doppelte Lektion zu erteilen und rief ihr in Erinnerung, dass es sich nicht nur nicht gehörte, als Frau auf der Straße das Gesetz der Stille zu brechen, sondern auch noch etwas anderes:

»Du solltest eine Frau mit ihrem Vornamen ansprechen, nicht mit dem Namen ihres Sohnes. Wir haben keinen Beruf und keine Rechte, da sollten wir wenigstens einen Namen haben, oder?«

»Ja, Tante«, sagte Iqbal, die sich gerade die gleiche Frisur wie Joumana hatte schneiden lassen und ein raues Baumwollhemd über einer sehr weiten Jeans trug, die mich ein wenig an die Sarouel-Hosen meiner Großväter erinnerte.

Tatsächlich hatte sich Iqbals militante Ader zunehmend verstärkt. Die junge Frau sprach sogar davon, das Königreich zu revolutionieren und hielt die Ansichten ihrer Tante bereits für schüchtern und borniert. Wie eine Löwin drehte sie ihre Runden in einem Haus, das sie nun ihre »Zelle« nannte, in einem Land, das für sie nur noch der »Knast« war und unter den wachsamen Augen eines Vaters, der für sie nun »Diktator« hieß. Sie las uns übersetzte Passagen von Simone de Beauvoir vor. Joumana hing ihrer neuen Kampfgefährtin förmlich an den Lippen.

Salma, die wieder in unsere Runde zurückgekehrt war, sagte beim Anblick einer sportlichen jungen Frau, die gerade im Fernsehen eine Felswand erklomm:

»Wie ich solche Frauen bemitleide.«

Anscheinend hatte sie gesprochen, ohne darüber nachzudenken. Seit ihrer Reise nach Beirut und ihrer langen Abwesenheit hüteten wir uns, ihr Widerworte zu geben. Keine von uns erwähnte mehr den Stand ihrer Ehe. Farah vermutete, dass sie Mahmoud in Beirut mit einem seiner Süßen erwischt hatte. Soha fand den Gedanken einfach zu schrecklich.

Joumanas Mut war vonnöten, um der armen Salma zu widersprechen.

»Diese Frauen sind vielleicht erschöpft, maskulin und hässlich, aber glücklich sind sie allemal. Ich wäre gerne wie sie, würde auf Berge klettern, mich im Wald verlaufen, meinetwegen sogar auf der Straße betteln gehen. Hauptsache ich wäre frei.«

Ich dachte an die vielen Marokkanerinnen, die liebend gerne ihre Bettlerexistenz gegen die Joumanas getauscht hätten. Und, als hätte sie meine Gedanken gelesen, drehte sie sich plötzlich zu mir:

»Sag mal, was gibt es eigentlich Neues von deiner Cousine Nora? Ist sie immer noch auf dem Weg der Buße oder hat sie sich mittlerweile davon erholt?«

Ich hatte noch gar nicht erzählt, wie sehr mich bei meiner letzten Rückkehr nach Marokko der Anblick meiner Cousine überrascht hatte, die in einer alten Djellaba dasaß, die Haare streng unter einem Kopftuch versteckt, mit blassem Gesicht und ohne einen Tupfen Make-up.

»Was ist denn mit dir los, Nora?«, hatte ich gefragt.

»Meine Pilgerfahrt hat mich auf den Weg Allahs geführt, *alhamdulillah!*«

Kaum zu glauben, dass sie vor weniger als einem Jahr noch überall in ihrer aufreizenden Montur herumgelaufen war, geschminkt, mit ausladendem Dekolleté und hautenger Jeans, die so tief auf der Hüfte saß, dass sich der Hauch von einem Tanga schon erahnen ließ.

»Außerdem hat Gott mir ein großes Geschenk gemacht: Ich habe mich mit Khaled verlobt.«

»Mit dem Imam aus der Moschee?«

»Ja.«

»Aber der ist doch schon verheiratet.«

»Genau. Ich werde seine Zweitfrau. Das ist nichts, wofür man sich schämen muss.«

An ihrer strengen Miene ließ sich ablesen, dass sie keine Kritik akzeptieren würde. Ich versuchte zu lächeln, doch sie wandte sich ab und deutete das Ende meines Besuchs an. Als ich sie verließ, traf ich in der Küche ihre Mutter, die noch bedrückter wirkte als ich es war.

»Stell dir mal vor, sie zwingt die gesamte Familie zu beten! Sie gibt ihren Cousins nicht mehr die Hand. Ihrem Vater hat sie angedroht, das Haus zu verlassen, sobald sie einen Tropfen Alkohol unter seinem Dach findet. Und du kennst ja deinen Onkel, ohne ein Glas Wein ist er manchmal ungenießbar. Er vernachlässigt sogar seine ehelichen Pflichten!«

Das war das erste Mal, dass meine Tante mir gegenüber auf Sex zu sprechen kam.

Nachdem ich die Szenen berichtet hatte, rümpfte Joumana in der ihr eigenen Art die Nase:

»Da erwartet man von den freien Frauen, dass sie hierherkommen, um uns ein wenig abzulenken und dafür zu sorgen, dass sich die Mentalität in diesem Land verändert, und dann fällt ihnen nichts Besseres ein, als die Männer noch in ihrer Arroganz und ihrer Tyrannei zu bestätigen. Sonst würden sie ihre Freiheit doch nicht gegen angebliche Buße eintauschen. Bald wird deine Cousine schon merken, wie es sich unter der Rute solch eines Bärtigen und unter dem gemeinsamen Dach mit seiner ersten Ehefrau lebt.«

Von diesem Tag an fragte keine meiner Freundinnen mehr nach Neuigkeiten von Nora. Sie war in diese dunkle Welt zurückgekehrt, aus der die Saudierinnen so verzweifelt auszubrechen versuchten.

Meine Mutter hatte noch mehr schlechte Neuigkeiten für mich parat: Meine Schwester Sana steckte in großen Schwierigkeiten. Sie fürchtete um ihr Leben und das ihrer Kinder. Vor einem Monat hatte ihr Ehemann sie mit einem Messer in der Hand bis auf die Straße verfolgt. Beim Versuch, ihre Mutter zu beschützen und dazwischen zu gehen, wurde ihre Tochter am Arm verletzt.

Konsequenz: Sana hatte beschlossen, sich scheiden zu lassen, nur dass mein Schwager davon nichts hören wollte. Er hatte ihr gedroht: »Lass dich scheiden und du wirst zahlen.« Meine Schwester hatte ihn angefleht, sie wusste selbst nur zu gut, dass sie mit ihrem kleinen Lehrerinnengehalt keine Chance hatte, die eheliche Verbindung zu lösen. Er war unerbittlich: »Sie will gehen? Bitte, dann soll sie mir das Haus überlassen, ihre zwei Rotznasen mitnehmen und bezahlen.«

In meinem Land erkaufen sich reiche Frauen bei einer Scheidung ihre Freiheit. Es gibt sogar Männer, die die Töchter aus betuchten Familien allein aus dem Grund verführen und heiraten, um sie später dazu zu bringen, die Scheidung einzureichen und abzukassieren.

Bei meiner Schwester lag der Fall natürlich anders, und mir war klar, was ich zu tun hatte.

Wie man den Ehemann seiner Freundin in Versuchung führt

Da ich die Ehemänner meiner Freundinnen von Fotos oder persönlichen Treffen kannte, wie im Falle von Joumanas Ehemann, konnte ich sie leicht am Flughafen oder im Flugzeug ausmachen und nach Lust und Laune beobachten. Von daher war es absehbar, dass ich immer wieder lebhaft darum gebeten wurde, von ihren winzigsten Gesten zu berichten. Joumana jedoch bat mich nie, ihren Mann zu überwachen – das war für sie eine Frage des Vertrauens und ihr Unwille, sich zu solch unschönen Manövern herabzulassen –, Soha jedoch scheute keine Mühen, um ihren Mann gezielt auf meinen Flügen zu platzieren.

Eines Tages jedoch bat sie mich, noch weiterzugehen.

»Was kann ich für dich tun, Herzchen?«

»Ich will, dass du ihn provozierst.«

Ich zögerte einen Augenblick, bevor ich antwortete:

»Du weißt genau, dass das nicht geht, ich riskiere meinen Job. Was sollen meine Kollegen von mir denken?«

»Komm schon! Wir wissen alle, wozu du fähig bist!«

Sie schien sich ihrer Entgleisung bewusst zu sein und korrigierte sich:

»Ich meine doch nur, dass du eine Ausnahme machen könntest! Joumana hat Erkundigungen über dich eingeholt, bevor sie dich hierher eingeladen hat.«

Ich fiel aus allen Wolken. Zum ersten Mal wurde mir bewusst, was für ein teures Gut die Gastfreundschaft in diesem Land war. Ich sparte mir einen Kommentar und hörte mir an, was Soha vorschwebte.

»Du lächelst ihm ein wenig zu. Ich weiß auch nicht, du läufst einfach zwanzig Mal vor ihm auf und ab. Oder noch besser: Du steckst ihm deine Nummer zu, bevor er das Flugzeug verlässt.«

»Und wenn er mich anruft?«

»Kannst du mir den Rest überlassen«, sagte sie.

Am nächsten Morgen fand ich einen kleinen, für mich bestimmten Beutel, in dem sich ein brandneues Handy, eine Chipkarte und ein Zettel mit einer Telefonnummer darauf befanden. Ein Geschenk, das viel mehr wert war als der winzige Gefallen, den ich meiner Freundin tat.

Denn ich hatte beschlossen, Soha beim Wort zu nehmen. Das hatte sie nun davon!

Ich legte mich richtig ins Zeug. Sohas Ehemann befand sich auf einem Flug in die ägyptische Hauptstadt. Ich erblickte ihn in der dritten Reihe, westlicher Anzug, passende Krawatte. Mit seinen vor Pomade glänzenden Haaren und seiner Ray-Ban-Sonnenbrille sah er aus wie ein englischer Gentleman. Ein echter Hingucker! Sicherlich waren ihm meine Blicke und mein Eifer, ihn zu bedienen, nicht entgangen. Ich lief vor ihm auf und ab, bot ihm ein Getränk oder einen Imbiss an, und wenn ich mich zu seinem Nachbarn beugte, streifte ich ihn. Mir blieb gar keine Zeit für weitere Annäherungsversuche, noch vor der Landung hatte er mir bereits eine Nachricht zugesteckt.

Am darauf folgenden Freitag brachte ich es nicht übers Herz, Soha die Wahrheit zu sagen.

»Nichts. Er hat nichts gemacht.«

Ich hatte die Nacht in Kairo verbracht. Am liebsten mag ich in dieser Stadt die Taxifahrer. Sie sind freundlich und sanftmütig, ganz wie die Bewohner des Landes, und haben immer einen Scherz auf den Lippen. Natürlich ist das Taxameter immer kaputt, man selbst wird im Rückspiegel taxiert, eine Hand liegt auf der Hupe und an verführerischen Worten mangelt es auch nicht, um ein Maximum an Dollars aus den Taschen des *Khawaga* herauszuleiern, der man nun einmal ist.

»Mein Augenstern, Seele meines Herzens, Ammouuuura! Wie schön du bist!«

Danke sehr! Für solche Komplimente würde ich sogar meine Uniform hergeben, die sie ohnehin am meisten beeindruckt, nicht so sehr wegen ihres Schnittes, sondern vielmehr wegen ihres Inhalts … Vor allem verglichen mit dem der dortigen Polizeiuniformen!

Ich war an diesem Abend bei einer Marokkanerin eingeladen, die ich auf einem Flug in den Mittleren Osten kennengelernt hatte. Wir waren in Paris im Quartier Sentier zusammen shoppen. Niemals hatte ich eine einzelne Frau so viel kaufen sehen, nicht weniger als sieben Koffer voll. Ich musste bei einem Kollegen von Royal Air Maroc ein gutes Wort für sie einlegen, damit ihr das ganze Übergewicht nicht in Rechnung gestellt wurde.

Wir waren in einem Palast am Nil verabredet, zu unseren Füßen fuhren die Feluken vorbei, der Traum all der Sängerinnen der arabischen Welt, die hierherkamen, um den Durchbruch zu schaffen, ganz wie in Dubai.

Houria hatte großen Redebedarf. Sie hatte nach einer langen Reise beschlossen, sich in Ägypten niederzulassen. Sie war unter anderem in Beirut gewesen, wo sie an einem Wettbewerb des Studios al-Fann teilgenommen hatte, dem Äquivalent zu Star Academy in Frankreich, dann in Katar und Abu Dhabi, wo sie bei einem Fernsehsender als Moderatorin arbeitete. In jeder sendefreien Minute hatte sie sich mit ihren Bewunderern getroffen, die sie mit Geschenken überhäuften. Dann hatte sie ihre Stimme entdeckt und entschieden, sich ein Herz zu fassen und bei einem großen Komponisten aus Kairo an die Tür zu klopfen. Sie war nicht die Einzige, die von Salon zu Salon tingelte, um ihr Können unter Beweis zu stellen.

»Nach und nach lernte ich, dass eine tolle Stimme gar nichts bedeutete, und dass ich besser damit fuhr, mir die Nase operieren und die Lippen aufspritzen zu lassen. Ich machte eine Nulldiät, ließ mir die Haare verlängern und ein Arschgeweih tätowieren.«

Weder Verleumdungen noch Schmiergelder konnten sie aufhalten. Auch nicht die erbitterten Konkurrenzkämpfe unter den maghrebinischen Starlets, die sich gegenseitig die Augen auskratzten. Und auch nicht die Rivalitäten zwischen polnischen und ukrainischen Tänzerinnen und den *Raqqassat* vom Nil, den Bauchtänzerinnen, die ihnen vorwarfen, ihre Jobs wegzunehmen. Sie war im Land der Künste und hatte beschlossen, dortzubleiben oder unterzugehen.

Eines Tages war sie auf einer privaten Feier, auf der sie ein Lied von Warda zum Besten gab, einem *Nabob* mit Schnurrbart aufgefallen, der aus Ägypten stammte. Der millionenschwere Typ hatte ihr gesagt, dass er ihre internationale Karriere ankurbeln würde. Einige Wochen später mussten sich ihre Wege trennen, weil er sie jeden Abend vergewaltigte, nachdem er sie verprügelt hatte.

Ein Tunesier, der sich auf der Durchreise nach Karthago befand, machte ihr schöne Augen und versprach ihr einen Auftritt beim Karthago-Festival, allerdings unter der Bedingung, dass sie seine zweite Ehefrau würde und in Kairo bliebe. Er konnte sie nicht in sein Land mitnehmen, in dem er lediglich das Recht auf eine einzige Ehefrau hatte.

»Und dann?«

»Pah! Ich heirate doch keinen Typ ohne Geld, nur um seine heimliche Zweitfrau zu werden!«

Während sie erzählte, kokettierte sie fortwährend mit ihrem Aussehen und entschuldigte sich regelmäßig, um ihre Frisur zu richten oder sich die Nase zu pudern, und kam mit einem strahlenden Lächeln und dem katzenhaften Gang eines Laufstegmodels zurück.

»Wartest du auf jemanden?«, fragte ich sie misstrauisch.

»Nein, aber man weiß ja nie! Wenn Youssef Chahine hier vorbeikommt, stürze ich mich auf ihn und werde Kinostar!«

»Bleib lieber beim Gesang, bei Chahine hast du keine Chance. Der steht nicht auf Frauen!«

Als ich sie verließ, war ich fest davon überzeugt, dass sie ihrer Linie treu bleiben und es irgendwann auf die ganz großen Bühnen schaffen würde, wo sie die seichtesten Songs singen würde, die Hausfrauen im ganzen Maghreb, im ganzen Orient träumen lassen würden, ohne dass sie jemals einen Gedanken an die Opfer der Sängerin verschwenden würden …

Auf dem Rückflug war ich erleichtert, Sohas Ehemann nirgendwo zu entdecken. Dann erinnerte ich mich daran, was Soha beim letzten Mal gesagt hatte: dass nämlich Omars Aufenthalte in Kairo immer länger würden. Es bestand also keine Gefahr, dass er innerhalb von vierundzwanzig Stunden Hin- und Rückflug gebucht hatte.

Insofern hätte ich es eigentlich ahnen sollen.

Die Nachricht brach über Soha herein, als sie sich eines Abends gerade von ihrer Dienerin massieren ließ. Das

Handy auf ihren Knien klingelte. Es war eine Nachricht aus Kairo, wo Omar sich gerade aufhielt. Sie schubste die Dienerin weg und sprang auf. Doch ihre Eile wurde mit etwas Furchtbarem belohnt. Omar hatte ihr die Nachricht hinterlassen, dass er … sich eine Zweitfrau nahm. Er ließ ihr die Wahl, es entweder zu akzeptieren oder ihn zu verlassen. Eine einzige SMS, die ihr Schicksal besiegelte.

Soha weinte wie eine Soldatenwitwe, als sie uns von der Katastrophe berichtete und wiederholte immer wieder die gleichen Worte:

»Ich und eine Zweitfrau? Lieber sterbe ich!«

Ich beobachtete sie voll Mitleid und erinnerte mich an eine Szene, die ich vor einigen Wochen in einem Schönheitssalon in Beirut erlebt hatte. Die Kundinnen diskutierten über die Tatsache, dass immer mehr Christen zum Islam konvertierten, um die Vorzüge der Polygamie zu genießen.

Eine Dreißigjährige mit Lippen wie ein Affenarsch: »Kann eine einzige Frau die Bedürfnisse eines Mannes befriedigen?«

Eine hippe TV-Moderatorin: »Ja, wenn sie gut im Bett ist.«

Die Dreißigjährige mit Lippen wie ein Affenarsch: »Ich glaube nicht. Gott hat den Männern eine solche sexuelle Energie gegeben, dass eine einzige Frau ihnen nicht reichen kann. Und um zu verhindern, dass sie es links und rechts mit allen anderen treiben, ist es da nicht der bessere Weg, sie gleich mehrere Frauen haben zu lassen?«

Eine Schiitin (empört): »Und wieso sind dann die Männer anderer Länder und Religionen mit einer zufrieden? Gott hat sie genauso geschaffen wie die unseren. Er hat den Muslimen nicht zwei Schwänze gegeben, sie sind wie alle anderen, mit einem einzigen Ding zwischen den Beinen, das sich, wenn es wirklich lieben würde, mit einer einzigen Gefährtin zufriedengeben würde.«

Die hippe TV-Moderatorin: »Ich denke einfach, dass uns die Männer als Objekte betrachten, sie können sich eine ganze Reihe von uns kaufen. Wir sind alle gleich viel wert und daher austauschbar.«

Eine schwarz verschleierte Frau: »Der Koran sagt, dass alle Ehefrauen gleich behandelt werden sollen.«

Die hippe TV-Moderatorin: »Aber wie soll das gehen? Vielleicht, indem man ihnen gleich viel Haushaltsgeld gibt. Aber die Liebe, sein Herz, seine Lust, wie soll man da teilen, wie kann man sie überhaupt messen, um sie gleichmäßig zu verteilen?«

Die schwarz verschleierte Frau: »Meine Schwester hätte keine Alternative gehabt, sie wäre auf der Straße gelandet. Sie kann keine Kinder bekommen, es war ihre einzige Möglichkeit, ihrem Unglück zu entkommen und trotzdem versorgt zu werden.«

Die Schiitin: »Wenn deine Schwester einen Beruf erlernen könnte, hätte sie eine andere Möglichkeit als den Schutz durch einen Ehemann, sie hätte es nicht akzeptiert, ihren Ehemann zu teilen.«

Die hippe TV-Moderatorin: »Mein Bruder kann auch keine Kinder zeugen. Und trotzdem schlägt niemand meiner Schwägerin vor, sich einen zweiten Ehemann zu nehmen.«

Die schwarz verschleierte Frau: »Hör auf mit der Gotteslästerung! Gott hat die Polygamie vorgegeben, Er wird seine Gründe dafür haben.«

Die hippe TV-Moderatorin: »Ich habe keine Ahnung von göttlichen Absichten, aber was die der Männer angeht, glaube ich schlicht und einfach, dass sie sich diesen Kram ausgedacht haben, um untreu sein zu dürfen, das ist alles. (Sie zwinkerte mir zu und behielt das letzte Wort.) »Kein Wunder, dass sie alles daransetzen, dass wir Analphabetinnen bleiben. Sonst würden wir ja sofort die Scheidungspapiere beantragen.«

Ich versuchte die Situation aufzulockern, indem ich sie an den Riesenerfolg der ägyptischen Serie *Sayyid Mitwalli* erinnerte, doch es half nichts. Trotzdem war die arabische Welt, inklusive meiner Freundinnen, ganz verrückt nach dem Helden, einem Polygamen, der den ganzen Tag damit verbrachte, die Streitigkeiten zwischen seinen Frauen zu schlichten, ihre Kaufsucht zu kurieren, ihre Eifersuchtsattacken abzuwehren und ihre sexuellen Spielchen mitzuspielen.

Ich teilte Sohas Verzweiflung, das Ganze war wirklich eine Tragödie. Wir wussten, dass die Entscheidung ihres Mannes unwiderruflich war und es kein Entrinnen gab. Es war gut möglich, dass Omar schon seit geraumer Zeit mit seiner Ägypterin herumturtelte und nur auf einen geeigneten Moment gewartet hatte, die Bombe platzen zu lassen.

Apropos Polygamie

Durch eine Anschlagswelle auf Personen westlicher Staatsangehörigkeit, herrschte im Juni 2004 im Königreich ein gereiztes Klima. Die Überwachung der *Compounds* wurde verstärkt und unzählige Polizisten und Wachmänner vervielfachten ihre Kontrollen rund um alle Gebäude, in denen sich Ausländer aufhielten, inklusive meiner. Die Angst wurde zunehmend größer und jeder spürte, dass die Nachwirkungen der Anschläge des 11. September so schnell nicht aufhören würden.

Trotz allem verzichtete ich nicht auf meinen Ausgang und fuhr weiterhin jeden Freitag zu Joumana. Dort erblickte ich einen Neuzugang, der mir sofort vorgestellt wurde. Ich brauchte einen Moment, bis ich sie wiedererkannte: Es war Hind, Farahs Cousine, zu deren Hochzeit wir damals gegangen waren. Was war aus dem jungen Mädchen geworden, das ich damals so wunderbar geschmückt und mit strahlendem Lächeln gesehen hatte, kaum zwei Jahre war das her! Vor mir saß eine traurige Frau, die bereits graue Haare bekam. Ihr Gesicht war engelsgleich geblieben. Ich verstand jedoch die Gründe ihrer Verwandlung, als Farah sie ganz unverblümt fragte:

»Du, die du das Bett deines Ehemannes mit einer anderen teilst, was kannst du uns über die Vorteile der Polygamie berichten?«

»Dein verstorbener Ehemann war doch auch …«, fragte Salma vorsichtig.

»Ja, aber diese Zeit meiner Jugend war so furchtbar, dass ich mich nicht mehr daran erinnere!«, sagte Farah.

Es war also an Hind, unsere Freundin Soha auf diese schwere Probe vorzubereiten.

Die junge Frau erzählte bereitwillig von der zweiten Hochzeit, die acht Monate nach ihrer eigenen stattgefunden hatte und von dem Alptraum, den Schmuck dieser Zweitfrau aussuchen zu müssen. Ihr Ehemann ließ sie unter demselben Dach wohnen, so dass sie der Neuen ständig über den Weg lief und sich tolerant geben musste, den Eindringling zu akzeptieren, um nicht den Zorn ihrer Schwiegereltern auf sich zu ziehen und aus dem Bund der Ehe verstoßen zu werden.

Wir alle waren mit einem solchen Szenario mehr oder weniger vertraut. Soha traute sich als Erste zu fragen:

»Kannst du mir sagen, wie sich das im Bett abspielt?«

»Jede hat ihre Nacht.«

»Sicher? Kein flotter Dreier im trauten Heim?«, provozierte Joumana.

»Nicht bei mir«, versicherte Hind verärgert.

Als wir sahen, wie sich sowohl Sohas Augen als auch die von Hind mit Tränen füllten, schämten wir uns plötzlich, das Ganze so taktlos angegangen zu sein. Von einer frivolen Posse waren wir meilenweit entfernt, zumal Hind noch ein weiteres Problem mit sich herumtrug:

»Seit sie einen Sohn bekommen hat, spielt sie sich zu Hause wie die Hausherrin auf.«

»Ist doch klar«, rief Farah mit dem ihr eigenen Pragmatismus, »du musst es ihr einfach nachmachen.«

»Lass Hind doch mal ausreden«, tadelte Joumana.

Und die Arme erzählte vom Spott und den Andeutungen der Zweitfrau, von ihrer krankhaften Gier, alles, vom Schmuckstück bis zum Blumenstrauß, in doppelter Menge zu bekommen, indem sie sich auf ihre Jugend und ihren männlichen Nachkommen berief.

»Wenn unser Mann einmal Nein sagt, rennt sie sofort zu seinen Eltern und lässt nicht locker, bis er ihr einen Diamanten oder eine Reise schenkt.«

»Sie ist ganz einfach eine Gaunerin. Solche Frauen sind wie Gift«, sagte Salma.

»Das ist doch alles nur zweitrangig. Das Wichtigste ist, dass sie sich nicht das komplette Bett ergaunert«, warnte Farah.

»Niemals, eher bringe ich sie um!«, rief Hind und brach abermals in Tränen aus.

Genau wie Soha.

Da die Männer in meiner Familie monogam sind, hatte ich mich nie mit der Frage der Polygamie auseinandergesetzt. Und weil unsere Armut von Generation zu Generation weitergegeben worden war, wäre es auch unmöglich gewesen, mehr als eine Frau pro Haushalt zu ernähren. Unter meinen Kameradinnen an der Uni gab es jedoch einige, die zu Hause auch mit Zweitfrauen zusammenlebten. Keine von uns hätte es je gewagt, sie darauf anzusprechen. Von der Frage nach Sex ganz zu schweigen. Für uns war die Polygamie eine ganz eigene, geheimnisvolle Welt, und die nächtlichen Intimitäten waren Teil dieses großen Mysteriums.

Bei einer Zwischenlandung in Abu Dhabi machte ich eine unangenehme Entdeckung. Man hatte mir ein Hotelzimmer im dritten Stock gegeben. Ich stieg mit meinem Rollkoffer in den Aufzug, gefolgt von einem wie am Golf gekleideten Mann und zwei verschleierten Frauen. Ich grüßte die beiden Frauen und ignorierte den Mann, wie ich es von meinen Freundinnen gelernt hatte. Auf meiner Etage belegten sie ein Nachbarzimmer.

Mir steckte ein achtzehnstündiger Flug in den Knochen und ich war todmüde. Kaum lag ich mit dem Kopf auf dem Kissen, war ich auch schon eingeschlafen. Mitten in der Nacht jedoch wurde ich von lautem Kichern geweckt. Zunächst dachte ich an einen Fernseher im Nebenzimmer, doch die Geräusche waren anderen Ursprungs. Mal wurde es still, dann ging es umso lauter von vorne los. Ich klopfte gegen die Wand, da ich mittlerweile sicher war, dass der Lärm aus dem Zimmer des Arabers aus dem Aufzug kam. Es wunderte mich, dass er als Gast vom Golf, dem beigebracht wurde, niemals die Stimme zu heben, so indiskret sein konnte, – seinen Frauen war es sogar verboten, sich allzu lustvollen Geräuschen hinzugeben. Selbst in unseren maghrebinischen Familien galt das ungeschriebene Gesetz, den Liebesakt möglichst lautlos zu vollziehen. Ich persönlich hatte mich nur einige wenige Male im Bett gehenlassen, und das auch nur unter dem schützenden Dach Europas, in Hotelzimmern, deren Wände keine Ohren hatten.

Und dennoch! Meine Nachbarn hatten scheinbar jeglichen Anstand vergessen, so dass alles auf einen flotten Dreier hindeutete! Stöhnen, Lachen, Glucksen, Objekte, die auf den Boden fielen, das alles ging munter weiter.

Am Ende ging ich völlig gerädert auf den Flur und klopfte an ihre Tür. Der Mann öffnete mir. Ich beschwerte mich gehörig und sagte ihm, dass sie nicht die einzigen Gäste in diesem Hotel wären, ich bat um mehr Diskretion. Ohne ein Wort zu sagen, drehte er sich um und schloss die Tür. Im Morgengrauen ging ich zur Rezeption:

»Verehrteste, ich kann nichts für Sie tun!«, rief der ägyptische Rezeptionist mit zum Himmel erhobenen Händen. »Sie haben einen ungünstigen Tag erwischt. Dieser Typ kommt einmal im Monat mit seinen beiden Ehefrauen.«

»Sind Sie sicher, dass es sich um seine Ehefrauen handelt.«

»Natürlich, wo denken Sie denn hin, sonst würde ich ihm hier kein Zimmer überlassen.«

»Kann er das nicht bei sich zu Hause machen?!«

»Wirklich frei ist man wohl nur weit weg von seiner Heimat und Sippe!«

Es versteht sich von selbst, dass ich Soha diese Geschichte nicht auf die Nase band.

Die Vorzüge der Rauke

Sobald mir ein Flug nach Damaskus angeboten wurde, sagte ich augenblicklich zu. Ich hatte mich in Syrien verliebt, wo die Männer groß, schön und rassig waren, die Frauen gebildet und die Sitten so sanft. Kein Krawall auf der Straße und ein hinreißender Respekt vor den Frauen. Auch wenn der algerische Pilot, mit dem ich an jenem Tag die Omayyaden-Moschee besuchte, behauptete, das alles sei nur Show. Die Syrer respektierten die Frauen nur, solange sie wussten, wo ihr Platz war und auf ihre Brüder und ihren Ehemann hörten. Ich entgegnete, dass ich die kultivierten Umgangsformen trotzdem denen in meinem Viertel vorzog, wo die Jungs ein Mädchen auf der Straße hänselten und beleidigten. Jedes Mal, wenn ich nach Marokko zurückkehrte, glühten mir binnen kürzester Zeit die Ohren, so oft hörte ich *Hmar*, Hurensohn und *Qahbu* auf der Straße. So etwas gab es bei den *Chamis* nicht.

Anschließend gingen wir in ein Restaurant im Stadtzentrum, wo man uns eine hervorragende *Mouza* vom Lamm servierte, dazu geschroteten Weizen und Zitronensaft mit Minze. Auf dem Tisch mischten sich die Düfte der Kräuter und der vielen Früchte, von Kichererbsenpüree und eingelegten Auberginen, *Fattouche*, Weinblättern und anderen typischen Vorspeisen. Der Kellner fragte, ob wir eine Portion *Jarjir* wünschten. Da wir nicht wussten, was er meinte, deutete er auf einen übervollen Teller am Nebentisch, auf dem wir einen grünen Salat entdeckten. An dem Tisch saß eine Handvoll sehr unterschiedlicher junger Frauen, die allesamt wie wild kicherten, einige komplett verschleiert, andere in Jeans.

Ich lehnte mich zu einer von ihnen herüber, sie war um die dreißig und trotz ihres Schleiers übermäßig geschminkt, um sie noch einmal nach dem Namen der Pflanze zu fragen.

»*Jarjir*, meine Liebe. Die Syrer sind ganz verrückt danach!«

Sie beugte sich noch näher zu mir, damit mein Begleiter nicht hörte, was sie mir zuflüsterte.

»Der ist gut für deinen Ehemann.«

»Ach wirklich? Und warum?«

»Er ist exzellent für die Manneskraft! Bestell ihm welchen und du wirst dich an meine Worte erinnern!«

Ich weiß nicht, ob mein Kollege über die Vorzüge des *Jarjir* Bescheid wusste oder ob er ganz einfach mit einem orientalischen Taktgefühl gesegnet war, das in so vielen Gegenden unseres Maghreb fehlte und es diesen Frauen erlaubte, ohne Begleitung eines Mannes auszugehen.

Abends fragte ich ihn, ob er mich in die Hotelbar begleiten wolle, wo ich vermutlich dieselben Mädchen wie mit Fouad wiedersehen würde. Äußerlich hatten sich die Frauen nicht verändert, immer noch jung und noch weniger bekleidet.

Als eine von ihnen an unserem Tisch vorbeilief, wagte ich es, sie nach einer gewissen Sofia zu fragen.

»Ich antworte dir, wenn dein Kerl mir ein Glas Champagner spendiert.«

»Das geht in Ordnung«, sagte mein Pilot.

»Sofia war so dumm, ihre Bezahlung für sich behalten zu wollen. Also hat ihr *Kafil* sie zurück nach Hause geschickt.«

»Und kennst du auch eine Myriam?«

»Vergiss nicht, Schätzchen, dass wir hier eine Familie sind. Natürlich weiß ich, wo sie steckt, dieser Glückspilz.«

Myriam hatte also scheinbar mehr Glück gehabt als Sofia. Ein Libanese hatte sie entdeckt und nach Paris gebracht, um sie einem Emir zur Verfügung zu stellen. Dieser Magnat hatte das ganze Jahr über eine Suite im Hotel Crillon angemietet und verlangte ausschließlich Mädchen, die noch nie *gedient* hatten. Um diesem Wunsch nachzukommen, wurde Myriam wieder zusammengenäht und intakt *serviert.* Sie war nicht die Einzige: Fünf weitere junge Frauen logierten in der gleichen Residenz, eine schöner als die andere, Sexarbeiterinnen für Korsen oder gutsituierte Schweden, eingeschleust von westlichen oder libanesischen Zwischenhändlern. Zahlreiche Sekretäre des Prinzen versorgten den milliardenschweren Emir so mit Mädchen. Ihre Zustimmung war nicht erforderlich: Man versprach ihnen einen Job, die Falle schnappte zu. Dabei handelte es sich zum Teil um Geschäfte von vielen Tausend Dollars.

»Nun, ich glaube nicht, dass dies für Myriam zutrifft«, fasste unsere Informantin zusammen. »Aber ich weiß mit Sicherheit, dass ein Emir einer amerikanischen Schauspielerin eine Million Dollar für einen einzigen Abend gezahlt hat. Stell dir das mal vor! Eine Spritztour mit der Yacht, ein Gläschen Champagner, ein Treffen mit ein paar Ministern und danach eine Massage. Wer behauptet, dass das nicht die beste aller Welten sei? Und diese verfluchte Myriam ist schon dort, dafür hasse ich sie.«

Einige Wochen später in Dubai stellte ich fest, dass die junge Prostituierte nicht gelogen hatte. Das Emirat war nicht nur eine Drehscheibe der internationalen Finanzwelt geworden, sondern auch ein Freiraum für viele arabische Frauen. Die Frauen vom Golf konnten hier ihren Schleier ablegen und Touristen aus aller Welt, ob im Niqab oder mit tiefem Ausschnitt, sorglos ihren Beschäftigungen nachgehen. Jedes Mal, wenn ich in Dubai von Bord ging, kam es mir so vor, als kehrte ich zurück nach Marokko, nur dass mich in Dubai niemand kannte. Fouad sagte, die Stadt erinnere ihn an eine junge Libanesin, operiert und mit Botox aufgespritzt. Ich für meinen Teil dachte, dass die Herrscher von Dubai ihre Ölmilliarden wenigsten dafür einsetzten, die Stadt zu modernisieren.

Während die Menschen aus dem Westen hierherkamen, um shoppen zu gehen oder größenwahnsinnige Projekte zu leiten, tauchten überall dort, wo es Arbeit gab, meine maghrebinischen Landsleute als Berater für die europäischen Märkte auf, als Hilfsarbeiter auf Baustellen, Rezeptionisten oder Betreiber winziger Läden. Mittlerweile kamen auch viele Frauen wie die Bienen zum Kuchen, ließen sich als arbeitssuchende Friseurin oder Hostess registrieren, bevor sie ihr Glück letztendlich in zwielichtigen Bars und Nachtclubs versuchten.

Viele von ihnen kommen mit dem Wunsch, Sängerin oder Tänzerin zu werden und enden auf dem Bordstein in den Fängen von Zuhältern, die sich als ihre *Kafils* ausgeben, um sie dann in der ganzen Region anschaffen zu lassen. Die Glücklichsten unter ihnen schaffen es ins Showbiz und lassen sich von irgendeinem ihrer Liebhaber aushalten, der ihnen die Miete zahlt und sie jeden Abend besteigt. Und jeder weiß, dass in ebendiesen unbezahlbaren Wolkenkratzern steinreiche Maghrebiner mit ihren Nebenfrauen verkehren, die sie nach Art der *Urfi* legalisieren und aushalten.

Dies bestätigte mir auch Haïtham, ein Cousin meines Liebhabers aus Beirut, dem schönen und großzügigen Tony, der seinem schon seit Jahren im Emirat lebenden Verwandten aufgetragen hatte, mich im Hotel abzuholen und mich in der Stadt zum Essen auszuführen.

Um mir ein Vergnügen zu bereiten, hatte Haïtham einen befreundeten Marokkaner mitgebracht, D., geboren in Fès, um die dreißig, elegant, der für die UNO in Bahrain arbeitete.

Nachdem er uns einander vorgestellt hatte, redete der Libanese ohne Punkt und Komma.

»Jemand hat mir die Geschichte einer Tunesierin erzählt, die vor zwei Jahren auf eine Annonce antwortete, in der Empfangsdamen gesucht wurden. Der Mann, von dem sie am Flughafen abgeholt wurde, konfiszierte sofort ihren Ausweis und sperrte sie mit einem Dutzend ihrer Landsfrauen ein. Er zwang sie zur Prostitution. Letzte Woche gelang ihr die Flucht und sie lief sofort zur tunesischen Botschaft. Dort hat man sie unter Schlägen weggejagt. Sie sagte, sie sei sich zu hundert Prozent sicher, dass der Botschafter mit ihrem Zuhälter unter einer Decke stecke und vermutlich am Gewinn ihrer Arbeit beteiligt würde. Stellt euch das mal vor! Ein Angestellter des Hotels, in dem sie arbeitet, hat mir davon erzählt. Sie kam verzweifelt und in Tränen aufgelöst zurück.«

Haïtham entschuldigte sich kurz darauf, er müsse früh am nächsten Morgen seine Truppe auf der Baustelle, einer der künstlichen Inseln, die gerade gebaut wurden, zusammentrommeln.

Ich blieb also allein mit meinem Landsmann, den ich heimlich beäugte. Weder er noch ich hatten etwas sagen können, seit Haïtham uns einander vorgestellt hatte. Er trug einen Anzug mit Krawatte, hatte dunkle Wimpern und grüne Augen. Er kam aus einer Familie, die dem Makhzen, den staatlichen Institutionen, nahestand – was meiner armen Sippe aus der Vorstadt diametral entgegengesetzt war.

Selbst unter vier Augen mit ihm, blieb ich zurückhaltend und überließ es ihm, die Unterhaltung in Gang zu bringen. Er gab sich freundlich, während sein Blick leidenschaftlich war. Merkwürdigerweise gefiel mir dieser Mann von Anfang an, doch keiner von uns beiden versuchte auch nur im Geringsten, den Abend in die Länge zu ziehen. Ich war verwirrt, zumal er mich offensichtlich für die weiseste, unschuldigste Stewardess auf diesem Planeten hielt. Und was noch bemerkenswerter war: Ich hielt mich plötzlich auch dafür.

Wahrscheinlich war es dieses anfängliche Missverständnis, das uns als Mann und Frau zusammenbrachte.

Zwei Monate später kehrte ich nach Marokko zurück, um die frohe Botschaft zu verkünden. Im Gegensatz zu meinen äußerst gläubigen Kollegen, die einen Teil ihrer Ferien häufig in Arabien verbrachten, wo die Religiosität zu jedem Zeitpunkt spürbar in der Luft hängt, liebte ich es über alles, nach Casa zurückzukehren. Ich schlief und aß und aß und schlief, während meine Mutter meinen Müßiggang verteidigte: »Das arme Mädchen soll sich ausruhen, sie ist ganz erschöpft vom vielen Umherfliegen.« Sie sprach jedoch nicht aus, dass ich zum Familienoberhaupt geworden war, dass ich meinen Geschwistern unter die Arme griff, auch wenn mein Vater das Geld, das ich nach Hause brachte, schmutzig nannte.

An jenem Abend besuchte ich einige meiner alten Freundinnen, in deren Gesellschaft sich auch eine blonde Dame von äußerst unangenehmem Charakter befand.

Doch unsere gemeinsame Gastgeberin behandelte sie unterwürfig und respektvoll. Während ich ihr in der Küche half, fragte ich sie nach dieser Person und sie flüsterte mir ins Ohr, sie sei mit der Polizei per du und organisiere gewisse Zusammenkünfte.

»Eine Kupplerin?«

»Nein. Die Königin der tariflichen Treffen.«

»Sie ist eine Zuhälterin?«

»Nicht so laut!«

»Mit was für Menschen du verkehrst!«

»Es ist praktisch unmöglich, solchen Frauen die Tür vor der Nase zuzumachen. Sie haben meistens gute Verbindungen zu den Mächtigen und können sich leicht an dir rächen, indem sie irgendeine Huri ins Bett deines Ehemanns schicken oder dir einen Verstoß gegen die Sittenrechte andichten oder Drogengeschäfte, völlig egal was. Wenn du ihnen dagegen den Bart kraulst, beschützen sie dich.«

Ich wurde schnell von den Worten meiner Freundin überzeugt. Besagte Dame setzte sich neben mich. Sie verwickelte mich in ein vertrauliches Gespräch, fragte mich über meine Arbeit aus, und da ich äußerst zurückhaltend antwortete, wagte sie sich weiter vor:

»Weißt du, dass du gutes Geld verdienen könntest?«

»Ich beklage mich nicht …«

»Kennst du viele Saudis?«

»Außer meinen Kollegen oder regelmäßigen Fluggästen nicht wirklich.«

»Ich würde dir vorschlagen, denjenigen, die du bereits kennst, meine Nummer zu geben.«

»Und was soll ich ihnen sagen?«

»Dass sie bei mir die schönsten Gazellen von Marokko bekommen. Und du erhältst deinen Anteil.«

Später erfuhr ich, dass die Dame an einem Geschäftszweig beteiligt war, der Frauen aus Marokko ins Ausland und Länder des Mittleren Ostens vermittelte und sie dort zur Prostitution zwang. Sie rekrutierte sie in Friseursalons oder bei privaten Abenden, arrangierte ihre Reise in Länder wie Syrien oder Tunesien und sorgte dafür, dass sie dort ordentlich arbeiteten.

An jenem Abend bedachte ich die Warnung meiner Freundin und erklärte der Blonden, dass ich gerne mitgemacht hätte, allerdings …

»Allerdings was?«

»Allerdings ist das mein letzter Monat in dem Job.«

»Ach. Wie schade!«

»Es wird wohl Zeit, Wurzeln zu schlagen, wie meine liebe Großmutter Hinna zu sagen pflegt.«

Epilog

Niemand, der mich kennt, hat wohl ernsthaft geglaubt, dass ich eines Tages einen reichen Saudi heiraten und in Arabien leben würde. So hätte ich allenfalls zu einer Schar von Kurtisanen gehört, für die Geld die Wurzel der Liebe ist, zu jenen ehrgeizigen Frauen, die auf geheimnisvoll machen, um das große Los zu ziehen und sich einen Ölmagnaten zu angeln. Doch die Bekanntschaft meiner Freundinnen aus Dschidda hatte mich genügend über den goldenen Käfig der Frauen vom Golf gelehrt, über die Ungerechtigkeit und die Langeweile, der sie ausgesetzt sind. Die Vorstellung, zu dieser Masse von Klausnerinnen zu gehören, selbst wenn man sie mit Gold überschüttete oder sie mit einem Heer von Bediensteten umgab, reizte mich nicht im Geringsten. Nicht für alles Öl der Welt, alle Diamanten und Kronen hätte ich die Freiheit aufgegeben, allein und ohne Wachhund auf die Straße gehen zu können und die Welt auf eigene Faust zu bereisen.

Darüber hinaus hatte ich keine Eile, meinen Job bei der saudischen Airline zu kündigen und meine Karriere zu beenden, auch wenn man als Dreißigjährige dort bereits zum alten Eisen gehört und man uns weismachen will, das weitere Fliegen würde unserer Gesundheit schaden. Manche gehen sogar so weit zu behaupten, Stewardessen würden sonst irgendwann steril oder kämen verfrüht in die Wechseljahre.

Ich wurde von meiner Crew geschätzt, meine saudischen Freundinnen überhäuften mich förmlich mit Geschenken und meine Liebhaber warteten in jeder Hauptstadt auf mich, wie einst die Mätressen der Matrosen in den Häfen. Mein Einkommen reichte aus, um die leere Familienkasse aufzustocken und mir eine komfortable Zukunft zu ermöglichen.

In unserer Ecke der Vorstadt stand nun eine hübsche zweistöckige Villa, von der aus meine Mutter auf die Nachbarn herabsah und auf den Tag wartete, an dem sie den Beweis meiner Unschuld an die Balustrade hängen würde. Mein Vater konnte vorzeitig in den Ruhestand gehen. Meiner Schwester Sana bezahlte ich die Scheidung, so dass sie heute in Freiheit leben kann. Letztlich führte mein hohes finanzielles Ansehen – das wohl eher eingebildet als real war – sogar dazu, dass mein Bruder Ali heute die Avancen junger Mädchen zurückweist und wie der Hahn im Korb in einem brandneuen Zeitungskiosk thront, in dem er Kassetten und Erfrischungen von hübsch aufgereihten Regalen verkauft.

Und so konnte ich mit gutem Gewissen sagen, für meine Lieben gesorgt zu haben, ganz wie es ein Familienvater für seine Nachkommen getan hätte. Ich rechnete wirklich nicht damit, den Mann meines Lebens zu treffen, und plötzlich saß er in einem Restaurant in Dubai vor mir, gut aussehend und wohlsituiert. Ich ertappte mich selbst dabei, wie ich ihn anlächelte, schüchtern und still. Tatsächlich war es Liebe auf den ersten Blick. Schicksal, oder Maktoub, wie man bei uns sagt. Ich verfiel seinem Aussehen wie seinem Charakter. Als Angestellter der UNO bereitete D. gerade seine Abreise nach Marokko vor, wo ihn ein neuer Posten im Außenministerium erwartete. Seine blassen Hände zeugten bereits von seiner

Feinfühligkeit und seine Manieren verhießen die typische Disziplin und Höflichkeit eines Diplomaten. Mehr gibt es nicht zu sagen. Mein jetziges Leben gehört mir allein, es bleibt, wie man sagt, in der Familie.

Wenige Monate später beschlossen wir zu heiraten und ich kündigte meinen Job, als mein Bauch sich zu wölben begann.

Der Abschied von meinen saudischen Freundinnen fiel mir schwer. Doch sowohl unsere Handys als auch das Internet überbrücken seither die Distanz zwischen uns. Ich bete, dass die Wahhabiten ihre regelmäßige Drohung, den Zugang zum Netz sperren zu lassen, niemals in die Tat umsetzen werden.

Sechs Monate nach meiner Hochzeit erfuhr ich, dass Soha sich entschlossen hatte, die Zweitfrau in Kairo zu akzeptieren, statt ihren Mann zu verlassen. Eine Art Überlebensreflex hatte sie vor Selbstmord oder einer Depression bewahrt, und so startete sie eine neue Verführungsoffensive in der Überzeugung, Omars Herz zurückzugewinnen. Dieser hatte einen Weg gefunden, sie auf Distanz zu halten, ohne ihren Zorn auf sich zu ziehen. Er wohnte mit seiner Zweitfrau in Kairo und stattete Soha ab und an einen Besuch ab, bei dem er ihre drei Kinder mit Geschenken überhäufte und Soha astronomische Summen überwies, dir ihr dabei halfen, in ihrem Unglück auch etwas Gutes zu sehen.

Die junge Iqbal hatte die Hochzeit mit dem Sohn einer der Königsfamilie nahestehenden Sippe abgelehnt und kämpfte dafür, das Land in Richtung Vereinigte Staaten verlassen zu können. Während sie darauf wartete, hatte sie eine geheime Internetseite ins Leben gerufen, auf der sie ihre Leidensgenossinnen dazu aufforderte, »sich den Stammesregeln und der männlichen Doppelmoral zu entziehen«. Joumana hatte die Initiative natürlich mit Applaus begrüßt und beteiligte sich selbst daran, indem sie unter einer Vielzahl von Pseudonymen Beiträge schrieb. Allerdings bat sie Iqbal, nicht zu unverblümt über Sex zu schreiben, sondern auch weiterhin auf Metaphern und Andeutungen zurückzugreifen, um dem Ansehen des Landes in der Welt nicht zu schaden.

Das Letzte, was ich von ihr hörte, war eine Neuigkeit, die jede andere außer Joumana vor Schreck hätte erstarren lassen: Iqbal hatte beschlossen ... ein Mann zu werden. »Das ist der einzige Weg, um frei zu sein«, hatte sie gesagt.

In den Wochen vor meiner Abreise hatte ich Salma nicht mehr wiedergetroffen. Sie machte eine lange depressive Phase durch, verdrängte die Homosexualität ihres Mannes jedoch vollkommen, wie Joumana mir berichtete. Nach Soha gab es »solche Dinge« eben nicht, daher war es natürlich auch schwierig, sie anzuerkennen, ohne daran zu verzweifeln.

Später kam Salma wieder zu Joumana, jedoch ertrug sie Soussou den Friseur nicht mehr in ihrer Nähe. Sie sagte, sie lege ihr Schicksal und die »Frigidität« ihres Ehemannes in Gottes Hand. Während sich dessen Aufenthalte in Thailand und Beirut zusehends in die Länge zogen, lief sie zur Moschee und betete umso häufiger, er möge heil und gesund zurückkehren.

Farah war in Sachen heimlicher Liebe vorsichtiger geworden, seit man sie um ein Haar mit einem »falschen Ehemann« erwischt hatte. Es kursierten Gerüchte über sie, die ihre Tugend anzweifelten, und ihre Eltern übten zusehends mehr Druck auf sie aus, damit sie zu ihnen zurückkehren und unter ihrer Aufsicht leben würde. Dies lehnte sie kategorisch ab … Und nun erfahre ich von ihrem Verschwinden und weiß noch immer nicht, was aus ihr geworden ist. Hat sie beschlossen, vor ihrer eigenen Sippschaft zu flüchten? Indem sie ihren Sohn einfach zurücklässt? Wenn sie nur eines Tages wiederauftaucht … Die Vorstellung, dass sie vielleicht eine Bestrafung hinter verschlossenen Türen erleiden musste, ist für mich unerträglich …

Was mich angeht, weigert sich Nora, mich zu sehen. Sie sagt, dass eine unverhüllte Frau es nicht verdient, besucht zu werden, auch wenn das gleiche Blut durch unsere Adern fließt. Das hat mir ihre Mutter mitgeteilt. Ich ließ ihr ebenfalls eine Nachricht überbringen: »Sag ihr: Gott allein weiß, welche Vergangenheit wir in unseren Herzen tragen.«

Fouad fliegt wieder für Royal Air Maroc und schaut von Zeit zu Zeit in meinem kleinen Schmuckgeschäft auf dem Basar vorbei.

Ich führe nun ein ruhiges Leben. An meine Vergangenheit erinnert mich meine Uniform, die als Wappen den Adler des Königreiches trägt und die auf einem Bügel in den Tiefen meines Kleiderschrankes hängt. Ab und an hole ich sie hervor, um sie einigen Freundinnen zu zeigen, von denen manche davon träumen, Stewardess zu werden. Darüber hinaus gibt es nicht viel, was mich an die vergangenen Jahre erinnert. Ab und zu treffe ich zufällig auf einen Kollegen oder es kommt vor, dass ich mit dem Flugzeug reise, wo ich die Veränderungen beobachte, die sich unter dem Bordpersonal breitmachen. Ich rege mich über Stewardessen auf, die endlos mit den Passagieren herumtratschen und in der Kabine in Lachanfälle ausbrechen, die keinen Respekt mehr vor diesem Beruf haben. Oder über Stewards, deren Durchsagen man nicht versteht und die es nicht mehr nötig haben, einer Dame dabei zu helfen, ihren Koffer ins Gepäckteil zu wuchten. Und manchmal nutze ich mein früheres Arbeitsverhältnis, um einen Platz in der ersten Klasse zu bekommen oder einen Koffer mit Übergewicht einzuchecken.

Nur die Telefonate mit meinen Freundinnen aus Dschidda versetzten mich zurück in die Vergangenheit. Oder die Geschenke, die sie mir zur Hochzeit und zur Geburt meiner beiden Babys geschickt haben. Abgesehen von Joumana nennen sie mich jetzt Umm Samir, nach meinem Erstgeborenen, wie es der saudische Brauch will.

Und mir bleiben meine Erinnerungen. Nicht nur die, von denen ich berichtet habe, sondern auch viele weitere, weniger intime, die ich im Kreis meiner engen Verwandten und Freundinnen häufig zum Besten gebe. Denn ich weiß genau, dass, wenn die Männer Karten spielen gehen und wir Frauen beieinander sitzen, um zu quatschen, irgendwann der Moment kommt, in dem sich eine von ihnen zu mir beugt und leise fragt:

»Sag mal, wie war's eigentlich im Herzen Arabiens?«

Glossar

Abaja	traditionelles islamisches Übergewand. In Saudi-Arabien neben dem Kopftuch den Frauen in der Öffentlichkeit als Mindeststandard der Verhüllung vorgeschrieben
Al-Adl wal-Ihsan-Partei	islamistische Partei aus Marokko
Alhamdulillah	Gott sei Dank!
Amrou Khaled	berühmter Fernsehprediger ägyptischer Herkunft
Astaghfirullah	Gott vergib mir
Chamis	Syrer
Chaqqa mafrucha	möbliertes Appartement
Dhohr	Nachmittag
Djuha	komische Figur aus der arabischen Volksliteratur
Galabia	Weite, traditionelle Robe
Habibti	meine Liebe
Haram	verboten, ungesetzlich
Hidschab	arabischer Begriff für die Ganzkörperverhüllung von Frauen. In Saudi-Arabien gesetzlich Pflicht
Hilba	Bockshornklee
Huri	bildschöne Jungfrau im Paradies des Islam
Kebssa	in den Golfstaaten weit verbreitetes Hauptgericht aus Reis und Hammelfleisch
Khawaga	Ausländer, meist europäischer Abstammung
Lella	respektvolle Anrede: Meine Dame, Verehrteste

Lilat Dokhla	Hochzeitsnacht, wörtlich: Nacht des Eintritts oder der Passage
Machriqi	Person aus dem Mittleren Osten
Moudawana	marokkanisches Familienrecht, das die weitgehende Gleichberechtigung von Mann und Frau vorsieht
Mut'a	Form der im Islam erlaubten Ehe, bei der die zeitliche Dauer der Verbindung im Vorhinein festgelegt ist
Nabob	Mann mit Reichtum und Einfluss
Niqab	Gesichtsschleier, häufig in Verbindung mit einem Ganzkörpergewand getragen
Scherif	religiöser Titel der Nachfahren Mohammeds
Tarawih	zusätzliches Gebet, das auf das abendliche Gebet *Icha* folgt und gegen zehn Uhr beendet ist
Thobe	spezielle Art von Gewand, das von manchen Saudi-Arabern getragen wird
Wahhabiten	Anhänger der Wahhabiya, einer sehr konservativen und militanten Richtung des Islam; die Bewegung geht auf Muhammad ibn Abd al-Wahhab zurück. Die Begriffe Wahhabiya und Wahhabiten werden jedoch hauptsächlich von ihren Gegnern benutzt
Youyou	langer, spitzer Schrei maghrebinischer Frauen, mit dem Freude oder Trauer ausgedrückt werden